Kohlhammer

Die Autorin

Inez Maus ist Mutter eines autistischen Jungen und befasst sich seit mehr als 20 Jahren mit dem Thema Autismus. Die promovierte Biochemikerin lebt in Berlin und arbeitet als selbstständige Autorin, Lektorin und Referentin zu autismusspezifischen Themen. Sie schreibt das Blog »Anguckallergie« (www.anguckallergie.info), auf dem sie Reflexionen und Begebenheiten, die ein Leben mit Autismus in der Familie mit sich bringt, festhält. Bei Kohlhammer sind bisher ihre Bücher »Geschwister von Kindern mit Autismus« und »Kompetenzmanual Autismus (KOMMA)« erschienen.

Kontaktadresse der Autorin: info@inez-maus.de

Inez Maus

Geschichten für Kinder über Autismus

Ein Vorlese- und Arbeitsbuch für Familienangehörige, Therapeuten und Pädagogen

Verlag W. Kohlhammer

Für meine drei Testhasen

Dieses Werk einschließlich aller seiner Teile ist urheberrechtlich geschützt. Jede Verwendung außerhalb der engen Grenzen des Urheberrechts ist ohne Zustimmung des Verlags unzulässig und strafbar. Das gilt insbesondere für Vervielfältigungen, Übersetzungen, Mikroverfilmungen und für die Einspeicherung und Verarbeitung in elektronischen Systemen.

Die Wiedergabe von Warenbezeichnungen, Handelsnamen und sonstigen Kennzeichen in diesem Buch berechtigt nicht zu der Annahme, dass diese von jedermann frei benutzt werden dürfen. Vielmehr kann es sich auch dann um eingetragene Warenzeichen oder sonstige geschützte Kennzeichen handeln, wenn sie nicht eigens als solche gekennzeichnet sind.

Es konnten nicht alle Rechtsinhaber von Abbildungen ermittelt werden. Sollte dem Verlag gegenüber der Nachweis der Rechtsinhaberschaft geführt werden, wird das branchenübliche Honorar nachträglich gezahlt.

Dieses Werk enthält Hinweise/Links zu externen Websites Dritter, auf deren Inhalt der Verlag keinen Einfluss hat und die der Haftung der jeweiligen Seitenanbieter oder -betreiber unterliegen. Zum Zeitpunkt der Verlinkung wurden die externen Websites auf mögliche Rechtsverstöße überprüft und dabei keine Rechtsverletzung festgestellt. Ohne konkrete Hinweise auf eine solche Rechtsverletzung ist eine permanente inhaltliche Kontrolle der verlinkten Seiten nicht zumutbar. Sollten jedoch Rechtsverletzungen bekannt werden, werden die betroffenen externen Links soweit möglich unverzüglich entfernt.

1. Auflage 2022

Alle Rechte vorbehalten
© W. Kohlhammer GmbH, Stuttgart
Gesamtherstellung: W. Kohlhammer GmbH, Heßbrühlstr. 69, 70565 Stuttgart
produktsicherheit@kohlhammer.de

Print:
ISBN 978-3-17-039504-6

E-Book-Formate:
pdf: ISBN 978-3-17-039505-3
epub: ISBN 978-3-17-039506-0

Inhalt

Vorwort		9

I Hintergrund, Aufbau und Einsatz des Vorlese- und Arbeitsbuches

1	Entstehungshintergrund	15
2	Aufbau des Vorlese- und Arbeitsbuches	17
2.1	Struktur des Buches	17
2.2	Das Besondere der Geschichtensammlung	18
3	Autismus – Erklärung und Aufklärung	19
3.1	Kurze Einführung in das Thema Autismus	19
3.2	Aufklärung von Kindern im Vor- und Grundschulalter über Autismus	21
4	Bedeutung von Geschichten für Kinder	23
4.1	Eine Geschichte über Märchen	24
4.2	Eine Geschichte über Geschichten	24
5	Unterschiede bei der Rezeption von Geschichten zwischen autistischen und nicht-autistischen Kindern	26
5.1	Künstlerische Gestaltung	26
5.2	Inhaltliche Gestaltung	27
5.3	Umgebungsbedingungen	29
5.4	Emotionale Reaktionen	30
6	Zielgruppen	32
7	Einsatzbereiche	33

II Geschichten zum Vorlesen und Selbstlesen

A	Quercus / Das Wettkriechen	37

Inhalt

	Geschichten und Märchen aus dem Dicken Buch der Regenwürmer	40
B	Flugsi / Die faule Biene	41
C	Zwicky / Die Napfschnecke	44
D	Hugo / Ein anderer Hai	47
E	Flavia / Die Maus auf dem Sesamkorn	50
F	Kastania und Kastagnette / Ein Feenmärchen	53
G	Mika / Der Hochzeitskäse	55
H	Rina und Rudi / Die Hängematte der Giraffe	58
I	Nimimi / Ein Bett für das Streifenhörnchen	61
J	Bruno / Sieben Siebenschläfer	64
K	Skia und Luna / Ein Freund zum Einschlafen	67
L	Miabella / Die mutige Taube	70
M	Hoppla / Der ständig schnuppernde Hase	73
N	Susa, Rika und Mari / Die Erkundung der Welt	75
O	Rob und Robin / Die ungleichen Burgbewohner	77
P	Fafnir / Erlebnisse in der Schule	80

III	Botschaften, Besonderheiten und Einsatz der Geschichten	
8	Direkte und indirekte Botschaften der Geschichten	85
9	Erläuterung der autismusspezifischen Besonderheiten in den Geschichten	88
10	Hinweise zum Einsatz der Geschichten	91
	10.1 Fragen zu den Geschichten	92
	10.2 Spiele und Aktivitäten zu den Geschichten	98

A	Quercus / Das Wettkriechen	101
B	Flugsi / Die faule Biene	108
C	Zwicky / Die Napfschnecke	115
D	Hugo / Ein anderer Hai	122
E	Flavia / Die Maus auf dem Sesamkorn	127
F	Kastania und Kastagnette / Ein Feenmärchen	132
G	Mika / Der Hochzeitskäse	137
H	Rina und Rudi / Die Hängematte der Giraffe	143
I	Nimimi / Ein Bett für das Streifenhörnchen	149
J	Bruno / Sieben Siebenschläfer	155
K	Skia und Luna / Ein Freund zum Einschlafen	161
L	Miabella / Die mutige Taube	167
M	Hoppla / Der ständig schnuppernde Hase	172
N	Susa, Rika und Mari / Die Erkundung der Welt	176
O	Rob und Robin / Die ungleichen Burgbewohner	181
P	Fafnir / Erlebnisse in der Schule	188
IV	**Spiele und Aktivitäten für Kinder mit und ohne Autismus**	
11	Drinnen und Draußen	199
12	Bauwettbewerb	202
13	Geschichten mit Fehlern	204
14	Schatzsuche	206
15	Instrumentalgeschichten	208
16	Trio-Memory	211

Schlussbemerkung und Ausblick 213

Literatur 215

Anhang

Vorwort

> *Eines Tages untersuchten Merlin und Birkin den Dachboden.*
> *Der Dachboden war so staubig und so dunkel, dass man*
> *meinen konnte, dass es weder Sonne noch Mond gibt.*
> *Benjamin (elf Jahre, aus dem Märchen »Das Buch des Bösen«)*[1]

Mein Großvater besaß einen Schatz – einen Schatz, den ich als Kind während eines Sommerurlaubs in seinem Haus entdeckte. Der Dachboden, der den Schatz beherbergte, war weder besonders staubig noch sehr dunkel. Ein winzig kleines Fenster ließ erstaunlich viel Licht herein, sodass der hölzerne Rollladenschrank neben dem Fenster nicht übersehen werden konnte. In diesem befand sich der Schatz: alte Bücher, nicht wertvoll im herkömmlichen Sinne. Tagelang blätterte und las ich in der Jubiläumsausgabe von Auerbachs Kinder Kalender aus den 1930er-Jahren, in diversen Alben, herausgegeben vom Cigaretten-Bilderdienst, in Märchen und Geschichten.

Ein Buch, welches den Titel *Die Silberne Brücke* (Vogel-Voll, 1951) trug, erregte ungemein meine Aufmerksamkeit. Neben den typischen Protagonisten eines Märchens agierten in dieser Erzählung einige ungewöhnliche Figuren. Als Kind hatte es mich in den Bann gezogen, *das Dicke Ende*, die *Liebegüte* oder die *Liebezeit* in Form von Personen lesend zu erkunden und als Bild zu betrachten. Damals wusste ich noch nicht, was Visualisierung bedeutet und wozu diese gut sein könnte.

Damals wusste ich auch noch nicht, dass ich ein autistisches Kind haben werde. Ein autistisches Kind, welches nach sechs beinahe sprachlosen Jahren die Sprache mühsam erlernt und dabei u. a. große Schwierigkeiten mit Redewendungen wie *das dicke Ende* offenbart. Ein autistisches Kind, dem ich die Welt mit Bildern erkläre, wenn die Sprache zu verwirrend ist.

Später habe ich mich gefragt, wieso die Autorin auf die Idee gekommen war, Redewendungen zu personifizieren. Ihrem Kunstmärchen vorangestellt ist die Widmung »Für mein Kind Annemarie« (ebd., S. 5). Hatte sie vielleicht auch ein Kind, welches sich mit dem Verstehen bestimmter allgemeinsprachlicher Wendungen schwertat?

Benjamin, mein autistischer Sohn, tat sich nicht nur mit dem Erlernen der Sprache und dem Verstehen bestimmter sprachlicher Wendungen schwer, sondern später auch mit dem Annehmen von Märchen und Geschichten. Überall wimmelte es von Ungereimtheiten, Ungenauigkeiten, Unappetitlichkeiten oder uninteressan-

---

1 (Maus, 2014, S. 187)

ten Handlungssträngen – Dinge, die seine Geschwister meist nicht als störend empfanden.

Geschichten bieten Stoff zum Reden, sie lösen Gefühle aus, und sie vermögen die Welt zu erklären. Dies gilt gleichermaßen für autistische und nicht-autistische Kinder, jedoch nicht immer in gleicher Weise. Um zu verhindern, dass gemeinsames Erleben von Geschichten durch den Autismus von Benjamin in unserer Familie unmöglich ist, schrieb ich für meine Kinder Geschichten – Geschichten, in denen sich alle meine Kinder wiederfinden konnten und die sich durch die Anwesenheit von *Gereimtheiten* (stimmige Zusammenhänge), *Genauigkeiten* sowie *Appetitlichkeiten* (Beschreibungen, die keinen Ekel erregen) auszeichneten. Diese Geschichten sowie von mir entwickelte Spiele und konzipierte Arbeitsmaterialien testeten meine Kinder ausgiebig. Einiges davon wird inzwischen mit Erfolg in Familien, die ich begleite, eingesetzt.

Im Grundschulalter begann Benjamin damit, selbst Märchen und Geschichten zu schreiben. Jene entpuppten sich nicht nur als interessant und spannend, sondern – wie das Eingangszitat zeigt – auf eine ungewöhnliche und erhellende Art auch als stimmig. Sonne und Mond werden hier in konsequenter Logik gleichzeitig als nicht verfügbare Lichtquellen aufgezählt. Üblicherweise findet das Mondlicht – entweder vorhanden oder fehlend – nur Erwähnung, wenn es sich um nächtliche Geschehnisse handelt.

Geschichten, die Erlebnisse aus dem Alltag und Vorlieben oder Besonderheiten der Kinder mit Autismus in eine fiktive Welt transportieren, eignen sich besonders gut, um Kindern im Vor- und Grundschulalter das nahezubringen, was Autismus ganz konkret für sie selbst, in ihrer Familie, in der Kindergartengruppe oder im Klassenverband bedeutet. Derartige Geschichten schaffen für die Kinder eine eigene kleine Welt, die es ihnen erlaubt, spielerisch Verständnis, Toleranz und Möglichkeiten zur Interaktion zu erproben und zu erlernen.

Eine derartige Geschichte, die sowohl autistische als auch nicht-autistische Kinder anspricht, wurde von mir in mein Buch *Geschwister von Kindern mit Autismus* (Maus, 2017) eingebaut. Eine Aufschlüsselung der auf verschiedenen Ebenen transportierten Botschaften ergänzt die Geschichte. Nachfragen von Lesern des Buches und Veranstaltungsteilnehmern, ob es weitere Geschichten wie *Kastania und Kastagnette* (ebd., S. 59 f.) gibt, ließen das vorliegende Buch entstehen.

Dieses Buch bietet Familienmitgliedern, Angehörigen und beruflich mit Kindern im Vor- und Grundschulalter in Beziehung stehenden Personen in der Praxis erprobte Geschichten für das Erklären von autismusspezifischen Besonderheiten. Es zeigt familiären und professionellen Bezugspersonen von autistischen und nicht-autistischen Kindern weiterhin auf, welche Botschaften die Geschichten vermitteln, wie die Geschichten zum Einsatz kommen können und welche weiterführenden Aktivitäten möglich sind. Die Geschichten im Buch – das Herzstück – freuen sich auf Kinder mit und ohne Autismus im späten Kindergarten- und im Grundschulalter.

Meinen drei *Testhasen* danke ich dafür, dass sie jede meiner Geschichten mit ihrer kindlichen Unvoreingenommenheit einer Prüfung unterzogen. Ihre Prüfung erfolgte so gründlich, dass sich mein jüngster, inzwischen erwachsener Sohn bei der Nachricht über die Realisierung des vorliegenden Buches sofort an mehrere Geschichten erinnerte. Die Formulierung *Testhase* – ein »Synonym« für das Wort *Ver-*

suchskaninchen – stammt von meinem autistischen Sohn und entstand aufgrund seines visuellen Denkens (vgl. Maus, 2017, S. 144 ff.). Ebenso danke ich meinem Mann, der mir auch bei diesem Vorhaben den nötigen Freiraum zum Schreiben geschaffen hat.

Frau Katharina Reichert-Scarborough bin ich nicht nur für die wunderbaren Illustrationen zu meinen Geschichten dankbar, sondern auch für die sehr emotionalen Momente, die ihre Zeichnungen bei den Mitgliedern meiner Familie bewirken.

Den Mitarbeitern des W. Kohlhammer Verlages gilt mein Dank dafür, dass sie dieses ungewöhnliche Projekt ermöglicht haben. Insbesondere danke ich Frau Annika Grupp und Frau Kathrin Kastl für die erneute bereichernde Zusammenarbeit.

Zu guter Letzt sei erwähnt, dass ich dem Lesefluss zuliebe die verschiedenen Personen- oder Berufsgruppen im generischen Maskulinum benutze. Erzieherinnen, Lehrerinnen und alle Vertreterinnen weiterer Professionen fühlen sich bitte hier ebenfalls angesprochen. Weibliche Familienmitglieder wie Mütter und Schwestern sind in diesem Fall privilegiert, da die deutsche Sprache für sie bereits eigene Bezeichnungen bereithält. Wer sich in dem überkommenen binären Geschlechtersystem nicht wiederfindet, möge sich bitte nicht vom Lesen des Buches abhalten lassen.

Berlin, im April 2021
Inez Maus
www.anguckallergie.info

I Hintergrund, Aufbau und Einsatz des Vorlese- und Arbeitsbuches

Warum fallen schwangere Fledermäuse beim Fliegen nicht herunter?
Benjamin

Die Frage wird in diesem Buch nicht beantwortet, obwohl es eine Geschichte gibt, in der eine Fledermaus agiert. Die Frage ist aber typisch für unseren Alltag mit einem autistischen Grundschulkind. Sie offenbart Interessen und Neigungen – das Interesse an naturwissenschaftlichen Fakten und die Liebe zur Tierwelt. Beides ist in die Geschichten, die sich in diesem Buch versammelt haben, eingeflossen, denn beides war der Schlüssel, um Benjamin an Geschichten heranzuführen. Es war der Schlüssel, um ihm und seinen Geschwistern Autismus näherzubringen, um Probleme zu besprechen, um Selbstvertrauen aufzubauen und um Spaß zu haben. Genau diese Ziele verfolgen die Geschichten im Buch immer noch, wenn sie nun von anderen Kindern rezipiert werden.

Das vorliegende Buch verbindet ein Geschichtenbuch zum Vorlesen mit einem Arbeitsbuch. Die als Arbeitsbuch bezeichneten Teile des Buches richten sich an familiäre und professionelle erwachsene Bezugspersonen. Sie liefern diesen das Hintergrundwissen zum Gebrauch des Geschichtenbuches und eine Vielzahl an Ideen für Spiele und Aktivitäten, die sich aus den Geschichten ergeben oder ableiten lassen.

Jede Geschichte beschäftigt sich mit bestimmten Aspekten, die mit der Diagnose *Autismus* assoziiert werden. Somit vermag einerseits eine individuelle Zusammenstellung mehrerer Geschichten Teile der Persönlichkeit eines autistischen Kindes abzubilden. Andererseits können sich auch Kinder ohne Autismus in den Geschichten wiederfinden – entweder als weitere Akteure der Geschichte, als Verbündete des Protagonisten oder als Träger bestimmter Merkmale, denn einige Symptome, die bei Autismus beobachtet werden, finden sich isoliert auch in der Allgemeinbevölkerung. So wird sich ein Kind mit Wahrnehmungsbesonderheiten in einer Geschichte, die dies thematisiert, wiedererkennen und sofort eine Verbindung zum autistischen Kind aufbauen. Die Geschichten helfen, Gemeinsamkeiten wie bspw. gleiche Interessen zu finden und somit ein Zusammengehörigkeitsgefühl zu entwickeln.

Die Geschichten im Buch haben sich das Ziel gesetzt, autistische und nicht-autistische Kinder einander näherzubringen und gemeinsame Aktivitäten anzubahnen. Dieses Näherkommen sowie das Finden von Berührungspunkten und das Entdecken von Gemeinsamkeiten entspricht dem inklusiven Gedanken unserer Gesellschaft und stellt die Weichen dafür, dass die älter werdenden Kinder gelebte Inklusion praktizieren, weil es für sie selbstverständlich ist, so zu handeln.

1 Entstehungshintergrund

Entstanden ist das Buch – wie im Vorwort erwähnt – aufgrund von Feedbacks zu der bereits publizierten Geschichte *Kastania und Kastagnette* und aufgrund von Nachfragen nach weiteren Geschichten. Leserbriefe, von denen ich zwei Auszüge exemplarisch hier wiedergeben möchte, beflügelten meine Idee, die Geschichten zu veröffentlichen.

> Lesermeinung: »Ihre Kurzgeschichte fand ich richtig gut gelungen mit der kleinen Waldfee und der Maus. […] Sie hat mich richtig berührt im Herzen und ich konnte mir Ihre Familie noch besser vorstellen. Ansonsten denke ich, dass man es generell auf den Umgang mit Andersartigkeit in welcher Form auch immer beziehen kann.«
>
> Lesermeinung: »Die Geschichte ist ganz wunderbar verfasst. Sie ist originell (habe ich so noch nicht gehört), gut geschrieben, und ich vermute, gerade weil Sie sie für Ihre Kinder geschrieben haben, kommt etwas Persönliches rüber. Mit der Literatur, sollte sie gut sein, gibt man immer viel von sich preis. Tut man es nicht, ist die Literatur nicht gut. […] Ihre Geschichte funktioniert für mich literarisch und pädagogisch.«

Ein Prozess wurde in Gang gesetzt, der bei mir nicht nur Tatendrang auslöste, sondern auch Fragen aufwarf. Meine Gefühle und Gedanken dazu fasste ich im Jahr 2019 in einer E-Mail-Antwort folgendermaßen zusammen (Auszug): »Ich werde inzwischen bei Veranstaltungen zum Geschwister-Thema regelmäßig gefragt, ob ich noch weitere derartige Geschichten geschrieben habe, was ich wahrheitsgemäß bejahe. Dann kommt sofort der Wunsch oder auch die Forderung, dass ich diese Geschichten als Buch herausbringen soll. Ich weiß, dass Geschichten für eine so spezielle Zielgruppe nicht auf dem Markt existieren und dringend benötigt werden, aber im Moment habe ich keine Zeit dafür. Ich bin mir auch noch nicht sicher, ob ich das wirklich möchte, weil sie doch sehr privat sind. Es ist etwas anderes, ob man Geschichten, die man für seine Kinder geschrieben hat, veröffentlicht, oder ob man sich Geschichten für Kinder (die man zumindest beim Schreiben nicht kennt) ausdenkt. Allerdings weiß ich bei meinen Geschichten, dass sie funktionieren, weil sie ja schon erprobt sind.«

Im selben Jahr wurde dieser Prozess durch eine unerwartete Begegnung auf der Leipziger Buchmesse beschleunigt. Nach einem Gespräch mit dem Kinder- und Bilderbuchautor Helmut Spanner – dessen Bücher Benjamin als Kind liebte – war ich sicher, dass »ich das wirklich möchte«. Herr Spanner empfahl mir sogleich eine Illustratorin, wodurch die wunderbare Zusammenarbeit mit Frau Reichert-Scarborough zustande kam.

Nun war ich mir zwar sicher, dass »ich das wirklich möchte«, aber ich war zu Beginn unschlüssig, welche Geschichten Eingang in das Buch finden werden. Letztendlich half mir meine Familie bei der Entscheidungsfindung.

Meine Geschichten haben unterschiedliche Entstehungshintergründe, die sich i. d. R. in den Erzählungen widerspiegeln. An einigen Beispielen möchte ich das verdeutlichen:

- Manche Geschichten wie bspw. Miabella (▸ Kap. II-L) beruhen auf tatsächlichen Erlebnissen. Die Geschichte mit Miabella gibt es in zwei Varianten – eine Geschichte für Stadtkinder und eine Geschichte für Landkinder, welche sich im Buch befindet.
- Auch besondere Ereignisse oder Erfahrungen in der Schule führten dazu, dass diese Erlebnisse in Geschichten verarbeitet wurden. Dies ist bspw. in den Geschichten mit Flavia (▸ Kap. II-E) und Quercus (▸ Kap. II-A) der Fall.
- Es existieren nicht nur Parallelgeschichten für Stadt- und Landkinder, sondern auch für Mädchen und Jungen. Mit Susa, Rika und Mari (▸ Kap. II-N) fiel die Wahl der Geschichte für das Buch auf die Variante für/mit Mädchen.
- Andere Geschichten entstanden als Antwort auf Fragen, ähnlich der am Kapitelbeginn zitierten Frage. Als Beispiel sei hier die Geschichte mit Mika (▸ Kap. II-G) genannt.
- Hugo (▸ Kap. II-D) verdankt seine Existenz einer Äußerung meines jüngsten Sohnes. Als er im Alter von vier Jahren zum ersten Mal einen Hai sah, rief er aus: »Ein Hai! Ein Hai! Ich habe Angst! Ich will einen anderen Hai sehen!« (Maus, 2013, S. 255). Hinter der Glasscheibe drehte *nur* ein Katzenhai seine Runden im Becken des Aquariums.
- Auch Zeichnungen meiner Kinder dienten als Inspiration für Erzählungen. Drei dieser Geschichten haben Eingang in das Buch gefunden. Zwicky (▸ Kap. II-C), Rina aus der Geschichte mit Rina und Rudi (▸ Kap. II-H) und Luna aus der Geschichte mit Skia und Luna (▸ Kap. II-K) bringen ihre Urbilder mit.

Genauso unterschiedlich wie die Entstehungshintergründe der Geschichten sind auch die Quelldaten, die für dieses Buch als Ausgangsmaterial dienten. Geschichten, die für bestimmte Anlässe wie Geburtstage von mir geschrieben wurden, liegen in einer ausformulierten Fassung vor. Spontan im Alltag erzählte Geschichten habe ich meist am Abend des Tages in Stichpunkten oder Skizzen festgehalten. Die dritte Möglichkeit, um Geschichten vor der Vergänglichkeit zu retten, bestand in Audioaufnahmen während des Erzählens. Die Geschichten wurden oft erzählt oder vorgelesen und somit änderten sich einige im Laufe der Zeit, da meine Kinder sich mit Ideen aktiv in die Geschichtenrunden einbrachten.

2 Aufbau des Vorlese- und Arbeitsbuches

Das Buch besteht im Wesentlichen aus vier Teilen. Drei dieser Teile richten sich an die erwachsenen Bezugspersonen, ein Teil an die betreuten Kinder mit und ohne Autismus.

Ein Stichwortverzeichnis enthält das Buch nicht, denn dies wäre bei der vorgenommenen Unterteilung in drei Arbeitsbuchteile und einen Geschichtenbuchteil nicht ziel-, sondern irreführend. Stattdessen geben dem Leser zwei Tabellen im neunten und zehnten Kapitel eine Orientierung, welche autismusspezifischen Besonderheiten (▶ Tab. 9.1) und welche kommunikativen, emotionalen sowie sozialen Inhalte (▶ Tab. 10.1) in den jeweiligen Geschichten thematisiert werden.

Im Anhang des Buches befindet sich zu jeder Geschichte ein Ausmalbild als Kopiervorlage.

2.1 Struktur des Buches

Der erste Teil beschäftigt sich mit der Bedeutung von Geschichten für Kinder sowie mit den Unterschieden zwischen autistischen und nicht-autistischen Kindern beim Rezipieren von Geschichten. Erkenntnisse, die ich diesbezüglich im Umgang mit meinen drei Kindern – eines davon ist autistisch – gewinnen konnte, fließen in diesen Abschnitt ein.

Einen besonderen Schwerpunkt bildet der zweite Teil. Dieser Abschnitt enthält 16 Geschichten, die jeweils einen Aspekt des Zusammenlebens beleuchten, wie z. B. Dinge gemeinsam zu tun, einen Geburtstag zu feiern oder Mut aufzubringen. Jeder Geschichte ist eine Illustration vorangestellt. Die Geschichten können sowohl von der familiären oder professionellen Bezugsperson vorgelesen als auch von älteren Kindern selbst gelesen oder ebenfalls vorgelesen werden, bspw. wenn es sich um Geschwister handelt.

Der dritte Teil wendet sich wieder den erwachsenen Lesern zu. Zu jeder Geschichte erhalten Bezugspersonen Erläuterungen zu den direkten und indirekten Botschaften, die die jeweilige Handlung und die Beschreibung der Umgebung transportieren. Ebenso werden die mit Autismus in Verbindung stehenden Besonderheiten erklärt und zur Geschichte passende, in den Alltag übertragbare Handlungshinweise gegeben. Fragen zu der entsprechenden Geschichte, die Unklarheiten aufseiten der Kinder aufdecken und das Gelernte vertiefen sollen, sowie inhaltsbezogene Aktivitäten runden diesen Teil ab. Die Fragen und Aktivitäten richten sich ebenfalls an alle Kinder.

Eine Sammlung von Spielen, die Kinder mit und ohne Autismus einander näherzubringen vermögen, umfasst der vierte Teil. Die Spiele wurden so konzipiert, dass einerseits autistische Kinder ihre Stärken hier einbringen können und andererseits nicht-autistische Kinder durch die Spielkonzepte und Themen angesprochen oder sogar positiv herausgefordert werden. Sowohl die Regeln der Spiele als auch die spezifischen Hintergründe der Spielkonzepte sowie die erreichbaren Ziele werden erklärt.

2.2 Das Besondere der Geschichtensammlung

Jede Geschichte in diesem Buch beschäftigt sich mit einzelnen oder wenigen Aspekten der Diagnose *Autismus* oder mit häufigen Begleiterscheinungen wie Weglauftendenzen und Schlafproblemen. Dadurch wird einerseits Enttäuschung oder Verwirrung bei den kindlichen Rezipienten der Geschichten verhindert, da sie nicht erwarten, dass das Wesen des autistischen Kindes, dessen Besonderheiten vermittelt werden sollen, in einer einzigen Geschichte erfasst wird.

Andererseits ermöglicht diese Vorgehensweise den größten Lerneffekt, weil einzelne Aspekte des Phänomens *Autismus* nacheinander vermittelt werden. Beschreibt eine Geschichte Besonderheiten, die bei einem autistischen Kind nicht anzutreffen sind, dann ergibt sich hier die Möglichkeit, auf die Vielfalt bei Autismus kindgerecht einzugehen.

Das Besondere der in diesem Buch versammelten Geschichten besteht darin, dass sie sich alle sowohl an autistische als auch an nicht-autistische Kinder richten. Sie können somit für alle Kinder einer Familie und für Kinder aus dem Verwandten- oder Bekanntenkreis genutzt werden. Sie können ebenso für die Freunde, Kinder aus der Kindergartengruppe, Klassenkameraden oder Freizeitkontakte des autistischen Kindes und/oder der Geschwister genutzt werden.

3 Autismus – Erklärung und Aufklärung

Die Antwort auf die Frage, was Autismus ist, könnte das ganze Buch füllen. Da ich aber bereits ein Buch zu diesem Thema gefüllt habe und da in dem jetzigen Buch der Einsatz von Geschichten im Kontext von Autismus im Vordergrund steht, werden in diesem Kapitel nur einige wichtige diesbezügliche Aspekte kurz angesprochen.

Im dritten Buchteil findet sich zu jeder Geschichte eine Analyse der mit Autismus in Zusammenhang stehenden Besonderheiten, die in der jeweiligen Geschichte thematisiert werden. Dadurch ergibt sich bei den Anwendern im Verlauf der Nutzung der Geschichten ein vielfältiges Bild des Autismus. Ein Überblick zum jeweiligen Inhalt der Geschichten befindet sich im Erklärungsteil des dritten Buchteils (▶ Tab. 9.1).

Des Weiteren beschäftigt sich dieses Kapitel kurz mit der Fragestellung, wie Kinder im Zielgruppenalter der Geschichten neben dem Einsatz der Geschichten über bestimmte Aspekte des Autismus aufgeklärt werden können. Ausführliche Informationen zur Aufklärung von Kindern und Jugendlichen über Autismus und autistisches Verhalten finden sich in meinem Buch *Geschwister von Kindern mit Autismus* (Maus, 2017, S. 54–72).

3.1 Kurze Einführung in das Thema Autismus

Ein dreizehnjähriger Junge schrieb über seinen Autismus Folgendes: »Den Autismus gibt es nicht; wir haben alle Probleme. Bei manchen sind diese Probleme auffälliger als bei anderen« (Sheffer, 2018, S. 289). Bei denjenigen, bei denen die Probleme auffälliger als bei anderen sind, spricht die Medizin von einer tief greifenden Entwicklungsstörung.

Das Erscheinungsbild dieser tief greifenden Entwicklungsstörung ist geprägt durch Schwierigkeiten im Bereich der sozialen Kommunikation sowie der sozialen Interaktion und durch repetitive Handlungen oder Interessen. Häufige Formen des Autismus sind der frühkindliche Autismus und das Asperger-Syndrom, wobei sich das Asperger-Syndrom dadurch auszeichnet, dass die sprachliche Entwicklung altersgerecht verläuft und die kognitive Entwicklung nicht eingeschränkt ist. Der frühkindliche Autismus ist gekennzeichnet durch eine ausbleibende oder verzögerte Sprachentwicklung. Eine häufige Begleiterscheinung (komorbide Störung) beim frühkindlichen Autismus ist die Störung der kognitiven Entwicklung. Wenn die kognitive Entwicklung bei dieser Form des Autismus nur wenig oder nicht beeinträchtigt ist, wird von High-Functioning-Autismus gesprochen.

Die Einteilung in einzelne Störungsbilder ist veraltet, da diese nicht eindeutig voneinander zu trennen sind. Daher hat sich inzwischen die Auffassung vom autistischen Spektrum durchgesetzt, sodass ab dem Jahr 2022 die Diagnose *Autismus-Spektrum-Störung* (nach ICD-11[2]) mit verschiedenen Schweregraden eingeführt werden wird. Im folgenden Text werden wenige Male die Begriffe Asperger-Syndrom und High-Functioning-Autismus verwendet, damit dem Leser eine schnelle Einordnung der Hinweise ermöglicht wird. Im außermedizinischen Bereich ist es für die Entwicklung des autistsichen Kindes und für das Zusammenleben einschließlich gemeinsamer Aktivitäten förderlich, wenn Autismus nicht als *Störung*, sondern als besonderer Lernstil und als andere Form der Wahrnehmung begriffen wird.

Autismus ist angeboren und lässt sich nicht durch Therapien oder Medikamente beseitigen. Therapien, die es in einer großen Fülle gibt, zielen darauf ab, dass das Kind lernt, besser mit seinen Schwierigkeiten umzugehen. Unseriöse Therapien zeichnen sich dadurch aus, dass sie entweder der Gesundheit des Kindes schaden und/oder Heilungsversprechen abgeben.

Wenn die Summe der beim Kind vorgefundenen Symptome eine in den Diagnosekriterien festgelegte Anzahl erreicht oder übersteigt, wird Autismus diagnostiziert. Diese Vorgehensweise, die als Summationsdiagnose (▶ Kap. III-9) bezeichnet wird, erklärt die große Vielfalt der Ausprägungsformen bei Autismus.

Schwierigkeiten im Bereich der Kommunikation reichen bspw. von der Unfähigkeit, altersgerechte Gespräche zu führen, bis zu fehlender verbaler Sprache. Sprache wird oft wörtlich verstanden und Witze, Ironie, Sarkasmus, Füllwörter, aber auch Metaphern können Probleme bereiten. Dies wirkt sich unmittelbar auf das Leseverständnis aus. Autistische Kinder fallen oft durch eine wenig modulierte Stimme und ungenügende Prosodie auf.

Abweichendes Sozialverhalten äußert sich z. B. in Form von mangelndem oder fehlendem Blickkontakt, aber auch in einer zur jeweiligen Situation nicht passenden Mimik und Gestik. Es bestehen Schwierigkeiten im Erkennen von nonverbaler Kommunikation und im Erfassen von sozialen Regeln. Autistische Kinder entwickeln später als nicht-autistische Kinder eine Theory of Mind, die die Fähigkeit beschreibt, anderen Menschen mentale Zustände wie bspw. Gefühle oder Wünsche zuzuschreiben (▶ Kap. III-8 und ▶ Kap. III-10.1).

Repetitive Handlungen beschreiben entweder Wiederholungshandlungen wie Stereotypien – die von außen betrachtet scheinbar nicht im Kontext der aktuellen Gegebenheiten vollführt werden – und Rituale oder Spezialinteressen, die besonders von Kindern mit dem Asperger-Syndrom gepflegt werden.

Besonderheiten im Bereich der Wahrnehmung, die sowohl die Sinnesorgane als auch Signale aus dem Körperinneren betreffen, finden sich bei autistischen Kindern häufig. Oft reagieren sie empfindlich auf akustische und visuelle Reize und sind

---

2 Die Diagnose von Erkrankungen erfolgt nach den Kriterien der von der WHO erstellten ICD (International Statistical Classification of Diseases and Related Health Problems, Internationale statistische Klassifikation der Krankheiten und verwandter Gesundheitsprobleme).

davon rasch überfordert. Ein abweichendes Schmerzempfinden birgt eine erhöhte Verletzungsgefahr oder die Gefahr, dass Bezugspersonen Verletzungen falsch einschätzen.

Einige Kinder mit Autismus denken überwiegend in Bildern (▶ Kap. III-G). Fast alle autistischen Kinder haben Veränderungsängste und versuchen, die Welt, die sie umgibt, konstant zu halten, um den Veränderungsängsten entgegenzuwirken.

Motorische Auffälligkeiten, Probleme bei der Handlungsplanung und beim Automatisieren von Handlungen sowie Schwierigkeiten beim Aufgabenverständnis und beim Zeitempfinden sind bei autistischen Kindern mehr oder weniger stark ausgeprägt anzutreffen. Des Weiteren fällt es ihnen schwer, Gedanken oder Handlungen auf ähnliche oder gleiche Situationen zu übertragen.

Der Alltag mit einem autistischen Kind ist oft geprägt von Schlafstörungen, Problemen bei der Ernährung, Ängsten oder Weglauftendenzen, weil das Weglaufen in einer schwierigen Situation die einzige Möglichkeit zum Reagieren darstellt, auf die das Kind zugreifen kann.

Nach dieser – wie in der Überschrift angekündigt – sehr knappen Einführung in das Thema *Autismus* stellt sich die Frage, wie man mit einem autistischen Kind umgeht. Auch darauf hat der eingangs zitierte Junge eine Antwort: »Menschen mit Autismus sollten so behandelt werden wie alle anderen, denn, wenn man es nicht tut, werden sie noch weniger sozial werden« (ebd.). Das vorliegende Buch gibt eine Fülle an Hinweisen, welche *Bedingungen* erfüllt sein müssen, damit autistische Kinder so wie alle anderen behandelt werden und damit sie Dinge tun können, die alle anderen tun. Dazu gehört das gewollte und genussvolle gemeinsame Lesen von Geschichten.

3.2 Aufklärung von Kindern im Vor- und Grundschulalter über Autismus

Bei der Aufklärung von Kindern über Autismus muss unterschieden werden, ob es sich bei den Kindern um das autistische Kind, um die Geschwister oder um familienfremde Kinder handelt. Das Einverständnis der Erziehungsberechtigten ist erforderlich, wenn Fachpersonen den Geschwistern den Autismus des Bruders oder der Schwester erklären wollen oder wenn sie beabsichtigen, mit dem autistischen Kind über dessen Besonderheiten zu reden, und wenn familienfremde Kinder wie bspw. Mitschüler von Fachpersonen über den Autismus des jeweiligen Kindes aufgeklärt werden sollen.

Geschwister sollten das Wort *Autismus* in Verbindung mit dem Bruder oder der Schwester zum ersten Mal von den Eltern hören, damit kein Vertrauensverlust entsteht. Die Aufklärung muss möglichst frühzeitig beginnen, um zu verhindern, dass sich Geschwister aus Beobachtungen oder zufällig Gehörtem ein falsches Bild von Autismus machen.

Für Kinder im Kindergarten- und Grundschulalter ist die Gewissheit, dass sie die Eltern alles zu diesem Thema fragen dürfen, enorm wichtig. Die Aufklärung über

Autismus ist kein einmaliger Akt, sondern erfolgt in Stufen, die sich aus dem aktuellen Gesprächs- oder Handlungsbedarf ergeben. Kinder in diesem Alter sollten mit dem Wort *Autismus* das verbinden, was sie bei dem Bruder oder der Schwester als Unterschied zu sich selbst wahrnehmen können. Dies kann bspw. sein, dass das autistische Kind wenig spricht, oft allein mit Bausteinen baut oder Musik, die das Geschwisterkind nicht als zu laut empfindet, nicht aushält.

Die Aufklärung über Autismus benötigt in diesem Alter keinen speziellen Zeitplan, sondern der Alltag wird ständig neue Fragen hervorbringen, die es erfordern, im Gespräch zu bleiben und zeitnah zu agieren. Geschwister benötigen Hinweise oder Anleitungen, wie das Zusammenleben gelingen kann und wie sie das autistische Kind besser verstehen können. Altersgemäße Bilderbücher zu diesem Thema oder Geschichten – wie die in diesem Buch befindlichen – ergänzen und bereichern die Aufklärung über Autismus.

Autistische Kinder in diesem Alter wissen meist, dass sie sich von ihren Geschwistern unterscheiden, weil sie i. d. R. viele Arzt- und Therapietermine absolvieren müssen. Ihre sozialen und emotionalen Schwierigkeiten nehmen sie häufig noch nicht als solche wahr, wohl aber den Stress, den Veränderungen oder unterschiedliche sensorische Reize bei ihnen auslösen. An diesen Punkten kann das Anderssein in diesem Alter festgemacht werden, um dann entsprechend der Entwicklung schrittweise auch soziale Themen zu besprechen. Auch ihnen helfen die Geschichten dabei, die Welt ein wenig besser zu verstehen.

Ungefähr gegen Ende der Grundschulzeit sind Kinder alt genug, um sich unter Anleitung differenzierter mit dem Thema *Autismus* auseinanderzusetzen. Sie sind nun in der Lage, Informationen in Zusammenhänge zu integrieren und Schlussfolgerungen daraus zu ziehen. In diesem Alter bietet es sich an, erste Blicke auf das Autismus-Spektrum mit seiner Vielfalt zu werfen.

Familienfremde Kinder sollten – das Einverständnis der Erziehungsberechtigten vorausgesetzt – immer nur so viel über das autistische Kind erfahren, wie in einer bestimmten Situation oder Konstellation notwendig ist. So sind bspw. Schlafprobleme dieses Kindes für die Geschwister relevant, für die Mitschüler jedoch nicht, solange keine Klassenfahrt geplant ist.

4 Bedeutung von Geschichten für Kinder

Märchenähnliche Geschichten haben vermutlich schon die Menschen in der Jungsteinzeit[3] untereinander ausgetauscht. Ursprünglich waren Märchen jedoch nicht für Kinder gedacht, sondern sie boten den Erwachsenen eine Möglichkeit, um Legenden zu verbreiten, um sich den Herausforderungen des Lebens stellen zu können, um Mut zu machen und Furcht zu besiegen – denn sie haben immer ein glückliches Ende – und gelegentlich auch, um gemeinsam Spaß zu haben. »Märchen sind in langen Zeiten verdichtete Lebenserfahrungen. […] So sind Märchen wie eine Stimmgabel, die uns einen Ton vorgibt, mit dem wir uns einstimmen können auf ein Leben, das stimmt« (Dickerhoff & Fiebig, 2016, S. 9). Erst die Gebrüder Grimm passten ihre gesammelten Märchen in der dritten Auflage für Kinder an.

Kinder benötigen Geschichten, um Alltagserlebnisse zu verarbeiten, Fantasie zu entwickeln, den Umgang mit Gefühlen zu erproben, ihre Persönlichkeit zu entfalten und letztendlich, um sich ein Bild von der Welt aufzubauen. Dazu muss das Kind an die Geschichte(n) aber herangeführt werden. »Soll eine Geschichte ein Kind fesseln, so muß sie es unterhalten und seine Neugier wecken«, formulierte es Bruno Bettelheim (1977, S. 10). Um Neugier zu wecken, ist es wichtig, dass die Erzählungen Themen, die die Kinder bewegen, aufgreifen und verarbeiten.

Geschichten und auch Märchen sind für die emotionale, sprachliche und kognitive Entwicklung eines Kindes wichtig. Dies stellt hohe Anforderungen an den Inhalt und die Ausgestaltung einer Geschichte, denn »sie muß auf seine Ängste und Sehnsüchte [des Kindes] abgestimmt sein, seine Schwierigkeiten aufgreifen und zugleich Lösungen für seine Probleme anbieten. Kurz: sie muß sich auf alle Persönlichkeitsaspekte beziehen« (ebd.).

Konkrete Vorschläge zum Handeln in bestimmten Situationen werden in Geschichten als Erlebnisse der Hauptfiguren – meist Tiere bei den in diesem Buch versammelten Geschichten – angeboten, ohne dass der Eindruck eines erhobenen Zeigefingers entsteht. Damit funktionieren Geschichten in der Weise, dass sie es ermöglichen, reale Probleme anhand erdachter Handlungen zu erkennen, zu verstehen und zu lösen, wenn man sich von den Schwingungen der Stimmgabel verzaubern lässt.

---

3 Die frühesten Wörter unserer modernen Sprachen datieren ungefähr 8000 Jahre zurück.

4.1 Eine Geschichte über Märchen

Im Alter von siebeneinhalb Jahren versuchte mein autistischer Sohn zum ersten Mal, ein Märchen nachzuerzählen. Bis dahin waren wir uns aufgrund seiner langen Sprachlosigkeit nicht sicher, ob er die Geschichten und Märchen, die wir ihm vorlasen – während er dabei meist ein Spielhaus umkreiste –, verstand.

Es handelte sich um das Märchen *Ritter Blaubart* von Charles Perrault, welches sein jüngerer Bruder unmittelbar zuvor Freunden, die zu Besuch waren, nacherzählt hatte. Benjamin startete mit dem Anfang des Märchens – er erzählte mit holpriger, lauter Stimme und viele Wörter waren noch schwer zu verstehen.

Allerdings lieferte er keine Nacherzählung des Märchens, sondern präsentierte kurz nach dem Beginn ein opulentes Bild des Schlosses von Ritter Blaubart. In der Originalvorlage wurden die Räumlichkeiten wie folgt beschrieben:»Am Morgen des nächsten Tages kamen die Besucherinnen dort an und begaben sich auf Entdeckungsreise durch die vielen Räume. Sie liefen ungeniert durch Säle und Flure [...]« (Perrault, 1985, S. 138). Benjamins Schilderung dagegen klang wie eine detaillierte Führung durch eine prächtige Sehenswürdigkeit. Er beschrieb alle Zimmer, die vom großen Saal abgingen, und klärte über deren kostbares Inventar auf.

An jenem Tag verstand ich besser, wie Benjamins Denken funktioniert. Er hatte vernommen, dass in dem Märchen ein Schloss eine Rolle spielt, und diese verbale Information setzte er sofort in Bilder eines solchen Gebäudes um. Beim Nacherzählen rief er dieses in seiner Fantasie so facettenreiche Bild auf und gab es in Worten, die wahrscheinlich nicht im Entferntesten an sein schillerndes inneres Gemälde heranreichten, wieder. Zwei Dinge mussten dabei zwangsläufig auffallen. Zum einen spielten die handelnden Personen in Benjamins Erzählung nur eine Nebenrolle, zum anderen unterlag er dem von ihm selbst nicht zu durchbrechenden Zwang, sein ganzes inneres Bild wiedergeben zu müssen.

Als er in seinem Monolog eine kurze Pause einlegte, nutzte ich die Gelegenheit, um mich nach dem Ende seiner Geschichte zu erkundigen. Sichtbar erleichtert antwortete er knapp: »Und im Nicht-Reingeh-Zimmer war schrecklicher Drache« (Maus, 2014, S. 17 ff.).

Diese Erkenntnis setzte ich daraufhin in meinen eigenen Geschichten dahingehend um, dass von nun an jede Geschichte mit Beschreibungen des Handlungsortes oder Sachwissen zum Thema der Geschichte begann (▶ Kap. I-5.2). Diese Vorgehensweise erleichtert autistischen Kindern ungemein den Einstieg in eine Geschichte.

4.2 Eine Geschichte über Geschichten

Ungefähr ein Jahr nach der eben geschilderten Begebenheit begann Benjamin, eigene Geschichten zu schreiben. Damals war sich die Fachwelt einig darüber, dass autistische Kinder nicht kreativ sein können: »Die intelligenteren Kinder mit Autismus haben wenig Schwierigkeiten mit dem Schreiben. Aber auch wenn sie meist richtig konstruierte Sätze schreiben können, sind sie deshalb nicht kreativ. [...] die Inhalte sind lediglich exzentrisch, bizarr und repetitiv« (Aarons & Gittens, 2007, S. 118). Zahlreiche autistische Künstler haben in den vergangenen Jahren derartige Feststellungen widerlegt.

Benjamins Geschichten erwiesen sich als interessant, stimmig, spannend und waren in einer erhellenden Art in sich logisch. Der das Vorwort einleitende Ausschnitt aus einer Geschichte meines Sohnes offenbart dem (autismus-)kundigen Leser bereits einige Unterschiede im Inhalt.

Weitere Besonderheiten betreffen die Struktur einer Geschichte, wie das folgende Beispiel verdeutlicht.

> Auszug aus einer Geschichte Benjamins (Maus, 2014, S. 118):
> Wir schreiben das Jahr 1793. Es war um 3.00 Uhr am dreizehnten Mai. Mein bester Mann, der gerade im Ausguck war, schrie: »Ich sehe eine unbekannte Insel mit einer Stadt.« [...] »Alle von Bord!«, rief ich. »Wenn Sie gern als Haifutter enden wollen, dann gehen Sie von Bord«, sagte Tom, mein viertbester Mann. [...] Auf einmal kamen schwer bewaffnete Schiffe. Mein dümmster Mann hatte eine Flaschenpost losgeschickt. Den Rest der Geschichte könnt ihr euch selbst vorstellen.

Dieser kurze Ausschnitt weist zwei interessante Merkmale auf. Zum einen sind die Zeitangaben sehr präzise, obwohl sie für die Handlung der Geschichte nicht in dieser Genauigkeit erforderlich gewesen wären. Zum anderen wird jeder Person eine eindeutige Stellung zugewiesen. Es gibt einen *besten*, einen *viertbesten* und einen *dümmsten* Mann. Ein tiefes Bedürfnis nach Ordnung wird hier befriedigt, welches den eigentlichen Text jedoch nicht beeinträchtigt, sondern bereichert, ihn interessant macht.

Diesem Bedürfnis nach Ordnung bin ich in meinen Geschichten nachgekommen, indem bspw. Zwicky (▶ Kap. II-C) sich nicht auf *einige*, sondern auf *fünf* Schnecken zubewegt, indem im Schloss von Gauda (▶ Kap. II-G) die *genaue* Anzahl der Gästezimmer genannt wird oder indem das *exakte* Baujahr der Burg, in der Rob und Robin leben (▶ Kap. II-O), erwähnt wird.

Viele Jahre später stellte Benjamin zwei seiner aktuellen Geschichten einem öffentlichen Publikum vor. Zum Beginn der Lesung erklärte er seine Leidenschaft für Geschichten folgendermaßen: »Geschichten haben mir von Kindheit an Zugang zu Elementen und Emotionen eröffnet – Elemente und Emotionen, die mir wegen meiner eingeschränkten Sozialfähigkeiten verwehrt blieben. Geschichten sind erfüllt von Träumen, Wünschen, Ängsten und allem anderen, was den menschlichen Geist ausmacht. Zugleich ist aber auch die subtilste Geschichte immer noch direkter als die Wirklichkeit. Geschichten sind aus den geballten Essenzen des Lebens gewoben.«

5 Unterschiede bei der Rezeption von Geschichten zwischen autistischen und nicht-autistischen Kindern

Viele autismustypische Besonderheiten führen dazu, dass autistische Kinder einen anderen Zugang zu Geschichten haben bzw. benötigen. Ihr häufig visuelles Denken und das wortwörtliche Sprachverständnis erfordern eine deutliche Ausdrucksweise in den Geschichten bzw. ein Erläutern von unklaren Sachverhalten. Schwierigkeiten im sozialen Bereich führen einerseits meist dazu, dass Geschichten, die dies vordergründig thematisieren, von autistischen Kindern abgelehnt werden, weil sie Stress auslösen. Andererseits haben diese Kinder oft Spezialinteressen, die ihnen einen Zugang zu anderen Themen wie bspw. zwischenmenschliche Interaktionen ermöglichen können.

In den folgenden Unterkapiteln wird darauf eingegangen, welche Dinge bei den Geschichten besonders gestaltet wurden, um autistischen Kindern einen guten Einstieg in die Welt der jeweiligen Protagonisten zu ermöglichen, und worauf Erwachsene bei der Präsentation der Geschichten achten sollten.

5.1 Künstlerische Gestaltung

Jeder Geschichte ist eine Illustration vorangestellt – dies ist erst einmal nichts Ungewöhnliches bei Geschichten für Kinder im Vor- und Grundschulalter. Da viele autistische Kinder aber das Problem haben, dass bestimmte Farben körperliche Missempfindungen auslösen und diese Farben daher verständlicherweise gemieden werden, wurden die Illustrationen in Grautönen angefertigt. Um jedoch der kindlichen Fantasie aller Rezipienten freien (Farbver-)Lauf zu lassen, befinden sich die Illustrationen zu sämtlichen Geschichten im Anhang als Ausmalbild zum Kopieren.

Die Frage, welche Szenen abgebildet werden sollen, stellte ich meinem autistischen Sohn. Er antwortete mir, dass es eine Szene aus dem ersten Drittel der Geschichte – möglichst dicht am Beginn – sein muss, weil er sonst einer Geschichte nicht folgen kann, wenn er über den Inhalt der Illustration grübelt. Dieser wichtige Hinweis wurde von Frau Reichert-Scarborough und mir beachtet.

Die einzige Ausnahme bezüglich der Gestaltung bildet die Illustration auf dem Cover. Dieses Bild stellt nicht das im Vorwort erwähnte dicke Ende einer Geschichte dar, sondern das wahre Ende der Geschichte *Kastania und Kastagnette* (▶ Kap. II-F), bei dem es den Protagonisten gelingt zusammenzufinden.

Die Strichführung ist klar, sodass keine Linien, die ein Objekt oder ein Subjekt begrenzen, im Nichts enden. Die Ausmalbilder haben zudem einen Rahmen erhalten, um insbesondere autistischen Kindern eine Struktur in Form einer Begrenzung zu liefern.

Jede Geschichte besitzt zwei Titel. Die Titel der Geschichten sind nicht als Titel und Untertitel gedacht, sondern es handelt sich hierbei um alternative Titel. Es gibt einmal einen Titel, der den oder die Namen der Hauptfigur/en enthält. Der zweite Titel bezieht sich auf die Handlung oder die Art der Geschichte.

Diese Titelgebung entstand vor dem Hintergrund, dass autistische Kinder überall nach Ordnung oder Strukturen suchen. Sie bevorzugen daher Einheitlichkeit, weil ihnen die damit mögliche Wiedererkennbarkeit Sicherheit vermittelt. Manche von ihnen hätten gern Namen im Titel einer Geschichte, andere, die sich mit Namen schwertun, sind dann schon beim Vernehmen des Titels angespannt. Geschichtentitel, in denen sich Namen und Handlungshinweise abwechseln oder sogar vermischen, können bei autistischen Kindern viel Stress auslösen.

Nicht-autistische Kinder wünschen sich in den meisten Fällen Abwechslung. So habe ich die Lösung der Doppeltitel gefunden, damit jeder beim Vorlesen der Geschichten das Passende auswählen kann. Entweder wird der Titel gewählt, der dem autistischen Kind die Teilnahme an der Vorleserunde ermöglicht, oder dieser Titel wird zuerst genannt, um dann nach einer kurzen Pause den Zweittitel für die anderen Kinder zu erwähnen. Erwachsene, die die Geschichten zur Anwendung bringen, werden rasch die optimale Variante für jede Kindergruppe ermitteln.

5.2 Inhaltliche Gestaltung

Autistische Kinder suchen nicht nur nach Regelmäßigkeiten, sondern sie sind auch sehr regelbewusst. Regeln schaffen Vorhersehbarkeit, die es diesen Kindern ermöglicht, etwas Ordnung in ihre sich schnell verändernde Umgebung zu bringen. Bei Unstimmigkeiten in einer Geschichte kommt es daher schnell zu einem Abbruch der gemeinsamen Aktivität. Um dies zu verhindern, hat mein autistischer Sohn alle Geschichten noch einmal gelesen.

Ein Teil der autistischen Kinder denkt überwiegend in Bildern. Dabei wird das Gehörte sofort in Bilder umgesetzt und in dieser Form gespeichert. Das kann eine Ursache dafür sein, dass diesen Kindern beim Lesen oder Vorlesen übel wird, wenn scheinbar harmlose, unappetitliche Dinge geschildert werden. Ein Beispiel soll dies verdeutlichen: Mein autistischer Sohn musste in der Grundschule ein älteres Kinderbuch lesen, in dem eine fliegende Katze einem Gast im Restaurant dabei zuschaut, wie jenem die Augen vor Schreck aus dem Kopf quellen (Hüttner, 1994, S. 45). Nach dieser Textpassage war mein Sohn nicht mehr in der Lage, das Buch weiterzulesen. Die Geschichten in diesem Buch sind frei von solchen Schilderungen.

Die Protagonisten der Geschichten sind in der Mehrzahl Tiere. Zum einen liegt das darin begründet, dass jüngere autistische Kinder oft Geschichten mit Tieren solchen mit Menschen vorziehen, zum anderen, dass soziale Geschichten mit tierischen Helden einen größeren Interpretationsspielraum haben. Sie bereiten somit autistischen Kindern bei dem Erfassen von sozialen Interaktionen weniger Probleme als Geschichten aus ihrem unmittelbaren Alltag, denn die Furcht, einen Fehler zu machen, wird dadurch minimiert.

Die erste Geschichte des Buches endet damit, dass die Hauptfigur Quercus aus dem *Dicken Buch der Regenwürmer* vorliest. Alle folgenden Geschichten stammen somit aus diesem Sammelwerk. In diesen Geschichten agieren verschiedene Tiere und auch Menschen.

Jede Geschichte beginnt mit einer Einführungssequenz, die Erklärungen oder Faktenwissen zum Thema der Geschichte vermittelt. Dies ermöglicht autistischen Kindern einen Einstieg in die jeweilige Geschichte, weil Sachthemen von ihnen i. d. R. besser erfasst und verarbeitet werden als soziale Themen. Wenn sie auf diese Art verführt wurden, in den Handlungsraum der Geschichte einzutreten, werden sie sich auf die eigentliche Geschichte einlassen.

In den Texten der Geschichten gibt es einige kleine Besonderheiten, die autistischen Kindern entgegenkommen. Dies sollen einige Beispiele verdeutlichen:

- Es werden keine Wörter im Text verkürzt, da solche Verkürzungen bei autistischen Kindern Verwirrung stiften. Aus dem *Regenwurm* wird nicht plötzlich ein *Wurm* und auch die *Streifenhörnchen* und die *Eichhörnchen* werden nicht zu *Hörnchen* verallgemeinert.
- Die Zahlen in den Geschichten sind mit Bedacht gewählt. Zahlen mit aufeinanderfolgenden Ziffern, Zahlen mit gleichen Ziffern, gerade Zahlen oder Primzahlen lösen bei autistischen Kindern oft ein Wohlgefühl aus, weil sie einem bestimmten Ordnungsprinzip folgen. So gibt es bspw. 99 Gästezimmer in einem Schloss, eine Burg aus dem Jahr 1234 und sechs Teilnehmer einer Geburtstagsfeier.
- Viele autistische Kinder haben Schwierigkeiten mit der auditiven Wahrnehmung, was u. a. dazu führt, dass sie Namen schwerer erlernen und sich diese auch weniger gut merken können als gleichaltrige Kinder. Daher wurden Namen in den Geschichten sparsam vergeben, sodass Nebenfiguren oft keine Namen erhalten haben. Nicht-autistische Kinder können hier gebeten werden, diesen Figuren Namen zu geben.
- Die Namen der Haupt- und Nebenfiguren enthalten viele Vokale. Dies erleichtert autistischen Kindern das Wahrnehmen und auch das Aussprechen der Namen. (Die wenigen Namen, die komplizierter sind wie bspw. Zwicky oder Fafnir, stammen von meinen nicht-autistischen Kindern.)

Bei einer Geschichtensammlung können scheinbar unsortierte Geschichten bei autistischen Kindern Stress und körperliches Missempfinden auslösen. Sie können sich dann nicht auf eine Geschichte konzentrieren, sondern sortieren im Kopf alle Geschichten in eine logische Abfolge, sind aber gleichzeitig frustriert, weil sie die reale Abfolge der Geschichten im gedruckten Buch nicht ändern können.

Ich fragte Benjamin, wie die Geschichten sortiert werden sollen. Er antwortete: »Ich würde sie nach Größe sortieren, also mit dem Regenwurm anfangen.« Ich gab zu bedenken: »Es gibt aber mehrere Geschichten mit Mäusen«, worauf Benjamin meinte: »Da musst du dir etwas einfallen lassen.« Ich habe mit etwas einfallen lassen und beim Anordnen auf die Nebenfiguren geschaut.

Sortierte Geschichten wirken auf nicht-autistische Kinder nicht befremdlich, sie lösen höchstens Langeweile aus. Hier kann man gegensteuern, indem das Kind bspw. Folgendes gefragt wird: »Du weißt, dass die Geschichten nach der Größe der Hauptfiguren sortiert sind. Welches Tier oder welches Lebewesen könnte in der folgenden Geschichte die Hauptrolle spielen?«

5.3 Umgebungsbedingungen

Der Erfolg des gemeinsamen Lesens von Geschichten hängt bei autistischen Kindern wesentlich von der Gestaltung der Umgebungsbedingungen ab. Zum einen ist es wichtig, dass sensorische Reize in dem Maße reduziert werden, wie es für das jeweilige Kind erforderlich ist. Zum anderen erhöht ein überschaubares, stabiles soziales Umfeld die Chance, einen Zugang zu den Inhalten der Geschichte erlangen zu können. Beim Lesen der Geschichten kommt es autistischen Kindern entgegen, wenn die Tür zum Zimmer geschlossen ist und wenn die teilnehmenden Personen weder unangekündigt später kommen noch früher gehen. Auf die Belastungsgrenzen des autistischen Kindes sollte stets sorgfältig geachtet werden.

Akustische Reize werden von autistischen Kindern oft mit einer Verzögerung verarbeitet. Die Geschwindigkeitsdifferenz in der Wahrnehmung von Lauten beträgt bei autistischen Kindern im Durchschnitt elf Millisekunden (Roberts et al., 2010), was ungefähr der Länge des Lautes »el« im Wort *Elefant* entspricht. Daher kann es notwendig sein, beim Vorlesen bspw. nach jedem Satz eine kurze Pause einzulegen oder längere Sätze zu wiederholen. Es ist möglich, dem autistischen Kind eine farbige Karte auszuhändigen, die es hochhält, wenn das Tempo zu schnell ist. Eine solche Karte können ebenso alle anderen Kinder erhalten, die aus verschiedenen Gründen Probleme mir dem Erfassen von gesprochener Sprache haben.

Das Vorlesen der Geschichten und sich daran anschließende Aktivitäten sollten im Voraus geplant, mit dem autistischen Kind besprochen und ggf. im Kalender visualisiert werden. Dies wirkt Veränderungsängsten entgegen und erhöht die Chance auf ein gelungenes Miteinander.

Autistische Kinder benötigen oft Rituale zum Beginn einer Leserunde, um sich auf die Beschäftigung einstimmen zu können. Diese Zeit sollte unbedingt eingeplant werden. Nicht-autistische Kinder können – je nach Art des Rituals – daran teilnehmen oder einer anderweitigen kurzen Beschäftigung nachgehen.

Ein häufiges Ritual autistischer Kinder besteht darin, dass vor dem Lesen einer unbekannten Geschichte eine oder mehrere bekannte Geschichten gelesen werden müssen. Dies erzeugt die Sicherheit, dass von den Geschichten keine Gefahr ausgeht.

Wenn sich die nicht-autistischen Kinder beim Vorlesen der bekannten Geschichte(n) langweilen, gibt es folgende Möglichkeiten zum Handeln:

- Sie werden später dazu geholt. (Dies ist nur möglich, wenn das keinen Stress für das autistische Kind produziert.)
- Sie bekommen eine Aufgabe gestellt (bspw., dass sie zählen sollen, wie oft ein bestimmtes Wort in der Geschichte vorkommt).
- Sie fotografieren beim Vorlesen. (Bitte achten Sie darauf – wenn Sie als Fachperson mit den Kindern arbeiten –, das Einverständnis der Erziehungsberechtigten einzuholen und die gültige Rechtslage zu beachten.)
- Sie zeichnen ein Bild oder lösen ein Puzzle mit wenigen Teilen.

Erwachsene, die mit den Kindern die Geschichten lesen möchten, sollten nicht an die Vernunft der nicht-autistischen Kinder appellieren und diese zum Warten auffordern. Eine solche Handlungsweise ist einerseits nicht förderlich für eine gute Beziehung zwischen autistischen und nicht-autistischen Kindern und andererseits sollte diese Option immer nur in Notfällen zur Anwendung kommen. Der größte Erfolg besteht darin, wenn ein nicht-autistisches Kind eines Tages sagt: »Ich kann doch einfach so lange warten.«

5.4 Emotionale Reaktionen

Autistische Kinder haben sowohl Schwierigkeiten Gefühle auszudrücken als auch Gefühle bei anderen Personen zu erkennen (▶ Kap. III-10.1). Dies kann einerseits dazu führen, dass sie – von außen betrachtet – nicht oder in anderer Weise auf emotionale Situationen in den einzelnen Geschichten reagieren. Andererseits kann es bedeuten, dass sie die gefühlsmäßigen Reaktionen der anderen Kinder nicht wahrnehmen oder nicht einordnen können, was häufig dazu führt, dass sie nicht oder in einer befremdlichen Weise darauf reagieren.

Für ein gelingendes Miteinander ist es notwendig, dass die erwachsenen Bezugspersonen in diesen Situationen vermitteln, erklären und aufklären. Diese Aktionen beziehen sich auf alle Kinder. Visuelle Hilfsmittel, die verschiedene Emotionen abbilden, können hier gute Dienste leisten, damit sich autistische Kinder entweder nonverbal erklären können oder damit sie leichter die geeigneten Worte finden. Solche Hilfsmittel gibt es im Handel in verschiedenen tierischen Ausführungen, passend zu den Geschichten mit Tieren.

Nicht-autistische Kinder lernen in diesem Prozess einerseits, dass ihre nonverbalen Reaktionen von dem autistischen Kind besser verstanden werden, wenn sie ihre eigenen Gefühle zusätzlich verbal oder mit visuellen Hilfsmitteln kommunizieren. Andererseits verinnerlichen sie, dass sie sich nicht nur auf die Deutung der Körpersprache des autistischen Kindes verlassen sollten, sondern zumindest dann nachfragen, wenn sie sich unsicher sind oder sich Widersprüche auftun.

5 Unterschiede bei der Rezeption von Geschichten

Zu jeder Geschichte findet sich im dritten Buchteil ein Fragenkatalog, der Anregungen für die Arbeit mit der jeweiligen Geschichte geben möchte. Ein Teil dieser Fragen beschäftigt sich mit Emotionen, die in den Geschichten thematisiert werden. Die Beantwortung der Fragen durch Beschreiben, Erklären, Vorspielen und bei Wunsch auch Nachahmen oder das Zuschauen und Zuhören hilft allen Kindern dabei, das jeweilige Gefühl auf die eigene Person zu beziehen.

6 Zielgruppen

Das vorliegende Buch richtet sich an erwachsene Personen, die mit Kindern im Vor- und Grundschulalter leben und arbeiten und bei denen das Thema *Autismus* im alltäglichen Miteinander relevant ist oder relevant werden könnte. Dies sind bspw. Eltern, Großeltern und weitere Verwandte, Erzieher, Lehrer, Sozial- und Sonderpädagogen, Psychologen, Therapeuten, Einzelfallhelfer, Schulbegleiter, Integrationsassistenten oder Personen, die Kindergruppen unter bestimmten Aspekten leiten. Die Geschichten in diesem Buch eignen sich sowohl für autistische als auch für nichtautistische Kinder in diesem Altersbereich. Sie erklären allen Kindern Besonderheiten, die mit der Diagnose *Autismus* assoziiert sind, und zeigen Möglichkeiten eines gewinnbringenden Zusammenlebens.

Der Einsatz der Geschichten ist in altershomogenen und auch in altersmäßig gemischten Gruppen möglich. Autistische Kinder sind einerseits nicht nur in ihren sozialen Fähigkeiten eingeschränkt, sondern oft auch in ihrer emotionalen Entwicklung verzögert. Andererseits verfügen sie häufig über mehr Sachwissen als gleichaltrige Kinder. Dies kann dazu führen, dass sie die Geschichten erst etwas später als gleichaltrige Kinder interessant finden, aber gleichzeitig viele Informationen zum Thema der Geschichte beisteuern.

Die Schwere der Behinderung des autistischen Kindes sowie mögliche komorbide Entwicklungsstörungen wie Störungen der kognitiven Entwicklung können in bestimmten Fällen die Einsetzbarkeit der Geschichten begrenzen, zeitlich hinauszögern oder verhindern. Dies trifft nicht auf Kinder mit High-Functioning-Autismus oder dem Asperger-Syndrom zu.

7 Einsatzbereiche

Die Geschichten des Buches sollten vorgelesen und besprochen werden, wenn das Thema *Autismus* im Alltag durch bestimmte Erlebnisse oder durch spezielle Fragen der Kinder relevant wird oder wenn das konkrete Bedürfnis besteht, sich mit diesem Thema zu beschäftigen. Sie eignen sich ebenso, wenn vorbereitend bestimmte Ereignisse thematisiert werden oder wenn Ereignisse – sowohl positiv als auch negativ erlebte – ausgewertet werden sollen.

Es empfiehlt sich, vor dem Einsatz der Geschichten die entsprechende Geschichte in Abwesenheit der Kinder zu lesen und insbesondere die Ausführungen im dritten Buchteil dazu zu beachten. So wird sichergestellt, dass die Geschichte zur Situation passt. Außerdem lassen sich die nachfolgenden Aktivitäten zeitlich, räumlich und inhaltlich planen. Für einen möglichst reibungslosen Ablauf der gemeinsamen Aktivitäten (▸ Kap. III-10.2) ist es neben der Planung erforderlich, alle benötigten Materialien im Vorfeld zu besorgen. So lassen sich eskalierende Situationen vermeiden, die dadurch entstehen können, dass mit dem autistischen Kind eine Aktivität vorab besprochen wurde, die dann nicht stattfinden kann. Solche Brüche im Tagesablauf versetzen autistische Kinder in enormen Stress.

Einige Geschichten eignen sich dazu, die Kinder vorab zu fragen, was sie in der Geschichte erwarten, wie die folgenden Beispiele zeigen:

- Das Wettkriechen (▸ Kap. II-A): Wer könnte hier um die Wette kriechen?
- Die Hängematte der Giraffe (▸ Kap. II-H): Wie stellst du dir eine Hängematte der Giraffe vor?
- Die ungleichen Burgbewohner (▸ Kap. II-O): Um wen könnte es sich hierbei handeln?

Sowohl im häuslichen als auch im außerhäuslichen Bereich funktioniert der Einsatz der Geschichten in Gruppen, die aus autistischen und nicht-autistischen Kindern bestehen. Dies ist das Hauptanliegen der Geschichtensammlung. Die Erzählungen lassen sich aber ebenfalls einsetzen, wenn die Beschäftigung mit nur einem autistischen oder nicht-autistischen Kind oder nur mit den Geschwistern des autistischen Kindes erfolgt. Auch Gruppen, die nur aus autistischen oder nur aus nicht-autistischen Kindern bestehen, sind vom Einsatz der Geschichten nicht ausgeschlossen.

Bei Geschwistern, aber auch in Situationen, in denen verwandte oder befreundete Kinder unterschiedlichen Alters zu Besuch sind, zeigt sich oft der Effekt, dass sowohl jüngere als auch ältere Kinder, die vielleicht noch nicht oder nicht mehr zur eigentlichen Zielgruppe der Geschichten gehören, sich beim Vorlesen dazugesellen, weil sie das Zusammensein genießen wollen. Ältere Kinder können in diesem Fall die Rolle des Vorlesenden übernehmen. Jüngere Kinder benötigen evtl. besondere Erklärungen oder mehr Zeit zum Verstehen einer Geschichte. Als Gute-Nacht-Geschichten sollten nur die Geschichten zum Einsatz kommen, die die Kinder bereits gut kennen und die beim Vorlesen und Besprechen mit positiven Gefühlen oder Erlebnissen verbunden wurden.

Generell spricht nichts dagegen, Kindern, die über ausreichende Lesefähigkeiten verfügen, das Buch in die Hand zu geben und eine Geschichte selbst lesen oder vorlesen zu lassen. Die erwachsenen Personen sollten dabei aber stets in Reichweite bleiben und das Buch nicht dem Kind allein überlassen, damit das Kind nicht durch Lesen und Missverstehen des Erwachsenenteils verunsichert oder verängstigt wird.

Einige Lebensumstände oder Lebensbereiche der Kinder werden von bestimmten Geschichten gezielt angesprochen. Das Thema Schule spielt bei Quercus (▶ Kap. II-A), Hugo (▶ Kap. II-D) und Fafnir (▶ Kap. II-P) eine Rolle. Geschichten, in denen Geschwister agieren, sind Nimimi (▶ Kap. II-I), Skia und Luna (▶ Kap. II-K) sowie Susa, Rika und Mari (▶ Kap. II-N).

Im außerhäuslichen Bereich können die Geschichten einschließlich der vorgeschlagenen Aktivitäten in allen Gruppenkonstellationen eingesetzt werden. Dies kann in der Kindertagesstätte, in der Schule, im Hort, in Freizeitgruppen, aber auch in speziellen Gruppen für Geschwisterkinder geschehen.

II Geschichten zum Vorlesen und Selbstlesen

A Quercus / Das Wettkriechen

Diese Geschichte handelt von Quercus, einem jungen Regenwurm. Ihr wisst sicherlich, dass sich Regenwürmer ihren Namen selbst geben. Quercus suchte sich diesen Namen aus, weil sein Mapi-Regenwurm, das ist der Mami-Papi-Regenwurm, seine Eier unter einer alten Eiche abgelegt hatte. In der lateinischen Sprache heißt die Eiche Quercus.

Quercus besuchte wie alle jungen Regenwürmer die Schule. Er war ein ausgesprochen kluger Regenwurm – er kannte beinahe alle Tiere, Pflanzen und Gesteine. Und er konnte die Planeten und Himmelsrichtungen aufzählen. Aber im Kriechen und Graben war er der Langsamste und auch recht ungeschickt. Deshalb wurde er fast jeden Tag von den anderen Regenwürmern gehänselt.

Oft bekam er zu hören, dass ein Regenwurm, der nicht gut graben kann, kein richtiger Regenwurm sei. Einige Regenwürmer wollten sich nicht mit Quercus unterhalten, weil er Gespräche über Kriechrekorde erwachsener Regenwürmer langweilig fand.

Eines Tages, als er wieder einmal arg verspottet wurde, sagte er leichtsinnigerweise: »Wenn ich mich sehr anstrenge, kann ich euch im Wettkriechen besiegen.« Er versprach sich davon, in Ruhe gelassen zu werden. Aber die anderen Regenwürmer nahmen ihn beim Wort und setzten voller Tatendrang ein Wettkriechen in zwei Tagen an.

Oh je, oh je! Was hatte Quercus da nur angerichtet. Er würde die anderen nie besiegen können!

Am folgenden Tag jedoch kam ihm die rettende Idee. Er begab sich zu einer Grassorte mit messerscharfen Kanten und schnitt sich in der Mitte durch. Macht euch bitte keine Sorgen, denn für Regenwürmer ist das etwas ganz Normales. Sie tun es nur nicht gerne, weil jeder Regenwurm möglichst groß sein möchte.

Der Wettbewerb fand am darauffolgenden Tag statt. Es sollte zuerst eine Strecke gekrochen und danach ein kleiner Wall durchgraben werden. Der halbierte Quercus trat zum Kriechen an und die anderen Regenwürmer wunderten sich über seine Größe. Einige kicherten. Zwei Regenwürmer fragten ihn etwas besorgt: »Geht es dir gut? Du siehst so geschrumpft aus.«

Quercus antwortete ihnen: »Ich habe mir einen Kräuterextrakt zubereitet, der zieht meine Muskeln zusammen, damit ich besser kriechen kann. Und deshalb sehe ich so klein aus.«

Das Rennen begann. Die Grille zirpte das Startsignal und wie erwartet lag Quercus gleich nach dem Start weit zurück. Alle anderen Teilnehmer erreichten vor ihm den Wall. Einige Zuschauer blickten ihn mitleidig an, andere versuchten, ihm Mut zu machen. Dann begaben sie sich auf den Weg zur anderen Seite des Walls, um zu sehen, wer den Wettkampf gewinnt.

Siegessicher gruben sich die Regenwürmer, die sich nach dem Kriechen auf den vorderen Plätzen befanden, in den Wall. Umso größer war das Erstaunen, als sie beim Verlassen des Walls sahen, dass Quercus schon am Ziel war.

Sie entschuldigten sich kleinlaut für ihre Hänseleien und ein kräftiger Regenwurm sagte zu ihm: »Von nun an kannst du so langsam kriechen, wie du möchtest. Wir werden dich nicht mehr verspotten.«

Quercus war in diesem Moment der glücklichste Regenwurm, den man sich denken kann. Es hatte sich also doch gelohnt, das dicke Buch mit den Geschichten und Märchen zu lesen. Wenn Igel sogar Hasen überlisten können, dann gelingt ihm das auch mit anderen Regenwürmern.

Nun musste er sich nur noch überlegen, wie er morgen in der Schule das plötzliche Auftauchen seines Zwillingsregenwurmes Larix erklären sollte.

Während der Siegesfeier bemerkte Quercus, wie sich sein Glücksgefühl in ein schlechtes Gewissen umwandelte. Er wurde für eine Leistung gefeiert, die er nicht erbracht hatte. Er wollte diesen Wettbewerb doch gar nicht austragen, er wollte nur in Ruhe gelassen werden.

Aber nun – mit dem schlechten Gewissen – fand er auch keine Ruhe. Er erzählte den anderen Regenwürmern von seiner List und rechnete damit, wieder ausgeschlossen oder gehänselt zu werden.

Etwas anderes passierte: Die Regenwürmer hörten gespannt seine Geschichte und fragten nach jedem Detail in der Ausführung seines Plans. Fagus, der eigentliche Gewinner des Wettbewerbes, schlug vor, dass es zwei Sieger gibt – der beste Sportler und der beste Denker.

Erleichtert rief Quercus nach Larix, der sich noch auf der anderen Seite des Walls befand. Die Regenwürmer forderten Quercus dann auf, die restlichen Geschichten aus dem dicken Buch mit den Geschichten und Märchen zu erzählen.

Quercus sagte erfreut: »Wir können heute damit anfangen. Ich werde es nicht schaffen, alle Geschichten und Märchen an einem Nachmittag zu erzählen.« Alle Regenwürmer setzten sich zusammen und Quercus begann: »Es war einmal …«

Geschichten und Märchen aus dem Dicken Buch der Regenwürmer

B   Flugsi / Die faule Biene

Pünktlich zum Sonnenaufgang erwachte das Leben im Bienenstock. Es raschelte, es summte, es brummte ... Wenige Minuten später verließen Hunderte Bienen den Bienenstock.

Der Bienenstock ist das Haus der Bienen. Er befand sich am Rand einer Wiese. Die Wiese wiederum lag mitten in einem Wald. Ein kleiner Bach zerteilte die Wiese in ungleiche Teile, bevor er im Wald weiterfloss.

Die Bienen verließen den Bienenstock, um zu den Blumen der Wiese zu fliegen.

Was tun sie denn auf der Wiese? Aus den Blüten der Blumen saugen sie Nektar. Sie sammeln auch Blütenstaub. Beides bringen sie in den Bienenstock, denn es dient ihnen als Nahrung. Aus dem Nektar machen sie Honig und legen ihn als Vorrat an. So stellen sie sicher, dass sie nicht verhungern, wenn die Blumen nicht blühen. Dazu müssen sie sehr oft an jedem Tag zwischen der Wiese und dem Bienenstock hin und her fliegen.

Als die Bienen an diesem Morgen von ihrem ersten Flug zurückkehrten, stellten sie fest, dass Flugsi den Bienenstock nicht verlassen hatte. Samson, eine kräftige Biene, fragte Flugsi: »Bist du etwa krank?« Flugsi verneinte.

Samson fragte weiter: »Warum fliegst du dann nicht mit den anderen und sammelst Nektar?« Flugsi erklärte daraufhin: »Ich habe keine Kraft zum Fliegen.«

»Warum hast du denn keine Kraft zum Fliegen?«, wollte Samson wissen. Er fügte hinzu: »Du siehst doch gesund aus. Und du hast selbst gesagt, dass du nicht krank bist.«

Flugsi antwortete: »Ich habe keine Kraft zum Fliegen, weil es zu laut ist. Unsere Flügel sind zu laut, wenn sie auf und ab schlagen.«

Samson schaute Flugsi ungläubig an. Scherzte sie etwa? Wollte sie ihn veralbern? Bevor er etwas sagen konnte, fuhr Flugsi fort: »Und ich habe keine Kraft zum Fliegen, weil ich nachdenken muss.«

Samson spürte, dass Flugsis Antworten ihn ärgerlich machten. In einem strengen Ton erklärte er: »Alle Tiere halten uns für fleißig. Du ruinierst unseren guten Ruf! Worüber musst du denn nachdenken?«

»Im Moment denke ich über die Konstruktion unseres Bienenstocks nach«, antworte Flugsi unverzüglich. Samson hatte eine Idee. Er fragte Flugsi: »Kannst du nicht beim Fliegen nachdenken? Ich überlege mir doch auch beim Fliegen, wen ich nach der Arbeit treffen möchte.«

»Ich kann nicht gleichzeitig denken und fliegen«, sagte Flugsi bestimmt.

Samson konnte das Gespräch nicht weiterführen, da er seine Arbeit fortsetzen musste. Auch die Bienen, die dem Gespräch lauschten, mussten weiterarbeiten.

Einige Tage vergingen und Flugsi wurde immer dünner. Da sie nicht zu den Blüten flog, bekam sie keine Nahrung. Flugsi war den ganzen Tag damit beschäftigt, Pläne auf dünne Wachsplatten zu zeichnen. Die Wachsplatten verwendeten die Bienen normalerweise, um daraus ihre Waben zu bauen. Eine Wabe ist für eine Biene ungefähr das Gleiche wie ein Zimmer für einen Menschen.

Biba, eine kleine und sehr flinke Biene, brachte Flugsi jeden Tag etwas Nektar mit. Samson fragte Biba verwundert: »Warum fütterst du denn die faule Biene?« Biba antwortete: »Sie ist doch nicht faul. Sie arbeitet den ganzen Tag an ihren Plänen.« Samson entgegnete: »Und wozu soll das gut sein?« »Ich weiß es nicht. Das musst du Flugsi fragen«, gab Biba als Antwort.

Einerseits widerstrebte es Samson, mit der faulen Biene zu reden. Andererseits plagte ihn die Neugier und so fragte er Flugsi in Anwesenheit vieler Bienen eines Abends: »Wofür zeichnest du eigentlich all die Pläne?«

Flugsi schaute kurz von der Wachsplatte hoch, auf der sie gerade zeichnete. Dann setzte sie ihre Tätigkeit fort. Während sie arbeitete, erklärte sie den Bienen ihr Projekt. Sie sagte: »Ich bin zu der Erkenntnis gelangt, dass die fünfeckige Form unserer Waben unpraktisch ist. Wir sollten Waben mit sechs Ecken bauen.«

Ein erschrecktes Raunen ging durch den Bienenstock. »Die Form der Waben ändern?«, rief eine Biene empört aus. »Wir haben das schon immer so gemacht«, stellte eine andere fest.

Flugsi setze ihre Erklärungen unbeirrt fort. Sie malte auf einer Wachsplatte auf, wie man sechseckige Waben nebeneinander und übereinander anordnen konnte. Dann forderte sie die Bienen auf, die Zeichnung mit den Waben im Bienenstock zu vergleichen.

Eine alte Biene, die sich bis jetzt nicht zu Wort gemeldet hatte, sagte: »Das ist eine gute Idee. Ich denke, es funktioniert. So können wir den Raum im Bienenstock viel besser nutzen.«

Daraufhin ergriff Samson das Wort. Er verkündete: »Wir können unseren Bienenstock verbessern. Ab heute werden wir sechseckige Waben bauen.« Er wandte sich Flugsi zu und sagte: »Ich habe mich geirrt. Du bist nicht faul. Du bist nur anders fleißig.«

C Zwicky / Die Napfschnecke

In der vergangenen Nacht hatte es geregnet. Das feuchte Gras lockte die Schnecken zum Spielen hervor. Genauer gesagt, die jüngeren Schnecken, denn die erwachsenen Schnecken hatten keine Zeit zum Spielen. Sie mussten ihre Arbeit erledigen.

Zwicky kroch auf die fünf Schnecken zu, mit denen sie meistens die freie Zeit verbrachte. Bei manchen Spielen schaute sie nur zu, beispielsweise wenn die anderen Schnecken den Stärksten ermittelten. Dazu versuchten sie, die Fühler des Gegners mit den eigenen Fühlern umzubiegen.

Bei anderen Spielen wurde sie dringend gebraucht. Sie konnte knifflige Labyrinthe aus Steinen legen, in denen die Spielkameraden dann ein Wettkriechen veranstalteten. Wenn man viel spielt, wird man auch rasch hungrig.

So begab sich die Schneckengruppe auf die Suche nach leckeren Blättern. Sie fanden ein riesiges Salatblatt. Zwicky wollte dieses Blatt genüsslich anknabbern, aber die anderen Schnecken riefen: »Halt, Zwicky! Dieses Blatt darfst du nicht essen.«

Zwicky fragte erstaunt: »Wieso denn nicht?« »Weil es von einem Burger heruntergefallen sein muss. Es ist voller Mayonnaise. So etwas vertragen wir nicht«, antwortete Luella, eine der anderen Schnecken.

»Wieso vertragen wir so etwas nicht?«, fragte Zwicky Luella. Sie antwortete: »Wir sind doch schließlich keine Menschen. Die essen solch seltsame Sachen.«

Zwicky überlegte. Ihre Schneckenmama hatte schon oft zu ihr gesagt: »Zwicky, achte auf die fetten Blätter. Dann wird es dir gut gehen.« Luella hatte sich bei verschiedenen Dingen bereits mehrere Male geirrt. Die anderen Schnecken, die mit Zwicky spielten, hatten sich auch schon oft geirrt. Aber die Schneckenmama, die hatte sich noch nie geirrt.

Zwicky überlegte weiter. Sie kam zu dem Schluss, dass die Schneckenmama mit den fetten Blättern eigentlich nur Blätter gemeint haben kann, auf denen sich Fett befindet. Mayonnaise enthält viel Fett. Dieses Blatt voller Mayonnaise war also ein Glücksfund!

Das Blatt samt Mayonnaise wurde von Zwicky verspeist. Die anderen Schnecken schauten dabei verwundert und besorgt zu. Dann kümmerten sie sich darum, essbare Blätter für sich zu finden.

Nach dem Essen waren alle Schnecken etwas träge, auch Zwicky. Sie ruhten sich aus und erzählten sich dabei Geschichten.

Gerade als sie ihre Spiele vom Vormittag fortsetzen wollten, setzte ein starker Hagel ein. Die Schecken begannen, in ihre Häuser zu flüchten, um sich vor den Hagelkörnern zu schützen.

Aber, oh Schreck! Zwicky passte nicht mehr in ihr Haus. Wie konnte das sein? Was war passiert? Luella rief: »Daran muss die Mayonnaise schuld sein!« Im gleichen Moment prallte ein Hagelkorn auf Zwickys Körper. Zwicky ließ vor Schmerz ihre Fühler hängen.

Luella rief die anderen Schnecken auf, Zwicky zu helfen. So bildeten alle Schnecken mit ihren Häusern einen eiförmigen Kreis um Zwicky und boten ihr somit Schutz.

Nach dem Hagel schien die Sonne und trocknete rasch den Boden und das Gras. Den Schnecken blieb nichts anderes übrig, als abzuwarten. Sie benötigen die Feuchtigkeit, um sich ungehindert bewegen zu können. In der Sonne können sie nicht spielen. Während sie warteten, schliefen sie ein.

Am nächsten Morgen wurden sie von der Kühle und dem frischen Tau geweckt. Sie lösten den Schneckenhaufen auf, den sie zum Schutz von Zwicky gebildet hatten. Erstaunt stellten sie fest, dass Zwickys Körper nicht mehr da war.

Nur Zwickys Haus fanden sie vor. Wo war Zwicky? Sie hatte gestern nicht mehr in ihr Haus gepasst. Wo konnte sie hingegangen sein? »Zwi…cky, wo bist du?«, riefen sie, eine nach der anderen. Keine Antwort folgte. Sie riefen im Chor: »Zwi…cky, wo bist du?«

»Hier, ich bin hier«, antwortete eine verschlafene Stimme, die aus Zwickys Haus drang. »Wieso brüllt ihr denn so?«, wollte Zwicky wissen. Luella antwortete: »Wir haben uns Sorgen gemacht, weil du nicht mehr da warst, als wir aufgewacht sind.«

Daraufhin erzählte Zwicky, dass sie am frühen Morgen vor den anderen aufgewacht war. Dabei hatte sie festgestellt, dass sie wieder in ihr Haus passte. Zwicky

45

schloss mit den Worten: »Ich muss wohl beim Schlafen dünner geworden sein.« Sie klang erleichtert.

Luella forderte Zwicky nun auf, zum Spielen herauszukommen. Zwicky lehnte ab. Enttäuscht fragte Luella: »Wieso kommst du nicht zum Spielen heraus?« »Ich muss heute etwas erledigen«, erklärte Zwicky ihr Verhalten.

Zwicky hatte sich in der Nacht vorgenommen, dass ihr so etwas wie das gestrige Erlebnis nie wieder passieren würde. Nie wieder wollte sie Hagelkörnern schutzlos ausgeliefert sein. Nie wieder wollte sie sengenden Sonnenstrahlen schutzlos ausgeliefert sein. Und was wäre passiert, wenn sie bei einem Kälteeinbruch nicht in ihr Haus gepasst hätte?

In der vergangenen Nacht war ihr eingefallen, dass der Schneckenopa einmal von einem komischen Verwandten erzählt hatte. Dieser Verwandte wurde Napfschnecke genannt. Er lebte auf dem Boden eines Meeres und er besaß kein Haus, welches er mit sich trug. Deshalb baute er sich ein Haus, welches man nicht herumtragen kann.

Ein Haus, das man nicht herumtragen muss – das war die Lösung für Zwickys Problem. Ein solches Haus kann man so breit und so hoch bauen, dass man immer hineinpasst, egal wie groß man geworden ist.

Zwicky machte sich ans Werk. Runde um Runde baute sie ihr zweites Schneckenhaus.

Einige Wochen später stellte Zwicky das Napfschneckenhaus fertig. Es war groß genug, um eine Schnecke zum Spielen einzuladen. Und es besaß einen geheimen Tunneleingang, um unliebsame Verwandte fernzuhalten.

D Hugo / Ein anderer Hai

Hugo lebte mit seiner Familie und allen Verwandten und Bekannten am Rand eines Korallenriffs. Ein Korallenriff befindet sich unter Wasser und sieht aus wie ein bunter Urwald. Dieser bunte Urwald besteht allerdings nicht aus Bäumen, sondern wird von Tieren gebildet. Diese Tiere heißen Korallen.

Die Korallen im Riff können sich nicht fortbewegen, sie können weder gehen noch schwimmen, auch nicht fliegen.

Auch Hugo konnte nicht fliegen oder gehen, aber er konnte schwimmen, weil er ein Fisch war. Ein besonderer Fisch, denn er gehörte einer Art von Fischen an, die eine wichtige Aufgabe übernommen hatte.

Alle Verwandten und Bekannten von Hugo, die keine Fischkinder mehr waren, arbeiteten an der Putzstation. Sie waren Putzerfische. Ihre Aufgabe bestand darin, den großen Fischen die Zähne, den Körper und die Flossen zu säubern. Dazu duften sie sogar in das Maul der großen Raubfische schwimmen, ohne von diesen gefressen zu werden. Es wäre eine Dummheit, wenn ein Raubfisch seinen Putzerfisch frisst, denn wer sollte ihm dann die Zähne putzen?

Alle Putzerfische trugen auf beiden Seiten ihres Körpers einen breiten blauen Streifen, der vom Kopf bis zur Schwanzflosse reichte. Somit wussten die Fische im Riff sofort, wer die Aufgabe des Putzens übernommen hatte.

Eines Tages sagte die Fischmama zu Hugo: »Du bist nun alt genug, um zur Schule zu schwimmen.« Wäre sie die Mama eines Menschenkindes gewesen, hätte sie gesagt: »Du bist nun alt genug, um zur Schule zu gehen.«

Hugo freute sich auf die Schule. Er würde andere Fische treffen, nützliche Dinge lernen und viel Spaß haben. Hugo machte sich keine Sorgen, obwohl er etwas anders aussah als die anderen Putzerfische. Auf seinem Körper befanden sich keine blauen Streifen, wie sie bei allen anderen Putzerfischen zu finden waren, sondern große blaue Punkte, die streifenförmig angeordnet waren.

Bisher hatte sich niemand an Hugos Aussehen gestört und so blieb es auch in der Schule. Hugo schwamm gern zur Schule.

Im dritten Schuljahr stand ein neues Unterrichtsfach auf dem Stundenplan. Es waren Putzübungen, denn alle Putzerfische müssen das Putzen von Fischen erst einmal lernen. Hugo schwamm voller Vorfreude mit den anderen Fischen zum Übungsgelände.

Dort angekommen erblickten die kleinen Putzerfische eine Ansammlung großer Haie. Die Haie waren zwar noch nicht ausgewachsen, aber sie wirkten dennoch sehr bedrohlich – zumindest auf Hugo.

Alle Putzerfisch-Kinder wissen, dass die großen Raubfische keine Putzerfische fressen. Auch Hugo wusste das. Dennoch packte ihn die Angst.

Als er seinen Übungsfisch zugewiesen bekam, rief er mit Entsetzen aus: »Ein Hai! Ein Hai! Ich will einen anderen Hai!« Hektisch mit den Flossen schlagend verließ er das Schulgelände.

Am nächsten Tag passierte genau das Gleiche, ebenso am übernächsten Tag und an den restlichen Tagen der Woche.

Am Beginn der folgenden Woche sagte Hugos Lehrer zu ihm: »Du kannst später nicht als Putzerfisch arbeiten, wenn du nicht lernst, wie man putzt. Ich werde dich heute bis zum Maul deines Übungsfisches begleiten.« Hugo war erleichtert. Sicherlich würde es ihm heute gelingen, den Hai zu putzen.

Hugo schaffte es in Begleitung seines Lehrers tatsächlich, bis zum Maul des Hais zu schwimmen. Erwartungsfroh öffnete der Hai sein Maul. Hugo bekam Angst und rief aus: »Ein Hai! Ein Hai! Ich will einen anderen Hai!« Abermals ergriff er die Flucht.

Er schwamm im Riff umher. Ihn plagten Zweifel. Was sollte aus ihm werden, wenn er nicht fähig war, Haie zu putzen? Er schluchzte und ließ seine Flossen herabhängen. In diesem Moment schwamm ein Fisch vorbei.

Dieser Fisch war deutlich größer als Hugo, aber viel kleiner als die Übungshaie in der Schule. Der Fisch sagte zu Hugo: »Wie kannst du nur so traurig sein, wo du doch so schöne Punkte auf deiner Haut hast.« Hugo hörte auf zu schluchzen und schaute erstaunt zu dem Fisch.

Er betrachtete den Fisch. Dann sagte er: »Du hast aber auch schöne Punkte auf deiner Haut, auch wenn sie nicht so farbig sind wie meine.« Der Fisch antwortete: »Ja, du hast recht.« Er schwamm ein Stück näher an Hugo heran und Hugo fühlte sich geborgen. So geborgen, dass er dem fremden Fisch seinen ganzen Kummer berichtete.

Als Hugo alles erzählt hatte, fragte der Fisch ohne Umschweife: »Vertraust du mir?« Hugo antwortete: »Ja, du siehst freundlich aus mit deinen Punkten.« Der Fisch fuhr fort: »Würdest du in mein Maul schwimmen, wenn ich dir verspreche, dass ich dich nicht fressen werde? Schließlich bist du ein Putzerfisch. Die darf man nicht fressen.« Hugo dachte nicht lange nach und antwortete: »Ja.«

Der gepunktete Fisch öffnete weit sein Maul und Hugo schwamm ohne Angst in das Maul des Fisches. Er schaute sich die Zähne an, zog sogar ein paar Essenreste zwischen den Zähnen hervor und verließ das Maul dann wieder.

»Das hat Spaß gemacht«, verkündete Hugo. Dann verfiel er wieder in Traurigkeit. Er sagte zu dem Fisch: »Ich werde trotzdem nie ein richtiger Putzerfisch sein, weil ich Angst vor Haien habe.«

»Du hast keine Angst vor Haien«, erwiderte der gefleckte Fisch. »Wie meinst du das?«, fragte Hugo verwundert. »Ich bin ein Hai«, antwortete der gefleckte Fisch. Er fuhr fort: »Es gibt auch kleine Haie. Ich bin ein Katzenhai und ich werde in meinem ganzen Leben nie so groß werden wie die anderen Haie im Riff.«

Mit unbändiger Freude rief Hugo aus: »Du bist mein anderer Hai! Ich wollte doch einen anderen Hai!« Dann fragte er den Katzenhai vorsichtig: »Würdest du mich morgen in die Schule begleiten, damit ich einen Übungshai habe?« »Sehr gern«, lautete die Antwort des Katzenhais.

E Flavia /
Die Maus auf dem Sesamkorn

Flavia klopfte an die Tür. Ihr Herz klopfte ebenfalls. Natürlich klopfte ihr Herz nicht an die Tür, sondern es schlug ein wenig schneller als sonst. Es klopfte also in ihrem Körper, weil Flavia aufgeregt war.

Lino hatte Flavia sowie vier andere Mäuse zu seinem Geburtstag eingeladen. Flavia hatte sich sehr über diese Einladung gefreut, denn sie wurde nicht so oft wie andere Mäuse zu Geburtstagen eingeladen.

Oft fragte sich Flavia, wieso sie seltener eingeladen wurde. Vielleicht lag es daran, dass ihr Fell ein wenig heller als das der anderen Mäuse war. Deshalb hatte sie von ihren Eltern den Namen Flavia bekommen. Mäusebabys bekommen ihren Namen übrigens nicht zur Geburt, sondern erst dann, wenn ihr Fell gewachsen ist.

Flavia ist ein Wort aus einer anderen Sprache und bedeutet die Gelbe. Der Name gefiel Flavia. Trotzdem fand sie ihn unpassend, denn ihr Fell war nicht gelb, sondern hellbraun. Ein sehr helles Hellbraun.

Vielleicht wurde sie auch seltener eingeladen, weil sie vorher immer genau nachfragte, was gegessen und was gespielt wird. Wenn sie wusste, welches Essen es geben wird und welche Spiele gespielt werden, fühlte sie sich sicher.

Lino hatte ihr vorher alles ganz genau erklärt. Und nun stand sie vor der Tür und klopfte. Ihr Herz klopfte noch, als Lino öffnete. Er sagte: »Guten Tag, Flavia. Schön, dass du gekommen bist. Wir haben schon auf dich gewartet.« Flavia trat ein, gratulierte Lino zum Geburtstag und übergab ihr Geschenk.

Nach dem Essen spielten sie das erste Spiel. Flavia verlor dieses Spiel, weil man bei diesem Spiel Bälle in kleine Körbe werfen musste. Sie war darüber nicht sehr traurig, denn sie wusste, dass sie das nächste Spiel gewinnen würde.

Im zweiten Spiel wollten die Mäuse um die Wette puzzeln. Sie setzten sich auf Stühle, die an einem runden Tisch standen. Lino hatte vor der Feier auf jeden Stuhl ein dickes Kissen gelegt, damit es gemütlicher ist. Jede Maus bekam ein kleines Puzzle-Spiel.

Lino gab das Startsignal und jede Maus öffnete ihre Schachtel, nahm die Teile heraus und versuchte, das Puzzle zusammenzusetzen. Alle wussten, dass sie Flavia nicht besiegen konnten, denn keine Maus konnte Puzzle so schnell zusammensetzen wie Flavia.

Flavia rutschte nervös auf ihrem Stuhl hin und her. Sie schaffte es zwar, die Puzzle-Teile aus der Packung zu holen, aber es gelang ihr nicht, die Teile zusammenzusetzen. Lino scherzte: »Flavia, beeile dich, sonst gewinnt heute ein anderer beim Puzzeln.«

»Ich kann nicht«, antwortete Flavia. »Wieso kannst du nicht puzzeln? Das tust du doch andauernd«, entgegnete Lino. Inzwischen hatten die anderen Mäuse ihr Spiel unterbrochen und schauten erwartungsfroh zu Flavia.

Flavia sagte: »Unter meinem Kissen liegt etwas, das drückt auf meinen Popo. Das tut weh.« Entrüstet erklärte Lino: »Ich habe die Kissen selbst auf die Stühle gelegt. Da liegt nichts drunter!« »Doch«, sagte Flavia leise. Dann ergänzte sie: »Ich spüre es ganz deutlich.«

»Na gut, dann lass uns nachsehen«, schlug Lino vor. Er wollte sich an seinem Geburtstag nicht streiten. Flavia stand erleichtert auf. Lino ging zu ihrem Stuhl und die anderen Mäuse kamen hinzu. Geheimnisvoll verkündete Lino: »Wir werden gleich sehen, dass wir nichts sehen.« Er hob das Kissen an.

Alle Mäuse starrten auf die Sitzfläche des Stuhls. Da lag ein Sesamkorn! Die Mäuse waren sprachlos. Dann sagte Lino: »Keine Maus spürt ein Sesamkorn durch ein so dickes Kissen hindurch. Wie hast du das gemacht, Flavia?«

»Ich weiß nicht, ich kann das schon immer«, antwortete Flavia. Lino nahm das Sesamkorn von Flavias Stuhl und legte es auf den Tisch. Nach einer Pause begannen die Mäuse noch einmal mit dem Wettpuzzeln und Flavia gewann das Spiel.

Lino betrachtete das Sesamkorn. Dann sagte er: »Ich habe eine Idee: Wir spielen ein neues Spiel. Wir legen verschiedene Körner unter die Kissen. Dann prüfen wir, wer von uns die Körner beim Hinsetzen findet.« Alle Mäuse außer Flavia waren begeistert. Flavia mochte keine Überraschungen und ein neues Spiel war eine Überraschung. Sie legte ihre Pfoten auf den Bauch, weil sie wusste, dass der Bauch gleich wehtun würde.

Als Lino bemerkte, dass es Flavia nicht gut ging, hatte er eine weitere Idee. Er erklärte seinen Gästen: »Flavia kann nicht mitspielen, weil sie bei diesem Spiel zu gut ist. Aber wir benötigen einen Spielleiter, der die Körner aussucht und die Ergebnisse notiert.« Er drehte sich zu Flavia und fragte: »Flavia, würdest du das machen?« Flavia nickte. Sie nahm ihre Pfoten vom Bauch herunter.

Lino plante weiter. Er schickte Flavia in die Küche, damit sie Körner für das Spiel auswählen konnte. Zu den anderen Mäusen sagte er: »Wir gehen jetzt in den Garten und spielen Fußball, damit Flavia genug Zeit zum Vorbereiten hat.«

Die Mäuse stürmten in den Garten und Flavia tippelte in die Küche. Sie setzte sich auf einen Stuhl, auf dem kein Kissen lag, und genoss einen Moment lang die Ruhe. Dann überlegte sie, was sie für das Spiel gebrauchen könnte. Sie nahm einen Teller und legte ein Hirsekorn darauf. Dann ein Haferkorn, ein Hanfkorn und viele weitere. Das Spiel wird wohl lange dauern, dachte sie zufrieden.

F   Kastania und Kastagnette[4] / Ein Feenmärchen

Es ist allgemein bekannt, dass Feen Lieblingsbäume und Lieblingstiere haben. Ihre Lieblingsbäume bewohnen die Feen, und ihre Lieblingstiere halten sie, wie Menschen ihre Haustiere umsorgen. Die angesehensten Feen leben in Obstbäumen. Normalerweise sind die Haustiere der Feen Insekten wie Schmetterlinge und Bienen, die auch die Blüten ihrer Obstbäume bestäuben, sowie Libellen oder hübsche bunte Käfer.

Nun lebte im Obstbaumwald eine Fee, die war völlig anders als die restlichen Feen. Sie hatte als Lieblingsbaum eine Kastanie, da ihr Feenbabybett aus der Hülle einer Kastanie gebaut worden war. Die Kastanie war nicht besonders angesehen bei den Feen, weil sie zwar hübsche, aber nach gängiger Feenmeinung nutzlose Früchte besaß.

---

4   Diese Geschichte wurde bereits publiziert in: Maus, 2017, S. 59 f.

Es kam allerdings noch schlimmer: Das Lieblingstier dieser Fee namens Kastania war nämlich eine kleine braune Waldmaus, weil diese Maus das erste Wesen war, welches Kastania in ihrem Leben erblickt hatte, und kein Tier würde jemals die Freundschaft mit einer Fee ausschlagen.

Die anderen Feen empörten sich, denn Feen befreunden sich normalerweise nicht mit pelzigen Riesentieren! Man muss dabei bedenken, dass eine Maus für eine Fee so groß ist wie eine Kuh für einen Menschen.

Diese kleine Maus besaß die Fähigkeit, aus den Kastanien rasselnde und raschelnde Musikinstrumente herzustellen. Dazu nagte sie die Kastanien auf, höhlte sie aus, packte kleine oder größere Steinchen hinein und klebte sie mit einem speziellen Blattkleber wieder zu. Diese Rasseln legte sie in eine Hängematte und wenn der Wind blies, raschelten die Kastanien in den lieblichsten Tönen. Deshalb gab die Fee ihrer klugen Maus den Namen Kastagnette. Wenn es windstill war, konnte Kastania durch Ziehen einiger herabhängender Bänder selbst Musik machen.

Da aber alle Feen wunderschön singen können, beeindruckte diese Musik niemanden außer Kastania. Und so führten Kastania und Kastagnette unfreiwillig ein einsames Leben.

Aber eines Jahres sollte sich alles ändern. In jenem Jahr gab es im Frühsommer kaltes Wetter und heftige Stürme. Die halb reifen Äpfel und Birnen wurden von den Bäumen gerissen und verfaulten auf dem Boden. Nur die Kastanienbäume trugen in jenem Jahr Früchte, weil die Kastanien zur Zeit der Stürme noch klein und leicht waren und so nicht von den Bäumen gerissen werden konnten. Außerdem stand Kastanias Kastanie an einem geschützten Platz am Rande des Obstbaumwaldes.

Den Feen drohte eine Hungersnot. Aber Kastagnette hatte die rettende Idee: Sie nagte die Kastanien so wie immer auf. Dann bereitete Kastania aus den weichen Innenteilen der Kastanien und wohlschmeckenden Waldkräutern leckere Mahlzeiten zu, an die sich auch die Obstbaumfeen recht schnell gewöhnten.

Und eines schönen Herbstabends sagten die beliebten Obstbaumfeen zu Kastania: »Wir wollen zum Abschluss des Tages ein Lied singen, begleitest du uns bitte mit deinen Kastanienrasseln?« Kastania und Kastagnette konnten ihr Glück kaum fassen, endlich waren die anderen Feen von ihren Fähigkeiten überzeugt.

G Mika / Der Hochzeitskäse

Den Mäusen in Gauda ging es gut. Sie bewohnten ein märchenhaftes Schloss. Natürlich bewohnten sie das Schloss nicht allein, denn es gehörte einem Fürsten. Das Schloss besaß 99 Gästezimmer, einen großen Garten mit mehreren Springbrunnen und ein kleines Theater.

Der Fürst von Gauda besuchte das Schloss allerdings nur wenige Male innerhalb eines Jahres. Im Sommer verbrachte er meist eine längere Zeit mit seinen Gästen in Gauda. Wenn der Fürst abgereist war, blieb nur das Personal im Schloss zurück – und die Mäuse.

Niemand wusste, wann der Fürst das nächste Mal in sein Schloss kommen würde. Um auf das Eintreffen des Fürsten vorbereitet zu sein, gab es im Schloss immer genügend Vorräte.

Zum Schutz der Vorräte hatte das Personal mit den Mäusen einen Pakt geschlossen: Das Personal versprach, den Mäusen stets genügend Lebensmittel zur Verfügung zu stellen. Die Mäuse versprachen, die Vorratskammern nicht zu plündern. Diese Abmachung funktionierte seit Jahren sehr gut.

Zu den wichtigen Ereignissen bei den Mäusen gehörte das Hochzeitsfest. Dazu benötigten die Mäuse einen großen Käse, den Hochzeitskäse. Die Mäuse in Gauda mussten sich keine Gedanken über die Beschaffung des Hochzeitskäses machen. Sie sagten den Menschen Bescheid, wenn sie ein Hochzeitsfest feiern wollten. Die Menschen legten den Mäusen dann jedes Mal ein stattliches Käserad in eines der 99 Gästezimmer. Ein Käserad ist kein Rad aus Käse, sondern ein Käse, der rund und groß wie ein Wagenrad ist.

Zum Hochzeitsfest versammelten sich die Mäuse um das Käserad. Alle Mäuse, die alt genug waren, um zu heiraten, traten dicht an den Käse heran. Die Mäusemädchen stellten sich auf die eine Seite des Käses, die Mäusejungen auf die andere. Eine Maus läutete eine Glocke. Nach diesem Startsignal nagten sich die Mäuse in den Käse. Wenn ein Mäusemädchen und ein Mäusejunge beim Durchnagen des Käses aufeinandertrafen, dann waren sie verheiratet. Mäuse, die nicht auf eine andere Maus trafen, durften beim nächsten Hochzeitsfest noch einmal teilnehmen.

Wieder einmal war in Gauda ein Hochzeitsfest in Vorbereitung. Die Mäuse Anni und Toro waren ineinander verliebt. Sie wollten heiraten. Aber wie sollten sie sicherstellen, dass sie im Hochzeitskäse aufeinandertrafen? Die Wahrscheinlichkeit, dass sie sich im Käse treffen, war gering. Sie konnten den Gedanken nicht ertragen, eine andere Maus zu heiraten.

Toro hatte eine Idee. Sein Bruder Mika grübelte ständig über irgendetwas nach. Er baute auch verschiedene Dinge für die anderen Mäuse. Einige davon waren nützlich. Bei anderen wussten die Mäuse nicht, wozu es gut sein soll. Zu den nützlichen Dingen gehörte ein Gerät zum Raspeln von Käse. Damit konnten die Mäuse Leckereien für Feiern herstellen. Mika hatte auch etwas erfunden, das er Zahnbürste nannte. Die Mäuse verstanden nicht, wieso sie ihre Nagezähne mit einer Bürste anstatt mit ihren Pfoten reinigen sollten.

Anni und Toro erzählten Mika ihre Sorgen. Mika antwortete: »Ich werde darüber nachdenken und eine Lösung finden.« Dann verließ er die beiden. Den verliebten Mäusen blieb nichts weiter übrig, als abzuwarten.

Den Tag vor dem Hochzeitsfest verbrachte Mika im Gästezimmer mit der Nummer 22. Dort hatte das Personal des Schlosses den Hochzeitskäse für die morgige Feier abgelegt. Anni und Toro lauschten ängstlich an der Tür, aber sie konnten nichts hören. Keine Bohrgeräusche, keine Schleifgeräusche, keine Geräusche, die ein Hammer machen würde.

Am Tag des Hochzeitsfestes betraten Anni und Toro betrübt das Zimmer Nummer 22. Sie hatten nichts von Mika gehört. Er hatte wohl doch keine Lösung gefunden. Sie liefen um den Käse herum und fanden Mika auf der anderen Seite schlafend vor.

»Mika! Ich bin enttäuscht«, rief Toro aus. Mika wachte dabei auf. Anni schwieg. Mika fragte: »Wieso bist du enttäuscht?« Toro antwortete: »Weil du uns eine Lösung unseres Problems versprochen hattest. Stattdessen schläfst du hinter dem Käse.«

Mika erklärte den beiden Mäusen: »Vor einer Woche habe ich euch gesagt, dass ich darüber nachdenken und eine Lösung finden werde. Ich habe darüber nachgedacht und ich habe eine Lösung gefunden. Wieso bist du enttäuscht?«

Toro war sprachlos. Eigentlich kannte er Mika richtig gut. Eigentlich wusste er, dass Mika antwortet, wenn man ihn etwas fragt. Er wusste auch, dass Mika nur selten ein Gespräch beginnt. Er hätte Mika nach seiner Lösung fragen sollen, anstatt abzuwarten. Wieso war ihm das alles entfallen?

Anni, die bis jetzt geschwiegen hatte, sagte zu Mika: »Mika, wie ist denn deine Lösung des Problems?« Mika erklärte: »Ich habe mir alle Details an den Wänden dieses Zimmers eingeprägt. Wenn ich eure Startpunkte kenne, verbinde ich die beiden Punkte in Gedanken mit einer Linie. Diese Linie verlängere ich in beiden Richtungen bis zu einem Detail an der Wand. Das alles merke ich mir.«

Aufgeregt fragte Anni: »Und wie geht es weiter?« Mika antwortete: »Damit kenne ich den Weg, den ihr knabbernd durch den Käse nehmen müsst.« Toro mischte sich etwas ungeduldig ein: »Ja, du kennst den Weg. Aber wie sollen wir denn den Weg kennen?«

Mika blieb ruhig und erklärte weiter: »Ich klettere auf den Käse und gebe euch abwechselnd Klopfzeichen. Wenn ihr euch genau in Richtung der Klopfzeichen durch den Käse nagt, werdet ihr euch treffen.« »Wirklich?«, fragte Anni ein wenig ungläubig. »Meine Berechnungen werden richtig sein«, antwortete Mika.

Toro und Anni fanden an diesem Tag im Hochzeitskäse zueinander. Sie fühlten sich wie die glücklichsten Mäuse der Welt. Alle Mäuse feierten den Hochzeitstag. Sie aßen Käse und tanzten um den Käse herum. Nur wo war Mika? Anni entdeckte ihn oben auf dem Käse. Er war immer noch dort. Anni rief: »Mika, komm herunter und feiere mit uns.« Mika antwortete: »Ich bleibe hier oben. Da habe ich einen guten Überblick.«

Das Geheimnis von Anni und Toro blieb nicht lange geheim. Sie erzählten es einem anderen Mäusepaar. Dieses Mäusepaar berichtete weiteren Mäusen davon. So verbreitete sich rasch die Kunde von Mika, dem Hochzeitsplaner. Mika bekam in der folgenden Zeit reichlich Aufträge von Mäusepaaren, die ihre Knabbertour durch den Hochzeitskäse nicht dem Zufall überlassen wollten.

Einige Mäusegenerationen später konnte sich keine Maus mehr vorstellen, dass das Finden des Mäusepartners beim Knabbern durch den Käse früher einmal dem Zufall überlassen wurde.

H   Rina und Rudi /
Die Hängematte der Giraffe

In Afrika gibt es viele interessante Tiere. Dort leben zum Beispiel Elefanten, Giraffen, Nashörner, Flusspferde, Löwen und Zebras. Weiterhin gibt es verschiedene Affen, Schlangen und Vögel.

Und es gibt Langohr-Puschelmäuse. Zumindest in unserer Geschichte gibt es sie. Giraffen erzählen oft von ihnen. Im wirklichen Leben hat sie noch niemand gesehen. Immer, wenn Menschen nach Langohr-Puschelmäusen gesucht haben, fanden sie nur Langohrmäuse – ohne Puschel.

Was ist denn eigentlich ein Puschel? Ein Puschel ist bei Tieren ein dickes Büschel aus kurzen Haaren. Ihr könnt einen Puschel aber auch aus kurzen Wollfäden basteln. Jetzt fragt ihr euch sicherlich, wo die Langohr-Puschelmaus denn ihren Puschel hat. Die Antwort lautet: Sie hat drei Puschel. An jeder Ohrspitze befindet sich ein Puschel. Der dritte ist am Ende ihres Schwanzes.

Rudi ist eine Giraffe und er hat viel erlebt mit Langohr-Puschelmäusen. Mir hat er ein Geheimnis über Giraffen verraten und eines seiner Erlebnisse erzählt. Er hat mir erlaubt, euch davon zu berichten.

Alle Giraffen haben kurze Hörner. Diese Hörner enden mit einem kleinen Puschel. Puschel müssen besonders gut gepflegt werden, damit sie ordentlich aussehen. Mäuse müssen ihre Puschel kämmen und Giraffen auch.

Damit ihr die Geschichte versteht, muss ich zuerst das Geheimnis über Giraffen aufdecken. Rudi erzählte mir, dass Giraffen es anstrengend finden, ihre Puschel zu kämmen. Deshalb haben sie diese Aufgabe den Langohr-Puschelmäusen übertragen. Ihr fragt euch sicherlich: Und was haben die Mäuse davon? Sie dürfen schaukeln!

Damit die Mäuse schaukeln können, spannen die Giraffen zwischen ihren Hörnern eine Hängematte auf. In der Hängematte können die Langohr-Puschelmäuse schaukeln, wenn sie ihre Arbeit erledigt haben. Das war Rudis Geheimnis. Jetzt folgt seine Geschichte.

Rudi lebte schon seit einiger Zeit mit der Langohr-Puschelmaus Rina zusammen. Das bedeutete, dass Rina Rudis Puschel pflegte und dafür in der Hängematte schaukeln durfte. Rina liebte es zu schaukeln. Auf und ab und auf und ab. Am liebsten würde sie nichts anderes tun. Schaukeln war viel besser als Klettern, Rennen und Springen.

Eines Tages fühlte sich Rina plötzlich einsam. Rudi traf andere Giraffen, wenn er nicht allein sein wollte. Aber Rina wollte sich nicht nur mit Giraffen, sondern auch mit Mäusen treffen.

Rina fand heraus, dass sie Rudi steuern konnte. Dazu benutzte sie Rudis Puschel. Sie steuerte Rudi in eine bestimmte Richtung, so wie man ein Auto steuert. Das brachte sie auf eine Idee.

Rudi wurde von Rina zu einem Baum gelenkt. Auf dem Baum saßen drei Langohr-Puschelmäuse. Rina lud sie zum Schaukeln ein und alle drei hüpften freudig in Rudis Hängematte.

Am nächsten Baum sammelte Rina eine Maus ein, am dritten zwei weitere. Zum Glück war Rina nun der Meinung, dass sie genügend Gäste hatte, denn die Hängematte bot keinen Platz mehr.

Rina dachte, die Gastmäuse würden nun mit ihr schaukeln und reden. Die Gastmäuse jedoch wollten weder schaukeln noch reden, sie wollten herumtoben. Und das taten sie dann auch. Es war ein fröhliches Durcheinander.

Obwohl Rina sich freute, nicht allein zu sein, waren die anderen Mäuse für sie zu schnell, zu laut, zu nah. Sie kletterte auf den äußeren Rand der Hängematte. Von dort wollte sie dem Treiben der anderen Mäuse zuschauen. Eine Weile ging alles gut und Rina war zufrieden.

Plötzlich sprangen drei der Mäuse gleichzeitig auf eine Seite der Hängematte. Die Hängematte kippte und Rina fiel vom Rand. Sie landete auf Rudis Hals. Die anderen Mäuse riefen im Chor: »Rina, halt dich am Fell fest!«

Rina versuchte sich festzuhalten, aber es gelang ihr nicht. Sie rutschte weiter am Hals herunter.

Die Mäuse in der Hängematte riefen: »Rina, du musst in Rudis Fell greifen!« Rina schaffte es nicht, in Rudis Fell zu greifen. Sie rutschte weiter.

Reni, eine der Gastmäuse, erklärte Rina: »Greif einfach zu, Rina. Ich habe das schon oft gemacht. Es ist ganz einfach.« Rina rutschte weiter. Sie hatte Angst.

Auch Reni hatte Angst. Sie flehte Rina an: »Bitte, bitte, Rina, halt dich fest.« Rina rutschte immer noch am Giraffenhals herunter.

Die Mäuse in der Hängematte riefen inzwischen wild durcheinander. Das erregte Rudis Aufmerksamkeit. Er senkte den Hals, sodass Rina zum Stoppen kam.

Nachdem Rina sich von dem Schreck erholt hatte, kletterte sie langsam zurück in die Hängematte. Keine Maus tobte oder kletterte. Alle saßen ruhig da. Keine Maus redete.

Nach einer Weile sagte Rudi zu den Mäusen in seiner Hängematte: »So etwas darf nie wieder passieren!« Die Mäuse schwiegen. Rudi fuhr fort: »Ich besorge euch ein Trampolin. Auf dem Trampolin könnt ihr hüpfen, solange ihr wollt. Danach dürft ihr Rina in der Hängematte besuchen. Einverstanden?« »Einverstanden«, antworteten alle Langohr-Puschelmäuse, die zu Besuch waren.

Rina sagte zu Rudi: »Du bist die beste Giraffe der Welt.«

Sie machte eine kurze Pause. Dann ergänzte sie: »Das sagt man so. Ich habe nicht alle anderen Giraffen dieser Welt ausprobiert, um zu diesem Ergebnis zu kommen.«

I Nimimi / Ein Bett für das Streifenhörnchen

Fünf junge Streifenhörnchen vergnügten sich auf der Wiese. Der Frühling hatte gerade begonnen. Sie rannten hin und her, rollten über den Boden, jagten einander spielerisch und knabberten Dinge an, die ihnen lecker erschienen. Ein wenig abseits stand ihre Mama und verfolgte wachsam das Treiben der Kleinen.

Streifenhörnchen sind keine Eichhörnchen. Sie sehen den Eichhörnchen zwar ähnlich, aber ihr Schwanz ist weniger buschig. Auf dem Rücken der Streifenhörnchen befinden sich mehrere schwarze Streifen. Deshalb heißen sie Streifenhörnchen.

Streifenhörnchen ernähren sich von Samen, Früchten und auch Insekten. Sie leben in Höhlen unter der Erde. Im Winter schlafen sie in ihren unterirdischen Wohnungen. Damit sie im Winter nicht verhungern, müssen sie Vorräte anlegen.

Sowohl Streifenhörnchen als auch Eichhörnchen können gut klettern. Streifenhörnchen klettern allerdings nicht gern auf Bäume und deshalb leben sie am Boden.

Auch die fünf Streifenhörnchen auf der Wiese kletterten nicht gern auf Bäume und deswegen tobten sie im Gras herum. Jetzt spielten sie Verstecken. Ansi, eins der Streifenhörnchen, kroch unter einen Busch. Plötzlich stieß Ansi auf etwas Weiches, das sich warm anfühlte. Sie erschrak. Hatte sich etwa einer ihrer Brüder oder die Schwester dieses Versteck vor ihr ausgesucht?

Vorsichtig blickte sich Ansi um. Hinter ihr hockte zwar ein Streifenhörnchen, aber es war keiner der Brüder und auch nicht die Schwester.

Das Streifenhörnchen, welches sich hier unter dem Busch versteckt hatte, wirkte verängstigt. Es war zwar ein Streifenhörnchen, aber seine Streifen waren anders gefärbt als die der spielenden Geschwister.

Vorsichtshalber rief Ansi die Mama, die rasch herbeieilte. Die Mama betrachtete das fremde Streifenhörnchen. Es war ungefähr so jung wie ihre eigenen Kinder. In diesem Alter sollte es nicht allein auf der Wiese sein.

Ansis Mama fragte das Streifenhörnchen: »Wo ist denn deine Familie?« »Ich weiß nicht«, bekam sie zur Antwort. »Und wie lange bist du schon hier?«, wollte Ansis Mama als Nächstes wissen. »Ich weiß nicht«, bekam sie wieder zur Antwort.

Ansi ergriff das Wort und fragte das unbekannte Streifenhörnchen: »Was wirst du denn nun tun? Wo gehst du hin, wenn es dunkel wird?« »Ich weiß nicht«, antwortete das Streifenhörnchen mit einem leichten Zittern in der Stimme.

»Weißt du denn wenigstens, wie du heißt?«, fragte Ansi ein wenig ungeduldig. Eigentlich wollte sie ihr Spiel fortsetzen. »Nimimi«, lautete die Antwort.

Ansis Mama überlegte. Dann sagte sie: »Nimimi, ich kann dich nicht hier allein auf der Wiese zurücklassen. Möchtest du zu uns nach Hause mitkommen?« Nimimi nickte.

Einige Stunden später hatten alle kleinen Streifenhörnchen gegessen, sich geputzt, eine Geschichte vorgelesen bekommen und waren bereit, um ins Bett zu gehen. Für Nimimi hatte die Streifenhörnchen-Mama ein Bett bezogen und ein duftendes Blatt unter das Kopfkissen gelegt. Der Geruch, den das Blatt verströmte, sollte beruhigend wirken.

Nimimi schlief wie die anderen Streifenhörnchen rasch ein. Schließlich war es für alle ein aufregender Tag gewesen.

Am anderen Morgen hopsten die Streifenhörnchen voller Energie aus ihren Betten. Alle, nur Nimimi nicht. Nimimi wollte das Bett nicht verlassen. Ansi fragte, warum Nimimi nicht aufstand. Nimimi antwortete: »Weil ich noch nie in einem Bett geschlafen habe.« »Noch nie?«, wiederholte Ansi fragend.

Das Frühstück stand inzwischen auf dem Tisch und die Streifenhörnchen stürmten in die Küche. Ansi dachte, dass Nimimi folgen würde. Aber Nimimi kam nicht. Die Mama schlug ihren Kindern vor, Nimimi Zeit zum Eingewöhnen zu geben.

Am Mittag saß Nimimi immer noch zugedeckt auf ihrem Bett. Da sie noch nichts gegessen hatte, brachte ihr Ansi nun das Essen ans Bett. »So macht das meine Mama, wenn ich krank bin«, sagte sie und stellte das Tablett neben das Bett. »Ich bin nicht krank«, murmelte Nimimi und begann zu essen.

So ging es einige Tage weiter. Nimimi verließ das Bett am Tag nicht und wurde von den anderen mit Essen und Trinken versorgt. Nachts schlich sie unbemerkt rasch zur Toilette. Am fünften Tag setzte sich die Streifenhörnchen-Mama auf Nimimis Bettkante und sagte: »Ich mache mir große Sorgen um dich. Es ist nicht normal, wenn man das Bett nicht verlassen will. Vielleicht sollte ich den Arzt holen lassen.«

Nimimi schreckte hoch. »Ich brauche keinen Arzt!«, rief sie aus. »Was ist es dann?«, fragte die Mama der anderen Streifenhörnchen. Ihre Stimme klang besorgt.

»Da, wo ich herkomme …«, begann Nimimi zögerlich zu erzählen, »gab es keine Betten, nur ein Regal, einen Tisch und ein paar Stühle, die nicht für alle reichten. Ich weiß nicht, wo dieser Ort ist und ich weiß auch nicht, wie ich unter den Busch gekommen bin. Ich habe Angst, dass mein Bett nicht mehr da ist, wenn ich es verlasse und dann wiederkomme.«

Das Gehörte verschlug der Streifenhörnchen-Mama die Sprache. Nach einer Weile sagte sie zu Nimimi, dass sie das Mittagessen zubereiten werde, und verließ das Zimmer mit den Betten. Sie überlegte. Mit Versprechungen würde sie Nimimi nicht aus dem Bett locken können.

Nach dem Essen fragte die Mama ihre Kinder: »Gibt es etwas, wofür sich Nimimi sehr interessiert?« »Ja!«, rief Ansi. Dann erzählte Ansi, dass Nimimi ganz viele Fragen zu den duftenden Blättern, die zum Einschlafen unter die Kopfkissen gelegt wurden, gestellt hatte.

Die Streifenhörnchen-Mama brachte Nimimi das Mittagessen. Nachdem Nimimi gegessen hatte, begann sie ein Gespräch über die duftenden Blätter. Nimimi hörte interessiert zu und stellte viele Fragen. Zum Schluss fragte die Streifenhörnchen-Mama Nimimi: »Möchtest du im Nebenzimmer die Gläser anschauen, in denen ich die duftenden Blätter aufbewahre?«

Nimimis Augen leuchteten auf, aber sie verneinte. Dazu hätte sie das Bett verlassen müssen.

Jeden weiteren Tag redete die Streifenhörnchen-Mama nach dem Essen über die duftenden Blätter und stellte am Ende dieselbe Frage: »Möchtest du im Nebenzimmer die Gläser anschauen, in denen ich die duftenden Blätter aufbewahre?« Nimimi verneinte weiterhin.

Zwei Wochen später kam plötzlich der Tag, an dem Nimimi die Frage mit einem »Ja« beantwortete. Alle Streifenhörnchen freuten sich. Sie fragten Nimimi, warum sie ihre Meinung geändert hatte. Nimimi antwortete: »Ich habe beobachtet, dass ihr jeden Tag eure Betten verlasst. Und kein Bett ist verschwunden, solange ich hier war.«

Nimini ging vorsichtig zum Nebenzimmer. Mehrmals drehte sie sich um, um sich zu versichern, dass ihr Bett nicht verschwand.

Im Nebenzimmer angekommen, fesselten die Gläser mit den duftenden Blättern ihre Aufmerksamkeit. Zumindest für kurze Zeit, dann fiel ihr das geliebte Bett wieder ein und sie eilte ins Schlafzimmer zurück. Es war noch da!

Am kommenden Tag verweilte Nimini etwas länger im Nebenzimmer. Mit jedem weiteren Tag wurden die Zeiten, die Nimimi nicht in ihrem Bett verbrachte, ausgedehnter.

Einen Monat später schaffte es Nimimi sogar, die Wohnhöhle gemeinsam mit den anderen Streifenhörnchen zu verlassen. Sie fand sich auf der Wiese wieder, wo sie am Beginn des Frühlings aufgefunden worden war. Dieses Mal saß sie nicht verängstigt unter einem Busch, sondern spielte mit den anderen Streifenhörnchen. Sie rannten hin und her, rollten über den Boden, jagten einander spielerisch und knabberten immer noch Dinge an, die ihnen lecker erschienen.

J Bruno / Sieben Siebenschläfer

Warum heißen Siebenschläfer denn Siebenschläfer? Und was sind Siebenschläfer überhaupt?

Die zweite Frage lässt sich leicht beantworten, denn Siebenschläfer sind Nagetiere. Sie sind in der Nacht aktiv und schlafen am Tag. Kastanien, Eicheln und Nüsse, aber auch Früchte und Pilze stehen auf ihrem Speiseplan.

Warum sie Siebenschläfer heißen, das weiß natürlich jeder Siebenschläfer. Wenn Siebenschläfer nicht mehr ganz klein sind, dann verlassen sie ihre Eltern und ihre Geschwister. Sie bilden eine Gruppe mit Gleichaltrigen, in der sie leben, bis sie eine eigene Familie gründen. Jede Gruppe darf nur sieben Mitglieder haben – das ist jedem Siebenschläfer bekannt und genau deshalb heißen sie auch so. Sie leben und schlafen immer zu siebt.

Das wusste auch Bruno. Bruno war ein bisschen anders als die anderen Siebenschläfer. Er wirkte oft verträumt und benötigte meist etwas mehr Zeit als gleichaltrige Siebenschläfer, um Dinge zu erledigen. Als es Zeit zum Ausziehen war, fand er jeden Tag einen anderen Grund, um es hinauszuzögern. Einmal konnte er seinen

Rucksack nicht finden. Ein anderes Mal musste sein Kuschelkissen erst trocknen, sodass er es nicht einpacken konnte.

Nach einigen Wochen gingen Bruno die Ideen aus. Er konnte seinen Auszug nicht mehr verzögern und packte ein wenig widerwillig seine Sachen. Die anderen Siebenschläfer in seinem Alter konnten den Tag, an dem sie ausziehen durften, kaum erwarten. Bruno verstand sie nicht. Er wollte nichts Neues ausprobieren. Er wollte, dass alles so bleibt, wie es war. Für immer und ewig.

Bruno wollte aber auch nicht als Außenseiter angesehen werden und so zog er am frühen Abend eines schönen Sommertages endlich aus. Er begab sich auf den Weg zur Gruppe der Siebenschläfer, die am Fuße des Felsens lebte. Die Gruppe konnte ihn jedoch nicht aufnehmen, denn sie waren schon zu siebt.

Bruno zog weiter und versuchte es bei den beiden Gruppen, die auf der rechten und der linken Seite des Baches lebten. Auch diese Gruppen bestanden bereits aus sieben Siebenschläfern.

Nachdem Bruno alle Gruppen aufgesucht hatte, musste er einsehen, dass es keinen Platz für ihn gab. Er setzte sich auf einen Stein, der noch warm war von der Sonne, die am Tag geschienen hatte. Was sollte er jetzt tun?

Bruno überlegte. Ihm fiel ein, dass seine Mama einmal von dem weißen Siebenschläfer erzählt hatte. Sie hatte gesagt: »Der weiße Siebenschläfer lebt tief im Wald und weiß alles.« ›Er kennt bestimmt eine Lösung für mein Problem‹, dachte sich Bruno. Er beschloss, den weißen Siebenschläfer aufzusuchen. ›Tief im Wald kann nur dort sein, wo der Weg endet‹, stellte Bruno fest. Dann machte er sich auf den Weg.

Während Bruno durch den Wald lief, überlegte er, welche Fragen er dem weißen Siebenschläfer noch stellen könnte. Der weite Weg sollte sich schließlich auch lohnen.

Am Ende des Weges fand Bruno eine Behausung. Er klopfte und ein alter Siebenschläfer trat kurz darauf vor die Tür.

Bruno rief aus: »Du bist ja gar nicht weiß!«

Der alte Siebenschläfer antwortete: »Guten Tag. Wieso soll ich denn weiß sein?«

Bruno entschuldigte sich etwas verlegen für die vergessene Begrüßung. Dann erläuterte er dem alten Siebenschläfer, warum er erwartet hatte, dass sein Fell weiß ist.

Der alte Siebenschläfer schmunzelte. Er erklärte: »Die anderen Siebenschläfer halten mich für weise, weil ich schon so alt bin und weil ich viel erlebt habe.«

Bruno zuckte ein wenig zusammen. Er war von den anderen Siebenschläfern oft vor dem alten Siebenschläfer im Wald gewarnt worden. Man sollte ihn nicht aufsuchen. Aber keiner wusste so recht, warum man es nicht tun sollte.

Waren denn der weiße Siebenschläfer, der kein weißes Fell hat, und der alte Siebenschläfer, den man besser meidet, ein und derselbe Siebenschläfer? Es schien so zu sein, aber der vor ihm stehende Alte flößte ihm keine Furcht ein.

Bruno fiel wieder ein, warum er gekommen war. Er erzählte, dass er nach seinem Auszug in keiner Gruppe einen Platz gefunden hatte. Er wollte wissen, was er nun tun kann.

Der alte Siebenschläfer antwortete: »Dann gehe als achter Siebenschläfer in eine Gruppe.«

Bruno rief erregt aus: »Aber das geht doch nicht!« »Warum nicht?«, fragte der alte Siebenschläfer.

»Weil Siebenschläfer immer Gruppen mit sieben Mitgliedern bilden. Deshalb heißen sie Siebenschläfer.«

Der alte Siebenschläfer lachte, was Bruno verwirrte. Dann erklärte er Bruno: »Wir Siebenschläfer heißen Siebenschläfer, weil wir sieben Monate im Jahr schlafen. Du kannst also einer Gruppe mit sieben Mitgliedern beitreten und wirst gegen keine Regel verstoßen.«

Bruno war erleichtert. Eine so einfache Lösung des Problems hatte er nicht erwartet. Er unterhielt sich bis zum Morgengrauen mit dem alten Siebenschläfer und stellte ihm alle seine Fragen. Dann verabschiedete er sich.

Am kommenden Abend suchte er erneut die Gruppe am Fuße des Felsens auf. Er erzählte, dass er den weisen Siebenschläfer aufgesucht hatte. Die sieben Siebenschläfer, die um ihn herumstanden, erstarrten vor Schreck. »Du hast dich getraut, den weisen Siebenschläfer aufzusuchen?«, fragten sie ungläubig. »Und es ist dir nichts passiert?«, fügten sie hinzu.

»Ja, ich habe ihn aufgesucht. Mir ist nichts passiert«, antwortete Bruno. Dann erzählte er, was der weise Siebenschläfer gesagt hatte. Wohlwollend und ein wenig ehrfürchtig wurde er daraufhin in die Gruppe aufgenommen.

Nach einigen Wochen des Zusammenlebens stellten Bruno und zwei weitere Siebenschläfer fest, dass ihnen die Gruppe zu laut und zu turbulent ist. Sie hatten ein stärkeres Bedürfnis nach Ruhe als die anderen Siebenschläfer der Gruppe.

Die Lösung des Problems war einfach, denn der alte Siebenschläfer hatte erklärt, dass beliebig viele Siebenschläfer in einer Gruppe leben dürfen. Sie gründeten eine neue Gruppe und lebten von nun an zu dritt.

K   Skia und Luna /
Ein Freund zum Einschlafen

Hoch oben im Baum befand sich eine Kugel aus Zweigen und Blättern. Der Baum, der diese Kugel trug, stand inmitten anderer Bäume. Sie bildeten einen Wald.

Wie kam diese Kugel in den Baum? Und wozu diente die Kugel?

Die Kugel wurde von jungen Eichhörnchen und ihrer Mama bewohnt. Sie diente ihnen als Unterschlupf und als Schlafplatz. Eine Astgabel gab der Kugel Halt, damit sie nicht herunterfiel und damit der Wind sie nicht herunterwehen konnte.

Die Eichhörnchen-Mama hatte die Kugel für ihre vier Kinder gebaut. Für die Kugel gab es sogar ein eigenes Wort: Sie wurde Kobel genannt.

Die jungen Eichhörnchen verbrachten den ganzen Tag im Wald. Sie kletterten Bäume hinauf. Sie kletterten wieder herunter, um dann den nächsten Baum zu erklimmen. Sie hatten Früchte gegessen und Samen gekostet. Nüsse mochten sie am liebsten.

Nun war es an der Zeit, den Kobel zum Schlafen aufzusuchen. Skia kam als letztes Eichhörnchen im Kobel an. Sie suchte sich einen Platz zum Schlafen. Ihre drei

Geschwister kuschelten sich bereits aneinander. Sie sangen gemeinsam mit der Mama ein Einschlaflied.

Als das Lied zu Ende war, riefen sie: »Noch eins! Bitte noch eins!« Es wurde ein weiteres Lied gesungen. Und dann noch eins.

Skia versuchte währenddessen, ihren buschigen Schwanz so hinzulegen, dass er sie nicht kitzelte. Sie mochte es nicht, wenn die Schwanzspitze ihr Gesicht, ihren Bauch oder ihre Arme berührte. Dann konnte sie nicht einschlafen.

Sie konnte auch nicht einschlafen, wenn die Schwanzspitzen ihrer Geschwister sie im Gesicht, auf dem Bauch oder an den Armen berührten.

Kurz nach dem Ende des dritten Liedes schliefen ihre Geschwister bereits. Auch die Mama schlief schon. Skia rutschte im Kobel hin und her, um eine gute Lage zum Schlafen zu finden. Ihre Bewegungen weckten ihren Bruder auf.

Der Bruder knurrte sie an: »Skia, kannst du nicht still liegen?« Skia antwortete nachdenklich: »Doch, aber erst einmal …« Sie beendete den Satz nicht, denn der Bruder hatte sich umgedreht und war wieder eingeschlafen.

Skia versuchte nun, die Schwanzspitze des Bruders so hinzulegen, dass sie nicht kitzelte. Dabei wachte eine ihrer Schwestern auf. Auch sie fragte: »Skia, kannst du nicht still liegen?« Und auch sie schlief rasch wieder ein.

Das Mondlicht schien in den Kobel. Im spärlichen Licht sah Skia die schlafenden Geschwister. Da lag ein Arm auf dem Bauch eines anderen. Eine Schwanzspitze steckte zwischen den Füßen eines weiteren Eichhörnchens. Skia erkannte, dass sie so niemals schlafen konnte.

Sie verließ den Kobel. Zwei Astgabeln weiter oben im Baum machte sie es sich gemütlich. Sie zupfte Blätter von den Zweigen und polsterte die Astgabel damit aus. Ein dicker Ast, der sich über ihr befand, würde sie vor Regen schützen.

Es dauerte eine Weile, bis Skia ihren Schwanz zum Schlafen zurechtgelegt hatte. Jetzt würde sie endlich in Ruhe einschlafen können.

Es gelang ihr jedoch nicht einzuschlafen, denn nun fühlte sie sich einsam. Wenn doch eines ihrer Geschwister hier wäre, damit sie Wange an Wange einschlafen könnten! Nur die Wangen sollten sich berühren – nicht die Schwänze. Und auch keine Arme auf dem Bauch.

Skia seufzte. Sie schaute zum Mond. Plötzlich tauchte im Mondlicht etwas auf. Es flog auf sie zu. Dann steuerte es den Ast über ihrem Schlafplatz an.

»Guten Abend, Fledermaus«, sagte Skia. »Guten Abend, ich bin Luna«, antwortete die Fledermaus. »Wie heißt du denn? Und was machst du in der Nacht hier draußen?«, wollte Luna wissen.

Skia seufzte noch einmal. Dann nannte sie ihren Namen und erzählte, warum sie im Kobel nicht einschlafen konnte. Luna machte Skia einen Vorschlag: »Ich hänge sowieso gerade an dem Ast über dir. Ich könnte ein Stück näher rücken. Dann könnte ich mit meiner Wange deine Wange berühren. Vielleicht kannst du dann gut einschlafen.« »Oh ja!«, jubelte Skia. »Das würdest du wirklich machen?«, fragte Skia dann vorsichtig nach. »Komm, wir probieren es gleich aus«, forderte Luna Skia auf.

Wenig später war Skia eingeschlafen.

Mitten in der Nacht wurde Skia von einem grollenden Geräusch geweckt. Sie schreckte hoch. »Was ist passiert?«, wollte sie von Luna wissen. »Nun, ich habe Hunger«, antwortete Luna.

»Wieso hast du denn mitten in der Nacht Hunger?«, fragte Skia. Luna erklärte: »Weil ich am Tag schlafe und in der Nacht wach bin. Also esse ich auch nachts. Da ich mich vorhin nicht verabschiedet hatte, wollte ich nicht einfach wegfliegen.«

Skia fragte mit zitternder Stimme: »Dann verlässt du mich jetzt wieder?«

Luna dachte einen Moment lang nach. Dann sagte sie: »Ich habe eine Idee. Wenn du wieder eingeschlafen bist, fliege ich weg, um meine Dinge zu erledigen. Ich werde aber zurückkommen, bevor du aufwachst. Einverstanden?« »Einverstanden«, flüsterte Skia und schlief bald darauf wieder ein.

Im Morgengrauen kehrte Luna zurück. Skia wachte wenig später an Lunas Wange auf. Wohlig reckte sie sich. Dann sagte sie: »Schlaf schön, Luna.« Luna versprach: »Wir sehen uns heute Abend hier wieder.«

L Miabella / Die mutige Taube

Miabella schaute aus der Luft auf den Bauernhof, der sich unter ihr befand. Es war ein gewöhnlicher Bauernhof mit einem Wohnhaus, mehreren Ställen, umzäunten Weideflächen und einem kleinen Teich für die Enten und Gänse.

Der Tag brach gerade an. Mehrere Menschen auf dem Bauernhof arbeiteten bereits. In einigen Gebäuden war das Licht noch eingeschaltet.

Eine Runde drehte Miabella um den Bauernhof. Dann war sie sich sicher, dass er für ihr Vorhaben gut geeignet ist. Miabella flog nach unten und landete zielsicher auf einem Fensterbrett des Wohnhauses.

***

In der Küche saßen zwei Kinder an einem Tisch und frühstückten. Sie erschraken, als die Taube auf dem Fensterbrett landete, denn sie waren noch nicht richtig munter.

Als die Kinder ihr Frühstück beendet hatten, saß die Taube immer noch auf dem Fensterbrett. Das war ungewöhnlich. Normalerweise verweilten Vögel nicht so lange auf den Fensterbrettern des Wohnhauses. Vögel mochten es nicht, wenn Fenster plötzlich geöffnet werden, wenn das Licht in den Zimmern angeschaltet wird oder wenn Personen sich hinter den Scheiben bewegen.

Der Junge schaltete das Licht aus und dann wieder ein. Die Taube rührte sich nicht. Er ging zum Fenster und betrachtete die Taube. Dann stellte er fest: »Die Taube ist verletzt, sonst würde sie wegfliegen.« Seine Schwester kam hinzu und fragte: »Wo ist sie denn verletzt?«

»Am Fuß«, behauptete der Bruder. Das Mädchen betrachtete aufmerksam die Taube. Sie kam zu dem Schluss, dass die Taube nicht verletzt ist. Da die beiden Kinder in die Schule gehen mussten, konnten sie ihre Unterhaltung nicht fortsetzen.

Wenig später kam der Hofhund am Wohnhaus vorbei und entdeckte die fremde Taube, die auf dem Fensterbrett saß. Er wartete eine Weile. Die Taube blieb sitzen. Sie wirkte beinahe so, als wäre sie eine Skulptur.

Eine Kuh näherte sich. Der Hund fragte sie: »Weißt du, warum die Taube dort sitzt?« Die Kuh antwortete: »Sie wartet auf eine andere Taube.« Der Hund fragte: »Woher weißt du das?« »Das sieht man doch«, erklärte die Kuh dem Hund und setzte ihren Weg fort.

Kurz darauf kam eine Ente vorbei. Der Hund stellte auch ihr die Frage: »Weißt du, warum die Taube dort sitzt?« »Sie denkt, dass sie gefüttert wird«, antwortete die Ente. Wieder fragte der Hund: »Woher weißt du das?« »Weil ich auch ein Vogel bin«, antwortete die Ente.

Nach einer Weile führte der Weg einer Gans am Hund vorbei. Der Hund fragte die Gans: »Denkst du, die Taube sitzt dort, weil sie gefüttert werden möchte?« Schnippisch antwortete die Gans: »Wieso sollte ich so etwas denken?« Der Hund erzählte von der Begegnung mit der Ente. Die Gans verkündete ein wenig ärgerlich: »Nur weil die Ente ein Vogel ist, weiß sie noch lange nicht, wie sich andere Vögel fühlen. Die Taube sitzt dort, weil sie zu faul zum Fliegen ist.«

Inzwischen war es Vormittag. Der Hund entdeckte die Katze, die auf einem Holzfass in der Sonne lag. Er ging zu ihr und stellte auch ihr die Frage: »Weißt du, warum die Taube dort sitzt?« Sofort antwortete die Katze: »Sie ist eine Spionin der Mäuse. Sie soll aufpassen, wo ich hingehe.« Der Hund verzichtete darauf zu fragen, wieso die Taube eine Spionin ist.

Er ging zur Weide und fragte das Schaf, wieso die Taube auf dem Fensterbrett sitzt. Das Schaf verkündete: »Sie hat Langeweile, das sieht man doch.« Das sieht man doch – das hatte die Kuh heute Morgen auch gesagt, ohne zu erklären, woran man das sieht. Dieses Mal wollte der Hund wissen, woran man denn sieht, dass eine Taube Langeweile hat. »Woher soll ich das denn wissen«, antwortete das Schaf und drehte sich genervt weg.

Der Hund trottete zurück zum Hof. Neben seiner Hundehütte traf er zwei Mäuse. Er beschloss, ein letztes Mal nach der Taube zu fragen. Die Mäuse gaben ihm folgende Auskunft: »Die Taube ist eine Spionin der Katze. Sie soll der Katze verraten, wo wir uns aufhalten.« Der Hund hatte kein Interesse mehr daran, die Mäuse zu fragen, wieso die Taube eine Spionin der Katze ist.

Er legte sich neben seine Hütte und döste in der Mittagssonne.

Am Nachmittag kehrten die Kinder aus der Schule zurück. Die Taube saß noch immer auf dem Fensterbrett. Sie beschlossen, das Rätsel nun zu lösen. In diesem Moment kamen die Nachbarskinder zum Spielen vorbei. Sie vergaßen die Taube.

***

Wenig später reckte und streckte sich Miabella. Sie trat einige Male von dem einen Fuß auf den anderen, öffnete die Flügel und hob ab.

Bei ihrer Ankunft im heimischen Taubenschlag erwarteten sie die anderen Tauben mit Spannung. »Wie war dein Tag?«, fragte eine Taube. »Hast du es geschafft?«, wollte eine andere wissen. Miabella antwortete, dass sie ihre Aufgabe gemeistert hatte.

Dann erzählte sie den Tauben im Taubenschlag die Gespräche, die sie im Laufe des Tages angehört hatte. Sie beschrieb die Reaktionen der Kinder. Abschließend stellte sie fest: »Niemand ist auf die Idee gekommen, mich zu fragen, warum ich dort sitze. Nicht einmal der Hund, der alle anderen Tiere befragte, kam auf die Idee, mich zu fragen.«

Eine ältere Taube sagte zu Miabella: »Liebe Miabella, du hast bewiesen, dass du ruhig bleiben, geduldig warten und weite Strecken fliegen kannst. Du hast die Prüfung zur Brieftaube bestanden!«

M   Hoppla /
   Der ständig schnuppernde Hase

Die Hasen tummelten sich auf der Wiese. Es waren junge Hasen und alte Hasen unter ihnen. Einige Hasen hatten hellbraunes Fell, andere Hasen dunkelbraunes Fell. Sie hopsten herum, sie kosteten Getreide und Blätter, zwischendurch ruhten sie sich aus.

Auf der Wiese tummelten sich keine Kaninchen. Kaninchen haben kürzere Ohren als Hasen. Sie sind kleiner und sie haben auch kürzere Hinterbeine. Natürlich kann man Hasen und Kaninchen nur dann auseinanderhalten, wenn man sie beide sieht und miteinander vergleichen kann. Oder wenn man schon viele Hasen und Kaninchen gesehen hat.

Hoppla, ein recht junger Hase mit hellbraunem Fell, war einer der Hasen auf der Wiese. Obwohl er Hoppla hieß, hoppelte er nicht gern. Wenn er nicht hoppeln musste, dann tat er es nicht. Er bewegte sich nur langsam vorwärts, was für einen Hasen sehr ungewöhnlich ist. Und er schnupperte ständig. Eigentlich wäre Schnuppi ein besserer Name für ihn gewesen.

Wenn Hoppla eine Blume entdeckte, schnupperte er daran. Er hob Steine an und schnupperte an der Erde, die sich unter den Steinen befand. Er roch an allen Blättern, die er finden konnte. Wenn er am Bach vorbeikam, tauchte er die Blätter in das Wasser. Er zog sie heraus und schnupperte daran. Rochen sie jetzt anders als vor dem Waschen?

Als Hoppla sich an diesem Morgen schnuppernd über die Wiese bewegte, kam er an Remi vorbei. Remi wollte gerade in eine saftige Frucht beißen. Hoppla schnupperte an der Frucht und sagte: »Das solltest du nicht essen.« Remi fragte verwundert: »Wieso denn nicht?«

»Die Frucht ist verdorben«, antwortete Hoppla. »Woher willst du das denn wissen?«, fragte Remi. Bevor Hoppla etwas sagen konnte, redete Remi weiter: »Die Frucht sieht doch gut aus.« Hoppla sagte zu Remi: »Sie riecht aber nicht gut. Sie ist verdorben.«

Remi drehte die Frucht in seinen Pfoten. Er konnte nichts Ungewöhnliches an ihr entdecken. »Ich glaube dir nicht«, sagte er zu Hoppla und biss in die Frucht. Hoppla schüttelte den Kopf und trottete weiter.

Nach einer Weile kam Hoppla wieder an der Stelle vorbei, an der er Remi getroffen hatte. Einige Hasen standen jetzt um Remi herum. Sie wirkten besorgt. Remi lag auf dem Boden und wimmerte: »Mein Bauch tut weh. Au, mein Bauch tut so weh.« Die Hasen strichen ihm über den Bauch und trösteten ihn.

Hoppla sagte zu den Hasen: »Remi muss nicht getröstet werden. Er ist selbst schuld. Ich habe ihn gewarnt. Ich habe ihm gesagt, dass die Frucht verdorben ist. Er hat sie trotzdem gegessen.« Die Hasen drehten sich von Remi weg und schauten zu Hoppla. Sie wunderten sich über das, was Hoppla gesagt hatte.

Dann trat eine alte Häsin hervor. Sie sagte zu Hoppla: »Wenn man Kummer oder Schmerzen hat, möchte man getröstet werden. Das hilft dabei, die Zeit zu überstehen, bis es wieder besser ist. Man fühlt sich dann nicht so allein.« Die Häsin machte eine kurze Pause. Dann fragte sie Hoppla: »Hast du das verstanden?«

»Das habe ich schon gewusst«, antwortete Hoppla. Die Häsin fuhr fort: »Auch wenn man aus Dummheit Schaden nimmt, möchte man getröstet und bedauert werden. Es war nicht klug von Remi, deinen Rat nicht zu befolgen. Trotzdem hat er Trost verdient.«

Hoppla dachte angestrengt nach. Dann sagte er zu der Häsin: »Ach so, das habe ich nicht gewusst.« Er lief zu Remi, dem es inzwischen etwas besser ging. Wortlos strich Hoppla ihm mit der Pfote sanft über die Ohren.

N   Susa, Rika und Mari / Die Erkundung der Welt

Es war einmal ein König, der ein kleines Land mit Bergen und Tälern, Flüssen und Seen, Dörfern und Städten regierte. Das wichtigste und zugleich größte Gebäude in der Hauptstadt des Königreiches war allerdings nicht der Palast des Königs, sondern die Bibliothek.

Die Bibliothek war ein Gebäude, in dem Bücher gesammelt wurden. Die Bücher wurden dort nicht nur in Regale gestellt, sondern sie durften zum Lesen von den Bewohnern des Königreiches ausgeliehen werden.

Der König war sehr stolz auf seine Bibliothek. Vor einigen Jahren hatte er die Leitung der Bibliothek der klügsten Frau seines Königreiches übertragen. Die klügste Frau des Königreiches hieß Sybilla. Sie hatte viele Länder bereist und auf ihren Erkundungen Pflanzen gesammelt und Tiere gezeichnet.

Sybilla hatte drei Töchter – Susa, Rika und Mari. Eines Tages sagte Sybilla zu ihren Töchtern: »Ihr seid jetzt alt genug, um die Welt zu erkunden. Ein Buch über das ferne Königreich Tital fehlt in unserer Bibliothek. Besucht das Königreich und sammelt Informationen, damit wir ein Buch daraus machen können.«

Susa und Rika schmiedeten sofort Reisepläne. Mari verfiel ins Grübeln. Sybilla verabschiedete ihre Töchter mit den folgenden Worten: »Diejenige von euch, die diese Aufgabe am besten meistert, wird später einmal die Leitung der Bibliothek übernehmen dürfen.«

Einige Monate verstrichen. Häufig erhielt Sybilla Briefe von Susa und Rika aus entfernten Regionen der Welt. Von Mari traf zu Beginn jedes neuen Monats ein Brief ein. Die Briefe von Mari trugen seltsamerweise einen Poststempel aus der nahe gelegenen Nachbarstadt.

Nach einem halben Jahr sahen sich alle wieder. Susa und Rika erzählten von ihren Erlebnissen. Sie berichteten von seltsamen Tieren, von fremden Menschen, von stürmischen Gewässern ... Mari schwieg.

Sybilla bat ihre Töchter, über den höchsten Berg im Königreich Tital zu berichten. Susa erzählte die Mythen, die sich um den Berg ranken. Sie berichtete, wie sie mit den Bewohnern am Fuße des Berges Tee getrunken hatte. Rika zeigte die Bilder, die sie von dem Berg gemalt hatte. Es waren wunderschöne Zeichnungen und der größte Tisch in der Bibliothek reichte kaum aus, um sie alle auszulegen. Mari schwieg.

Plötzlich fragte Sybilla: »Wie hoch ist denn der Berg?«

Susa antwortete: »Er ragt in den Himmel.«

Rika antwortete: »Sehr hoch.«

Mari sagte: »2777 Meter. Der Schnee auf der Spitze schmilzt auch im Sommer nicht. Der Berg besteht aus sieben verschiedenen Gesteinsarten. Der erste Mensch, der den Berg bestiegen hatte ...«

»Mari, stopp!«, unterbrach Sybilla ihre Tochter. Dann sagte sie zu Mari: »Ich glaube, du hast das Königreich überhaupt nicht verlassen. Woher weißt du das alles?«

Mari antwortete: »Ja, das stimmt. Ich habe das Königreich nicht verlassen, sondern ein kleines Zimmer in der Nachbarstadt bewohnt. Ich reise nicht gern, es macht mir Angst. Um die Aufgabe zu erfüllen, habe ich jeden Tag fünf Briefe an verschiedene Leute in Tital geschrieben. Ich habe ihnen Fragen gestellt. Und ich habe sie gebeten, mir Personen zu nennen, denen ich als Nächstes schreiben konnte. Fast alle haben mir geantwortet. So konnte ich eine Menge an Informationen zusammentragen.«

Sybilla wurde nachdenklich. Dann sagte sie zu ihren Töchtern: »Ihr habt die Aufgabe alle erfüllt, jeder auf seine Art. Ein gutes Buch kommt nur zustande, wenn wir alle Erfahrungen und Informationen zusammentragen. Mari liefert die Fakten, Susa die Geschichten und Rika die Zeichnungen.« Sybilla holte tief Luft und schwieg für einen Moment.

Susa und Rika schauten ihre Mutter erwartungsfroh an. Mari platzte heraus: »Und wer von uns wird später die Bibliothek leiten dürfen?«

Sybilla antwortete: »Die Bibliothek ist in den letzten Jahren beständig gewachsen. Eine Person kann hier kaum noch den Überblick behalten. Daher habe ich nun beschlossen, dass jede von euch den Bereich leiten soll, in dem sie gut ist. Mari wird die wissenschaftliche Abteilung leiten. Susa wird dafür zuständig sein, dass immer gute Geschichten zum Lesen vorhanden sind. Und Rika wird die Bücher über Künstler verwalten.«

O   Rob und Robin /
     Die ungleichen Burgbewohner

Rob und Robin leben zusammen mit vielen Kindern und nicht so vielen Erwachsenen in einer alten Burg. Diese Burg thront auf einem Felsen. Sie ist nur über eine Zugbrücke zu erreichen – so, wie man es von einer Burg erwartet, die sich im Gebirge befindet.

Die Zugbrücke funktioniert bereits seit vielen Jahren nicht mehr. Sie kann nicht hochgezogen werden und nur die Ketten an den Seiten der Brücke erinnern daran, dass sie einmal beweglich war.

Die vielen Kinder in der Burg lernen und leben hier. Die Erwachsenen kümmern sich um sie. Sie passen auf sie auf und sie unterrichten sie. In den Ferien fahren die Kinder nach Hause zu ihren Eltern. Dann bleiben nur Rob und Robin und drei der Erwachsenen in der Burg zurück.

Rob und Robin sind keine Kinder und sie sind auch keine Erwachsenen. Robin ist der Burggeist und Rob ist ein alter Roboter.

Robin, der Burggeist, bewohnt die Burg schon seit ihrer Fertigstellung im Mittelalter. Das war im Jahr 1234. Viele Burgherren kamen und gingen seitdem. In den letzten einhundert Jahren gab es keine Burgherren mehr, denn damals zog ein wunderlicher Erfinder in die Burg. Er richtete sich eine Werkstatt sowie mehrere Labore ein und er erschuf Rob.

Rob, der alte Roboter, fühlte sich meistens sehr einsam. Sein Alter sieht man ihm allerdings nicht an, denn sein Metall bekommt keine Falten. Er hat auch keine Haare, die grau werden könnten. Im Gegensatz zu Robin, dem Geist, wirkt Rob ernst und er kann sich nur langsam bewegen.

Robin tobt herum und er kann fliegen. Er schlägt Purzelbäume in der Luft und unterhält die Kinder mit Späßen. Die Kinder bezeichnen ihn als Freund. Am Herumspuken und Erschrecken von Burgbewohnern hatte Robin schon lange die Lust verloren. Wenn die Kinder in den Ferien nicht in der Burg sind, fliegt er ins Dorf und vergnügt sich dort.

Rob jedoch kann das alles nicht – und so schlurft er mit einem scheppernden Geräusch über den Steinfußboden der Burggänge und bleibt bei jeder Ritterrüstung stehen, um mit ihr zu reden. Natürlich ist das kein Gespräch, denn die Rüstungen antworten nicht, aber Rob fühlt sich bei diesen Selbstgesprächen weniger einsam. Die Rüstungen scheinen ihm wenigstens zuzuhören.

Nach den letzten Ferien änderte sich die Situation für Rob. Ich erzähle euch jetzt, was passierte.

Mehrere neue Schüler wurden in die Burgschule aufgenommen. Immer, wenn neue Kinder in der Burg ankamen, berichteten die älteren Kinder sofort von dem lustigen Geist. Wenige Minuten später umringten die neu aufgenommenen Kinder normalerweise Robin, der sich ohne Scheu auch am Tag zeigte.

Ein Junge trat etwas später in die Vorhalle der Burg ein, weil er sich die nicht mehr funktionierende Zugbrücke angeschaut hatte. In der Halle befanden sich nur noch zwei Kinder. Eines von ihnen sagte: »Du musst dir unbedingt den lustigen Geist ansehen.«

Der Junge fragte: »Wie fin... fin...de ich...?« Er hatte Schwierigkeiten, die Wörter richtig auszusprechen. Das andere Kind in der Vorhalle antwortete unbeirrt: »Frag einfach, wo Robin ist.«

Der Junge begann, die Burg zu erkunden. Er schlenderte einen Burggang entlang und hörte ein scheppernd Geräusch. Es ängstigte ihn nicht, eher machte es ihn neugierig. Er bog um eine Ecke und erblickte Rob, den er zuerst für eine wandelnde Ritterrüstung hielt.

Als er näherkam, stellte er fest, dass es keine wandelnde Ritterrüstung war, sondern etwas, was sich richtig bewegen konnte. Ob es auch sprechen konnte?

Der Junge stand inzwischen neben der Person aus Metall. Er schaute auf den Teil der Person, der einem Kopf ähnelte und fragte: »Wo ist Rob... Rob...« Abermals gelang es dem Jungen nicht, das gewünschte Wort richtig auszusprechen.

Rob hörte seinen Namen und antwortete erfreut: »Ich bin Rob. Ich weiß nicht, warum du mich gesucht hast, aber du hast mich gefunden.« Der Junge war sehr erstaunt über die Form des Geistes.

War es die ungewöhnliche Form des Geistes, die die anderen so lustig fanden?

Rob hatte endlich einen echten Gesprächspartner und begann sofort, Geschichten zu erzählen. Er berichtete von den Rittern, die die im Gang aufgestellten Rüstungen einst trugen. Einige dieser Geschichten waren so lustig, dass der Junge schallend lachen musste. Das fröhliche Lachen lockte andere Kinder an.

Seit diesem Tag kommen regelmäßig Kinder zu Rob, um sich Geschichten erzählen zu lassen. Sie stellen viele Fragen – nicht nur zu den Rittern, die hier einst wohnten. Sie spielen Brettspiele mit ihm und einige nennen ihn inzwischen »mein Freund Rob«.

P Fafnir / Erlebnisse in der Schule

Junge Drachen gehen ebenso wie Menschen- und Tierkinder zur Schule. Sie lernen dort Lesen, Schreiben und Rechnen. Sie treiben Sport, zeichnen Bilder und singen Lieder. Es gibt allerdings einige Schulfächer, die nur in Drachenschulen unterrichtet werden. Dazu gehören Feuerübungen.

Da Menschen und Tiere kein Feuer speien können, müssen ihre Kinder in der Schule auch keine Feuerübungen durchführen. Manchmal üben Menschen- und Tierkinder in der Schule, wie sie sich verhalten müssen, wenn ein Feuer ausbricht. Diese Übungen heißen Feueralarmprobe.

Jetzt fragt ihr euch sicherlich, ob es auch in Drachenschulen solche Übungen gibt. Ja, es gibt sie. Es gibt in Drachenschulen sogar häufiger Feueralarmproben als in anderen Schulen, denn Drachen können zwar Feuer speien, aber das schützt sie nicht vor Verletzungen durch Brände.

Fafnir besuchte die zweite Klasse der Drachenschule. In der zweiten Klasse durften die Drachen ihre ersten Feuerübungen durchführen. Dazu wurden im großen Sandkasten der Schule Tafeln aus Pappe aufgestellt. Auf den Tafeln befanden sich Abbildungen von Lebewesen oder Gebäuden. Die Aufgabe der Schüler bestand darin, aus fünf Metern Entfernung die Pappe mit einem Feuerstrahl zu entzünden.

Es widerstrebte Fafnir, seinen Feuerstrahl auf das Bild eines Wesens zu richten, das ihn anschaute. Es widerstrebte ihm ebenso, seinen Feuerstrahl auf das Bild eines Gebäudes zu richten. In diesem Gebäude könnte ebenfalls ein Wesen wohnen, welches ihn anschauen könnte.

Seine Mitschüler hielten seine Weigerung für Feigheit. Einer von ihnen sagte zu Fafnir: »Du kannst ja nicht einmal mir richtig in die Augen schauen. Deshalb hast du wohl Angst, die Pappe bei der Feuerübung zu verfehlen.«

Fafnir hatte tatsächlich Probleme damit, seinen Mitschülern in die Augen zu schauen. Aber das hatte nichts mit seiner Verweigerung der Feuerübungen zu tun. Er fand die Übungen einfach überflüssig. Schon seit Jahrhunderten hatten die Drachen ihren Schrecken verloren.

Seine Mitschüler ließen nicht locker. Einer sagte: »Wir müssen im Training bleiben, falls die Menschen uns wieder bekämpfen.« Fafnir erwiderte: »Das ist ein riesiges Missverständnis.«

Ein anderer Schüler protestierte: »Das ist kein Missverständnis. Menschen sind unberechenbar und wenn wir nicht aufpassen, werden sie uns verfolgen.«

»Die Legende sagt, dass Menschen und Drachen früher befreundet waren«, begann Fafnir zu erklären. »Nein, niemals!«, unterbrach ihn ein Drache. »Das kann nicht wahr sein!«, rief ein anderer.

Fafnir wartete ab, bis sich seine Mitschüler beruhigt hatten. Dann fragte er sie: »Soll ich euch die Legende erzählen?« »Hm, ja. Wir haben gerade nicht Besseres zu tun«, antwortete ein Drache, der gern für alle anderen sprach.

»Vor langer Zeit«, begann Fafnir seine Erzählung, »vor langer Zeit lebten Drachen und Menschen gemeinsam in den Häusern. Die Drachen sorgten im Winter für Wärme und während des ganzen Jahres für warmes Wasser zum Kochen, zum Baden und zum Waschen der Wäsche. Durch einige Missgeschicke entstanden immer wieder einmal Brände. Jedoch verursachten auch die Menschen beim Umgang mit Fackeln oder Kerzen Brände, wenn sie unachtsam waren.«

Fafnir holte tief Luft, bevor er seine Erzählung fortsetzte. »Nach einem besonders schweren Brand in einer Stadt am Rand des Gebirges wurden die Drachen fortgejagt, obwohl niemand herausfinden konnte, wer den Brand verursacht hatte. Einige von uns Drachen griffen daraufhin gelegentlich die Häuser oder Ställe der Menschen an. Sie taten es vielleicht aus Langeweile oder weil sie sich nun nutzlos vorkamen.«

»Wie geht es weiter?«, rief einer der Drachen ungeduldig, weil Fafnir eine Pause eingelegt hatte, um einen Schluck Wasser zu trinken. Fafnir fuhr fort: »Die Menschen schützten sich mit Waffen vor den Drachen und die Drachen zogen sich in das Gebirge zurück. Irgendwann hatte beide Seiten vergessen, dass sie einmal friedlich zusammengelebt hatten. Wenigstens hörten Menschen und Drachen vor vielen Jahren damit auf, sich zu bekämpfen. So leben wir heute zwar nicht friedlich miteinander, aber wenigstens friedlich nebeneinander.«

Schweigend schauten die Drachenschüler auf Fafnir, der seinen Blick auf den Sand am Boden gerichtet hatte. »Was sollen wir nun tun?«, fragte einer der Schüler erregt und brach damit das Schweigen.

Fafnir schaute hoch und antwortete: »Als Erstes könnten wir die sinnlosen Feuerübungen einstellen. Und wir könnten uns überlegen, was wir in dieser Zeit gern tun möchten.«

III Botschaften, Besonderheiten und Einsatz der Geschichten

Der dritte Buchteil wendet sich wieder den Erwachsenen zu, die beruflich oder privat mit autistischen und nicht-autistischen Kindern arbeiten oder zusammenleben. Sowohl Angehörige als auch Fachleute sind Personen, die betreuende Tätigkeiten ausüben. Im konkreten Arbeits- und Lebensumfeld variieren ihre Aufgaben und Zielsetzungen. Zudem werden die betreuenden Tätigkeiten in verschiedenen Arbeitsumfeldern unterschiedlich definiert sowie oft auf Teilaspekte reduziert, was nicht selten zu Missverständnissen bezüglich der Formulierung *Betreuer* führt.

Betreuung von Kindern umfasst Fürsorge, Aufsicht, Umgang sowie Förderung und lässt sich nicht auf Teilaspekte reduzieren. Eltern erbringen Betreuungsleistungen in sämtlichen Bereichen, was sich zwangsläufig aus ihrer Rolle als Erziehungsberechtigte ergibt. Verwandte und Bekannte, Mitarbeiter von Bildungseinrichtungen, Therapeuten, Einzelfallhelfer, Psychologen, Sozialarbeiter sowie alle weiteren Personen, die mit Kindern privaten oder beruflichen Umgang pflegen, decken jeweils unterschiedlich viele, aber nicht alle Bereiche der Betreuung ab (vgl. Maus, 2017, S. 13 ff.). Um diese komplexen Formen der Betreuung von speziellen, auf Teilaspekte reduzierten Formen abzugrenzen, benutze ich für die erwähnten Personengruppen in den folgenden Ausführungen die Formulierung *betreuende Person(en)*.

Betreuende Personen erhalten in den folgenden Kapiteln vielfältige Anregungen, die dazu dienen, eine Beschäftigung mit den Geschichten über das bloße Vorlesen oder Selbstlesen hinaus zu initiieren oder zu unterstützen. Eine weiterführende Beschäftigung mit den Geschichten hat zur Folge, dass sich die Kinder mit den Inhalten auseinandersetzen. Die Bereitschaft, dies zu tun, nimmt zu, wenn die entsprechenden Aktivitäten Interessantes bieten, Spaß machen und frei von Zwängen sind. Dies erfordert von betreuenden Personen eine hohe Kompetenz, um allen Kindern – sowohl den autistischen als auch den nicht-autistischen – gerecht zu werden.

In diesem Buchteil werden zahlreiche Hinweise gegeben, wie ausgehend von den Geschichten das Miteinander der Kinder im Alltag gelingen kann. Es handelt sich hierbei um Ideen und nicht um einen Plan, der schrittweise abgearbeitet werden soll. Ich möchte inspirieren und zugleich motivieren, der eigenen Kreativität Freiräume zu lassen, indem die in diesem Buchteil gegebenen Anregungen nicht nur in Taten umgesetzt, sondern auch weitergedacht, abgewandelt oder ausgebaut werden.

Für jede Geschichte finden sich Erläuterungen zu den direkten und indirekten Botschaften, die der Handlung und der Beschreibung der Umgebung zu entnehmen sind. Dies erfolgt in Form einer Aufzählung, damit die relevanten Informationen rasch gefunden werden. Den Botschaften folgen die Erklärung der mit Autismus in Verbindung stehenden Besonderheiten, welche die jeweilige Geschichte thematisiert, und zur Geschichte passende, in den Alltag übertragbare Handlungshinweise. Anregungen zu Gesprächen mit den Kindern schließen sich an. Da diese Anregungen als Fragen, die den Kindern gestellt werden können, gegeben werden, sind sie ebenfalls in Form einer Aufzählung gestaltet. Inhaltsbezogene Aktivitäten und Spiele runden diesen Teil schließlich ab.

Die Inhalte der vier eben genannten Komplexe sind zu jeder Geschichte als fortlaufender Text geschrieben. Auf Zwischenüberschriften habe ich zugunsten der Lesbarkeit verzichtet. Da sich Aufzählung und Fließtext abwechseln, findet man das Gewünschte unter dem Titel der entsprechenden Geschichte problemlos.

Im Text verwende ich die Formulierungen *das autistische Kind* und *die (anderen, nicht-autistischen) Kinder*. Diese Formulierungen entsprechen den häufig anzutreffenden Konstellationen. In vielen Familien – meine eingeschlossen – gibt es ein autistisches Kind und ein Geschwisterkind oder mehrere Geschwisterkinder. Ebenso verhält es sich in Kindergarten-, Hort- und Freizeitgruppen oder in Schulklassen. Sollte eine Kindergruppe zwei oder mehr als zwei autistische Kinder einschließen, funktionieren alle Hinweise und Ideen, die in diesem Buchteil gegeben und vorgestellt werden, ebenso.

Als ich begann, den dritten Buchteil zu schreiben, habe ich mit mir gerungen, wie ich meine Leserinnen und Leser anspreche. Einerseits ist für einen solch praktisch orientierten Buchteil eine direkte Ansprache naheliegend. Ich könnte bspw. schreiben: »Günstig ist es, wenn Sie eine Gesprächsrunde auf einem weichen Teppich oder auf Matratzen als Unterlage durchführen.« Oder noch direkter: »Führen Sie eine Gesprächsrunde möglichst auf einem weichen Teppich oder auf Matratzen als Unterlage durch.«

Andererseits weiß ich aus Gesprächen mit autistischen Menschen – einschließlich meines Sohnes –, dass sich viele von ihnen bei direkten Anredeformen genötigt fühlen, bestimmte Dinge zu tun. Sie empfinden solche Formulierungen als Anweisungen oder Aufforderungen, ohne die Option, etwas anderes tun zu dürfen. Daher bereitet ihnen die direkte Anredeform in gedruckten Texten oft Probleme oder zumindest Unbehagen.

Dieses Empfinden der Wahlmöglichkeit haben nicht-autistische Menschen i. d. R. immer, unabhängig davon, ob sie im Text direkt oder indirekt angesprochen werden. Aus Gesprächen und Rückmeldungen weiß ich, dass meine Bücher auch von autistischen Menschen – einschließlich autistischen Müttern oder Vätern – gelesen werden. Die Geschichten in diesem Buch sollen autistische und nicht-autistische Kinder einander näherbringen. Das funktioniert aber nur, wenn für die Erwachsenen keine Barrieren aufgebaut werden. Daher habe ich mich entschieden, auf direkte Anreden bis auf wenige Ausnahmen (bei wichtigen Hinweisen) zu verzichten und stattdessen das obige Beispiel folgendermaßen zu formulieren: »Besser geeignet für eine Gesprächsrunde ist die Zusammenkunft auf einem weichen Teppich oder auf Matratzen als Unterlage« (▶ Kap. III-10.1).

8 Direkte und indirekte Botschaften der Geschichten

Die Hinweise zum Gebrauch der Geschichten im Alltag beginnen stets mit der Aufzählung der Botschaften, die die jeweilige Geschichte zu vermitteln vermag. Diese Botschaften unterteile ich in direkte und indirekte Botschaften.

Direkte Botschaften sind Dinge, die die Kinder i. d. R. beim Vorlesen sofort erfassen und meist auch in eigenen Worten wiedergeben können. Gelegentlich – besonders bei autistischen Kindern – bedarf es dazu einer Nachfrage oder gezielter Unterstützung. Diese erfassbaren Dinge aus dem Miteinander der Protagonisten der Geschichten und die damit verbundenen Handlungsweisen und Erlebnisse stehen alle in Zusammenhang mit den im Alltag beobachtbaren Besonderheiten eines autistischen Kindes.

Diese beobachtbaren Besonderheiten sind genau die Dinge, die Kinder im Kindergarten- und Grundschulalter wahrnehmen, wenn sie mit autistischen Kindern interagieren. Es sind ebenso die Dinge, die betreuende Personen zur Erklärung dessen, was Autismus ist, in dieser Altersgruppe heranziehen können (▶ Kap. I-3.2; vgl. Maus, 2017, S. 56–61).

Indirekte Botschaften sind Botschaften, die sich nicht sofort beim ersten Vorlesen offenbaren. Sie werden meist erst erkannt, wenn die Geschichte mehrmals vorgelesen wurde oder wenn eine intensive Beschäftigung mit der Geschichte erfolgt ist. Die indirekten Botschaften schaffen einen Übergang zu einer konkreteren Beschäftigung mit dem Thema *Autismus*. Eine solche zielgerichtete Aufklärung kann in Abhängigkeit vom Entwicklungsstand des Kindes im Grundschulalter beginnen (▶ Kap. I-3.2; vgl. Maus, 2017, S. 61–70).

> Ein Beispiel aus der Geschichte *Kastania und Kastagnette* (▶ Kap. III-F) zeigt die Unterschiede zwischen direkten und indirekten Botschaften.
>
> Direkte Botschaften (Auswahl):
>
> - Manche Feen (Kinder) haben ganz besondere Vorlieben oder Interessen (Musik von Kastania).
> - Dinge gemeinsam zu tun (singen und musizieren), ist möglich.
> - Dinge gemeinsam zu tun (singen und musizieren), bringt für alle Beteiligten besondere Erlebnisse.
>
> Kinder – sowohl autistische als auch nicht-autistische –, die die Geschichte hören, können die hier beispielhaft aufgelisteten Botschaften erfassen und ggf. mit Unterstützung auch wiedergeben.

Die in der Geschichte thematisierten Aspekte des Alltags finden sie in ihrer eigenen Realität wieder. Sie bemerken die Spezialinteressen des autistischen Kindes, ebenso wie das autistische Kind oft schon recht früh feststellt, dass seine Interessen mehr oder weniger stark von denen der anderen Kinder abweichen.

Die in der Geschichte beschriebenen gemeinsamen Aktivitäten haben alle Kinder entweder schon in ihrem Alltag erlebt oder sie nehmen aus der Geschichte die Botschaft mit, dass es möglich ist, trotz nicht deckungsgleicher Interessen, Dinge gemeinsam zu tun und dabei besondere Erlebnisse zu haben.

Indirekte Botschaften (Auswahl):

- Die Fee (das Kind) ist schon von Geburt an anders als die anderen (Kastanie als Feenbett).
- Die Fee (das Kind) benötigt einen geschützten Raum (Kastanienbaum steht am Rand, nicht inmitten der Obstbäume).

Die indirekten Botschaften der Geschichte, die hier mit zwei Beispielen verdeutlicht werden, sind für Kinder zwar vom Inhalt her zu erfassen, aber eine Deutung des Inhalts gelingt (noch) nicht. Jüngere Kinder entnehmen bspw. der Geschichte, dass die Fee anders ist und schon immer anders war als die anderen Feen. In der Realität erleben sie das autistische Kind in der Gruppe ebenso.

Die Hinweise auf die erbliche Bedingtheit von Autismus und auf notwendige Nachteilsausgleiche werden sich erst älteren Kindern, die sich mit dem Thema *Autismus* auseinandergesetzt haben, erschließen. Die indirekten Botschaften verstehen sich daher auch als Anregungen für die betreuenden Personen, um mit älteren Kindern das Thema *Autismus* gezielter zu besprechen.

Die zur jeweiligen Geschichte genannten direkten und indirekten Botschaften lassen sich immer auf die Kindergruppe übertragen. Zur Verdeutlichung folgen zu zwei Geschichten je zwei Beispiele (A und B):

- Quercus (▶ Kap. III-A):
    - (A) Auch scheinbar sonderbare *Regenwürmer* wollen beachtet werden (ein glücklicher *Regenwurm* sein).
    - (A) Auch scheinbar sonderbare *Kinder* wollen beachtet werden (ein glückliches *Kind* sein).
    - (B) Verschiedene *Regenwürmer* erbringen auf verschiedenen Gebieten sehr gute Leistungen (der beste Sportler und der beste Denker).
    - (B) Verschiedene *Kinder* erbringen auf verschiedenen Gebieten sehr gute Leistungen (der beste Sportler, der beste Denker, der beste Sänger, der schnellste Rechner, der schnellste Läufer, der beste Künstler …).
- Kastania und Kastagnette (▶ Kap. III-F):
    - (A) Es gibt Gemeinsamkeiten, die alle *Feen* verbinden (alle haben ein Haustier).
    - (A) Es gibt Gemeinsamkeiten, die alle *Kinder* verbinden (hier gilt es, die Gemeinsamkeit zu finden).

- (B) Einige *Feen* unterscheiden sich deutlich von den anderen (Art der Haustiere).
- (B) Einige *Kinder* unterscheiden sich deutlich von den anderen (hier gilt es, die Unterschiede zu benennen).

Dem Lesefluss zuliebe verzichte ich bei der Aufzählung der direkten und indirekten Botschaften auf die Nennung der Kinder in Klammern. Die Botschaften zu den jeweiligen Geschichten sind inhaltlich breit gefächert, aber erheben keinen Anspruch auf Vollständigkeit und richten sich in erster Linie an die betreuenden Personen. Sie dienen als Überblick, um rasch herauszufinden, was die jeweilige Geschichte auf der kindlichen Ebene zu transportieren vermag.

Es spricht aber nichts dagegen, die direkten Botschaften auch als Anregungen für Gespräche mit den Kindern zu nutzen. Da sich diese Botschaften alle mit sozialen Inhalten beschäftigen, ist es notwendig, ein autistisches Kind zu solch einem Gespräch zu motivieren. Ein Einstieg in ein Gespräch gelingt bspw. durch Sach- und Wissensfragen. Zu jeder Geschichte gibt es einen Fragenkatalog, der immer mit Sach- und Wissensfragen beginnt (▶ Kap. III-10.1). Diese Fragen können auch in dem eben beschriebenen Kontext benutzt werden.

Kinder mit Autismus weisen eine eingeschränkte Theory of Mind auf. Die Theory of Mind beschreibt die Fähigkeit, anderen Menschen mentale Zustände wie Gefühle, Erwartungen, Wünsche, Absichten, Bedürfnisse zuschreiben zu können. Nicht-autistische Kinder entwickeln ungefähr im Alter von vier Jahren eine Theory of Mind. Die eingeschränkte Theory of Mind führt zu sozialen Beeinträchtigungen, weil autistische Kinder die mentalen Zustände anderer nicht oder nur unzureichend erkennen können, aber auch die Gefühle anderer Personen und die eigenen nicht zuverlässig einzuordnen vermögen. Daraus ergibt sich ein unverschuldetes mangelndes oder fehlendes Bewusstsein für soziale Normen.

Die eingeschränkte Theory of Mind autistischer Kinder spielt ebenso eine Rolle, wenn eine Beschäftigung mit den sozialen Inhalten der Geschichten erfolgt. Es ist aus diesem Grund erforderlich, dass die betreuenden Personen dem autistischen Kind erfüllbare Aufgaben stellen und Überforderung vermeiden. Theory-of-Mind-Fähigkeiten von autistischen Kindern verbessern sich, wenn diese Kinder einerseits Verständnis erfahren und andererseits Fortschritte in Form von Erfolgen erleben können.

9 Erläuterung der autismusspezifischen Besonderheiten in den Geschichten

Jeder Mensch – und damit auch jedes Kind – mit Autismus weist eine individuelle Palette an Stärken und Symptomen auf. Diese individuelle Palette begründet sich in der Art und Weise, wie Autismus diagnostiziert wird. Autismus ist gekennzeichnet durch Schwierigkeiten in den Bereichen der Kommunikation sowie der sozialen Interaktion und durch das Auftreten von repetitiven Handlungen (▶ Kap. I-3). Eine grundlegende Einführung in das Thema *Autismus* findet sich im *Kompetenzmanual Autismus (KOMMA)* (Maus, 2020, S. 17–58).

Die Diagnose *Autismus* bzw. *Autismus-Spektrum-Störung* ist eine Summationsdiagnose. Die Diagnosekriterien verlangen, dass eine bestimmte Anzahl an Symptomen in allen Bereichen vorgefunden (und damit summiert) wird, wobei die einzelnen infrage kommenden Symptome in jedem Bereich breit gefächert sind. Daraus folgt, dass Menschen mit Autismus bezüglich ihrer mit Autismus assoziierten Merkmale höchst unterschiedlich sind. Daraus folgt auch, dass eine Geschichte niemals ein generelles Abbild eines autistischen Menschen liefern kann, sondern immer nur ein sehr individuelles.

Aus diesem Grund beschäftigt sich jede Geschichte in diesem Buch mit einzelnen oder wenigen Aspekten der Diagnose *Autismus* oder mit häufigen Begleiterscheinungen wie Weglauftendenzen und Schlafproblemen. Jede Geschichte, die inhaltlich betrachtet zu den Besonderheiten eines Kindes passt, wird das Selbstbild oder das Bild vom Autismus dieses Kindes etwas mehr konkretisieren.

Die mit Autismus in Verbindung stehenden Besonderheiten werden zu jeder Geschichte – direkt im Anschluss an die Ausführungen zu den Botschaften, die die jeweilige Geschichte zu transportieren vermag – kurz erklärt. Dabei gibt es wenige Wiederholungen oder Überschneidungen, da bspw. Spezialinteressen in mehreren Geschichten eine Rolle spielen. Es wäre nicht sinnvoll, wenn die Nutzer des Buches sich über Querverweise die Fakten zu der Geschichte, die sie mit den Kindern lesen und besprechen möchten, zusammensuchen müssten. Abgerundet werden die Ausführungen zu den Besonderheiten durch passende, in den Alltag übertragbare Handlungshinweise.

Die Geschichten (mit Ausnahme der Geschichte mit Miabella, ▶ Kap. III-L) handeln von Protagonisten, denen man auf den ersten Blick nicht oder kaum ansieht, dass sie anders sind. Sie spiegeln damit ein generelles Problem im gesellschaftlichen Umgang mit Autismus wider. Autismus ist eine unsichtbare Behinderung, das bedeutet, man sieht i. d. R. einem autistischen Kind nicht an, dass es autistisch ist. Das führt häufig dazu, dass Schwierigkeiten nicht gesehen, Probleme bagatellisiert oder Unterstützungsbedarf nicht ernst genommen wird. Die Protagonisten der Geschichten zeigen in ihrer jeweiligen Welt, wie man es besser machen kann.

Die Geschichte mit Miabella thematisiert Fehlinterpretationen von Verhalten, welches anders als erwartet ausfällt und mit üblichem Erfahrungswissen nicht sofort erklärt werden kann.

Die Tabelle am Ende des Kapitels gibt einen Überblick über die in den Geschichten thematisierten Aspekte, die sich auf autismusspezifische Besonderheiten beziehen (▶ Tab. 9.1). Die Reihenfolge der Nennung der einzelnen Aspekte stellt keine Sortierung nach Wichtigkeit dar, sondern folgt im Wesentlichen dem Verlauf der Geschichte. Soziale Interaktion findet in jeder Geschichte statt, da jede Interaktion der Protagonisten einer Geschichte zwangsläufig auch eine soziale Reaktion beschreibt. In der Tabelle hervorgehoben ist *soziale Interaktion* daher nur bei den Geschichten, die sich mit speziellen Aspekten sozialer Interaktion beschäftigen, wie bspw. *Dinge gemeinsam tun* oder *ein schlechtes Gewissen haben*. Die Formulierung *soziales Miteinander* wurde für die Geschichten gewählt, bei denen vom Alltag abweichende Gruppenereignisse wie Geburtstage, Feiern oder Besuche thematisiert werden.

Tab. 9.1: Übersicht über die Aspekte in den Geschichten, die sich auf autismusspezifische Besonderheiten beziehen

Geschichte	Aspekte
A Quercus	Motorik soziale Interaktion Mimik, Gestik, Körperhaltung Spezialinteressen
B Flugsi	auditive Wahrnehmung Assoziationsketten logisches Denken Automatisierung von Handlungen
C Zwicky	wortwörtliches Sprachverständnis vorausschauendes Denken Wahrnehmung von Schmerz Wahrnehmung von Kälte/Wärme
D Hugo	Angst Weglauftendenz Körpersprache
E Flavia	taktile Wahrnehmung Streben nach Vorhersehbarkeit soziales Miteinander Streben nach Gleicherhaltung der Umgebung Zeitempfinden
F Kastania und Kastagnette	Spezialinteressen logisches Denken soziale Interaktion
G Mika	logisches Denken Detailwahrnehmung visuelle Wahrnehmung

III Botschaften, Besonderheiten und Einsatz der Geschichten

Tab. 9.1: Übersicht über die Aspekte in den Geschichten, die sich auf autismusspezifische Besonderheiten beziehen – Fortsetzung

Geschichte	Aspekte
	visuelles Denken Zeitgefühl Theory of Mind soziales Miteinander
H Rina und Rudi	repetitive Handlungen (Rituale) Tiefensensibilität vorausschauendes Denken soziales Miteinander Motorik
I Nimimi	mangelnde Objektpermanenz Bindung an Gegenstände Spezialinteressen
J Bruno	Veränderungsängste auditive Wahrnehmung Kommunikation Theory of Mind
K Skia und Luna	Körperkontakt Motorik Schlafprobleme
L Miabella	Perspektivübernahme (Kernthema der Geschichte: Fehlinterpretation von Anderssein)
M Hoppla	olfaktorische Wahrnehmung Spezialinteressen soziale Interaktion Bewerten von Handlungen
N Susa, Rika und Mari	Veränderungsangst Streben nach Gleicherhaltung der Umwelt Spezialinteressen
O Rob und Robin	Mimik, Gestik, Körperhaltung Kommunikation soziale Interaktion
P Fafnir	Blickkontakt Aufgabenverständnis soziale Regeln

10   Hinweise zum Einsatz der Geschichten

Kinder, die sich einem Thema von verschiedenen Seiten ohne Leistungsdruck nähern, nehmen das somit vermittelte soziale Wissen in ihren Erfahrungsschatz auf. Um dies zu erreichen, gibt es zu jeder Geschichte eine Fülle an Ideen und Anregungen in Form von Fragen, Spielen und Aktivitäten.

Die Fragen, Spiele und Aktivitäten zu den Geschichten dienen dazu, die Beschäftigungsdauer mit der jeweiligen Geschichte zu verlängern und das Verinnerlichen der Inhalte zu intensivieren, indem sie Interessantes bieten und Spaß machen. Alle Beschäftigungsideen zu einer Geschichte sind so formuliert oder gestaltet, dass sie sich mit Teilthemen befassen, welche für autistische und für nicht-autistische Kinder jeweils unterschiedlich relevant und damit interessant sind.

Durch das Prinzip der absoluten Freiwilligkeit bei der Beschäftigung mit den Geschichten kann sich jedes Kind zu Beginn der Aktionen an den Stellen einbringen, an denen seine Stärken liegen oder welche ihm besonderen Spaß bereiten. Diese Erfolgserlebnisse ebnen den Weg, um sich dann mit den Dingen zu beschäftigen, die evtl. Schwierigkeiten bereiten oder als anstrengend empfunden werden.

In diesem Prozess können sich autistische und nicht-autistische Kinder wunderbar ergänzen. Ein autistisches Kind ist oft in der Lage, viele Fakten und Wissen auf bestimmten Gebieten einzubringen, hat aber i. d. R. Schwierigkeiten mit den sozialen Inhalten einer Geschichte. Bei einem nicht-autistischen Kind ist es meist umgekehrt. Dies ist keine absolute Einteilung, sondern die Beschreibung einer Tendenz. Alle denkbaren Zwischenstufen sind ebenso möglich.

Die Option, dem jeweils anderen bei den schwierigen oder als anstrengend empfundenen Aufgaben zuzusehen oder zuzuhören, hat einen hohen Aufforderungscharakter. Beide Seiten können beobachten, dass die Aufgaben erfüllbar sind. Früher oder später werden sich somit alle Kinder an die für sie als nicht einfach empfundenen Aufgaben heranwagen.

Um diesen Effekt zu erreichen, ist es notwendig, sich regelmäßig mit den Geschichten zu beschäftigen. Wenn sie Teil des Alltags werden und angekündigte Aktionen rund um die Geschichten im Sinne von Vorlesen, Reden, Basteln, Spielen immer wieder möglich sind, ist der Lerneffekt am größten.

Die Geschichten einschließlich der dazugehörigen Aktivitäten richten sich an Kinder im Vor- und Grundschulalter. Handelt es sich dabei um Freizeitgruppen, um Besuche von Freunden und Kindern aus der Verwandtschaft oder um Geschwister, haben die Kinder meist ein unterschiedliches Alter. Hier kann es neben zusätzlichen Erklärungen von bestimmten Aspekten einer Geschichte für jüngere Kinder notwendig sein, einige Ausgleiche bei den entsprechenden Aktionen zu schaffen.

Da ein junges Alter eigentlich kein Nachteil ist, wäre die Formulierung *Nachteilsausgleich* hier nicht passend, obwohl der Kerngedanke des Nachteilsausgleiches den Sinn der Maßnahmen zum Schaffen von Ausgleichen gut beschreibt. Nachteilsausgleich fasst im schulischen Kontext alle Maßnahmen zusammen, welche dazu dienen, beeinträchtigten und behinderten Kindern einen Schulbesuch zu ermöglichen, ohne dass ihnen Nachteile beim Lernen oder bei Prüfungen aufgrund ihrer besonderen Situation entstehen. Im Kontext der Beschäftigung mit den Geschichten geht es darum, dass insbesondere jüngeren Kindern Ausgleiche zugestanden werden, damit sie an einer Aktion gleichberechtigt teilnehmen können. Hier ist die Formulierung *Altersausgleich* passend.

Für einen Altersausgleich gibt es verschiedene Möglichkeiten. Bei Aufgaben, die Wissen erfordern – wie bspw. das Aufzählen der Arbeiten, die auf einem Bauernhof zu verrichten sind – kann man das jüngste Kind beginnen lassen, denn dann müssen die folgenden Kinder, die über mehr Wissen aufgrund ihres Alters verfügen, etwas nicht bereits Genanntes zu diesem Thema beisteuern. Bei Bastel- und Zeichenaufgaben besteht die Möglichkeit, dass ein älteres Kind oder ein Erwachsener dem jüngeren Kind Unterstützung gibt, damit am Ende ein Produkt entsteht, bei dem jedes Kind seine Ideen realisieren konnte. Wenn es sich um Spiele handelt, können dem jüngsten Kind oder auch mehreren jüngeren Kindern Ausgleiche in Form von Gewinnpunkten oder Zeitzugaben gewährt werden. So besteht bspw. bei dem Spiel zu der Geschichte von Rina und Rudi die Möglichkeit, Bonusminuten je nach Alter den Kindern gutzuschreiben. Bei diesem Spiel geht es darum, wie lange die Kinder es schaffen, sich in der Rolle einer Maus in der Hängematte still zu verhalten (▶ Kap. III-H).

Die Ausgleiche können gemeinsam mit allen Beteiligten ausgehandelt werden. Ein Reflektieren der Maßnahmen – in dem Maße, wie es altersmäßig möglich ist – und ein sich daran anschließendes eventuelles Anpassen der Maßnahmen sorgt dafür, dass alle Kinder lernen, Ausgleiche zu akzeptieren, anzunehmen, zu geben oder zu gewähren. Kinder, die dieses Prinzip frühzeitig verinnerlicht haben, werden Schüler, die einen schulischen Nachteilsausgleich erhalten, nicht misstrauisch oder argwöhnisch beäugen.

Wenn sich in der Gruppe der Rezipienten der Geschichten neben autistischen Kindern noch Kinder mit anderweitigen Behinderungen oder Beeinträchtigungen befinden, dann sind bei allen Aktionen ebenfalls Anpassungen notwendig, die eher dem schulischen Nachteilsausgleich beim Lernen nahekommen.

10.1 Fragen zu den Geschichten

Fragen bieten einen guten Einstieg in Gespräche über die Inhalte einer Geschichte. Sie haben den Vorteil, dass sie eine Struktur vorgeben, die autistischen Kindern Vorhersehbarkeit und damit Sicherheit zu vermitteln vermag. Die Beantwortung von Fragen setzt ein Nachdenken voraus. Mit einer Frage muss man sich aktiv auseinandersetzen, wenn man eine Antwort geben möchte. Eine Aussage wird dagegen oft eher passiv aufgenommen.

Die Antworten auf viele Fragen zu den Geschichten unterstützen das autistische Kind dabei, zu verinnerlichen, dass die Gedankenwelt anderer Personen mit der eigenen nicht identisch ist. Sie helfen ihm zudem, die Gefühle, Gedanken, Wünsche, Denkmuster, Ängste, Empfindungen oder Vorlieben anderer Wesen zu erkennen (Theory of Mind). Dies geschieht unabhängig davon, ob die Antworten von dem autistischen Kind selbst gegeben oder von einem nicht-autistischen Kind in der Gruppe geäußert werden, sofern das autistische Kind aufmerksam die Aktivität in der Gruppe verfolgt.

Gespräche über soziale Reaktionen und Regeln im Kontext der entsprechenden Geschichte bringen das autistische Kind in seiner emotionalen und sozialen Entwicklung voran und bescheren den nicht-autistischen Kindern oft neue Erkenntnisse und Fertigkeiten wie z. B. das Vermögen, intuitives Wissen in passende und begreifbare Worte zu fassen. Außerdem profitieren letztgenannte Kinder bei der Beantwortung der Fragen häufig von dem Spezialwissen des autistischen Kindes.

Allen Fragen vorangestellt ist die Textpassage, auf die sich die Frage bezieht. Dies erleichtert die Einordnung der jeweiligen Frage in das Geschehen der Geschichte. Zudem sind die Fragen in chronologischer Reihenfolge angeordnet. Vielen Fragen wurden Antwortbeispiele hinzugefügt. Einige Fragen muten auf den ersten Blick vielleicht etwas seltsam an. Diese Fragen nehmen Bezug auf das oft ungewöhnliche, gelegentlich auch außergewöhnliche Wissen, über welches autistische Kinder mitunter verfügen.

Einen Anspruch auf Vollständigkeit erheben die Fragen nicht. Sie verstehen sich als erste Anregungen, um mit den Geschichten zu arbeiten. Ein Teil der Fragen beschäftigt sich mit sprachlichen Formulierungen, die autistischen Kindern Probleme bereiten können. Des Weiteren gibt es Fragen zu Neben- oder Zwischenhandlungen, die die Fantasie der Kinder anregen sollen. Hier wird bspw. gefragt, wie die Zugbrücke der Burg, in der Rob und Robin (▶ Kap. II-O) leben, kaputtgegangen sein könnte oder was passiert wäre, wenn Hoppla (▶ Kap. II-M) und Rina (▶ Kap. II-H) anders gehandelt hätten. Kinder, die Deutsch als Zweitsprache lernen, können ebenfalls von der Beschäftigung mit den Fragen profitieren.

Themen wie sensorische Erfahrungen, soziale Handlungen, Körpersprache, Perspektivübernahme und der Umgang mit Stress oder Angst werden ebenfalls mit den Fragen angesprochen. Einige Fragen bieten die Möglichkeit, zu den Handlungen der Protagonisten oder zu den Ereignissen der Geschichte Gedanken zu äußern, eigene Erlebnisse einfließen zu lassen oder Situationen weiterzudenken, indem bspw. gefragt wird, was die Kinder in der Geschichte mit Miabella (▶ Kap. II-L) gefrühstückt haben könnten.

Mehrere Fragen zu den Geschichten beschäftigen sich mit Emotionen[5]. Hier bietet es sich an, die entsprechenden Emotionen nicht nur zu beschreiben, sondern auch vorspielen zu lassen und ggf. als Erwachsener einzuspringen, wenn die Aufgabe für die Kinder (noch) nicht zu bewältigen ist. Diese Darstellungen können fotografiert oder gefilmt werden. (Bitte achten Sie darauf – wenn Sie als Fachperson mit

---

5 Die Begriffe *Emotion* und *Gefühl* werden hier synonym verwendet, da die neurowissenschaftliche Differenzierung dieser beiden Begriffe für diese Ausführungen nicht relevant ist.

den Kindern arbeiten –, das Einverständnis der Erziehungsberechtigten einzuholen und die gültige Rechtslage zu beachten.) Das so entstandene Material lässt sich hinsichtlich der Frage, ob die entsprechende Emotion von anderen Kindern (oder auch Erwachsenen) erkannt wird, gut auswerten. Diese Aktionen sind freiwillig und für alle Kinder geeignet. Gelungene Darstellungen können in einer Erfolgsdatenbank gesammelt werden, die sich später zum Nachschlagen eignet.

Viele autistische Kinder haben nicht nur mit dem Erkennen, sondern auch mit dem Ausdrücken von Emotionen Probleme. Bei diesen Problemen handelt es sich nicht um ein *Nicht-Wollen*, sondern um ein *Nicht-Können* in verschiedenem Ausmaß. Eine Beschäftigung mit diesem Thema bringt autistischen Kindern Fortschritte auf den Gebieten des Erkennens und des Ausdrückens von Emotionen. Da die Kinder sich vorrangig mit den Emotionen der Protagonisten der Geschichten beschäftigen, lassen sich autistische Kinder gut für diese Aktivitäten motivieren. Es besteht wenig Leistungsdruck, denn wenn bspw. darüber gesprochen wird, wie es aussieht, wenn ein Regenwurm mitleidig schaut, dann gibt es einen gewissen Interpretationsspielraum, der eine nicht gelungene Darstellung oder Beschreibung der Emotion[6] nicht zwangsläufig zur falschen Darstellung oder Beschreibung werden lässt. In einem solchen Fall kann darüber geredet werden, warum bspw. Mitleid bei Regenwürmern anders aussieht als bei Menschen.

Eine solche eher spielerische und freiwillige Beschäftigung mit Emotionen bringt – wenn sie kontinuierlich erfolgt – autistischen Kindern auf lange Sicht einen guten Zugang zur eigenen Gefühlswelt und zu der Gefühlswelt anderer. Späteres soziales Kompetenztraining – wenn gewünscht – kann hier anknüpfen. Die Beantwortung von Fragen, die sich mit sozialen Interaktionen beschäftigen, ist mit dem Einsatz von visuellen Hilfsmitteln wie bspw. Fotos oder Zeichnungen, die *menschliche* Emotionen und soziale Situationen abbilden, kombinierbar. Eine Tabelle am Ende dieses Kapitels gibt einen Überblick über die kommunikativen, emotionalen und sozialen Inhalte der einzelnen Geschichten (▶ Tab. 10.1).

Der Fragenkatalog zu einer bestimmten Geschichte beginnt immer mit Sach- oder Wissensfragen, um dem autistischen Kind den Einstieg in diese Aktivität zu erleichtern oder überhaupt erst zu ermöglichen. Die Beantwortung einer Frage ist immer freiwillig – dies gilt selbstverständlich für alle Kinder. Wenn das autistische Kind eine oder mehrere dieser Sach- und Wissensfragen beantwortet hat, kann es ohne Leistungsdruck bei der Beantwortung der folgenden Fragen zuhören und zuschauen (wenn Antworten vorgespielt werden), bis es irgendwann Lust oder genug Mut verspürt, um sich auch hier einzubringen. Es wird auf jeden Fall bereits beim Zuhören und Zuschauen eine Menge lernen.

Die Fragen können von allen Kindern zu einem späteren Zeitpunkt erneut beantwortet werden. Mehr oder weniger viele Antworten werden dabei recht unterschiedlich ausfallen. An diesen Unterschieden vermögen betreuende Personen einen Zuwachs an Erfahrungen und Wissen gut abzulesen.

---

6 Der US-amerikanische Psychologe Paul Ekman beschreibt Mitleid nicht als Emotion, sondern als »Reaktion auf die Emotion eines anderen Menschen« (Ekman, 2010, S. 249).

Alle Fragen sind in der Einzahl formuliert, obwohl sie sich an Kindergruppen wie Geschwister, Freunde der Geschwister und/oder des autistischen Kindes, Kinder einer Kindergartengruppe, Mitschüler und natürlich an das autistische Kind richten. Autistische Kinder nehmen häufig Äußerungen, die ohne direkte Ansprache erfolgen, nicht als an sie gerichtete Frage oder Aufgabe wahr. Dies sind i. d. R. Fragen oder Aufgaben, die einer Gruppe gestellt werden, wie bspw. »Habt ihr Lust, ein Bild zu der Geschichte auszumalen?« oder »Holt die Stifte aus dem Regal!« Hier ist es erforderlich, die Frage oder Aufgabe mit namentlicher Ansprache zu formulieren. Damit dies nicht vergessen wird, erfolgte die Formulierung aller Fragen in der Einzahl. Bei Bedarf können auch die nicht-autistischen Kinder nacheinander persönlich angeredet werden, damit sich keines der Kinder zurückgesetzt fühlt. Die Gesprächsrunde bekommt somit eine vorhersehbare Struktur, die sich positiv auf die Mitarbeit des autistischen Kindes auswirkt. Zudem lassen sich sensorische Reize auf diese Art reduzieren.

Ein Gespräch über die Geschichten sollte in einer möglichst entspannten Atmosphäre stattfinden. Ein Stuhlkreis ist keine Option, denn er bietet keine Rückzugsmöglichkeit und fordert die Auseinandersetzung mit körperlicher Nähe und mit mannigfaltigen Blicken, die Erwiderung erwarten. Ein Tisch, an dem die Kinder sitzen, bietet zumindest eine gewisse Schutzfläche, da er Teile des Körpers verdeckt. Besser geeignet für eine Gesprächsrunde ist die Zusammenkunft auf einem weichen Teppich oder auf Matratzen als Unterlage. Jedes Kind darf sich nach Belieben einen Platz aussuchen und Gegenstände wie Kissen, Decken oder Plüschtiere können mitgebracht werden.

In der Fragerunde bietet es sich an, einen zur Geschichte passenden Gegenstand herumzureichen. Dies könnte bei der Geschichte mit Susa, Rika und Mari (▶ Kap. II-N) bspw. ein Buch sein. Dieser Gegenstand wird immer von dem Kind, welches ihn gerade in den Händen hält, an das Kind, welches sich in unmittelbarer Nähe befindet, weitergegeben. Autistische Kinder haben oft – aufgrund einer mangelnden oder fehlenden Filterfunktion im auditiven Bereich – Schwierigkeiten festzustellen, wer gerade spricht. Dieses visuelle Signal, welches der herumgereichte Gegenstand liefert, unterstützt das autistische Kind dabei herauszufinden, wer an der Reihe ist und wann es selbst zu Wort kommen wird. Wer zur aktuellen Frage nichts sagen möchte, gibt den Gegenstand einfach weiter. Das Herumreichen eines Gegenstandes motiviert außerdem dazu, eine Antwort zu geben, weil mit der eigenen Antwort die Verweildauer des Gegenstandes bei dem antwortenden Kind verlängert wird. Dies kann insbesondere bei Fragen zu sozialen Themen das autistische Kind zur Mitarbeit verlocken, wenn es ein für das Kind interessanter Gegenstand ist.

Als Gegenstände, die herumgereicht werden, kommen Spielzeuge, Plüschtiere, Dinge aus dem Haushalt, ein Apfel oder eine Mohrrübe und vieles mehr infrage. Die Kinder können auch beauftragt werden, passende Gegenstände zu einer Geschichte selbst auszuwählen. Wenn keine Einigkeit über den zu verwendenden Gegenstand herrscht, besteht die Möglichkeit, mehrere Antwortrunden mit jeweils einem anderen Gegenstand durchzuführen. Trotz kreativer Spielenergie sollten betreuende Personen stets sehr genau auf die Belastungsgrenzen des autistischen Kindes achten.

Nicht immer lassen sich Fragen und Spiele oder Aktivitäten deutlich voneinander trennen. Fragen, deren Beantwortung komplexer ausfallen könnte oder Aktivitäten unmittelbar nach sich zieht, sind daher unter dem Punkt *Spiele und Aktivitäten zu den Geschichten* (▶ Kap. III-10.2) zu finden.

Tab. 10.1: Übersicht über die kommunikativen, emotionalen und sozialen Inhalte der Fragen zu den Geschichten

Geschichte	Inhalte
A Quercus	voller Tatendrang sein kichern besorgt fragen mitleidig schauen Mut machen sich entschuldigen ein schlechtes Gewissen haben
B Flugsi	keine Kraft haben ungläubig schauen scherzen, veralbern ärgerlich werden in strengem Ton erklären verwundert fragen erschreckt raunen
C Zwicky	erstaunt fragen verwundert und besorgt schauen träge sein erstaunt feststellen mit verschlafener Stimme antworten erleichtert klingen enttäuscht fragen
D Hugo	sich voller Vorfreude bewegen (schwimmen) hektisch mit den Gliedmaßen (Flossen) schlagen erwartungsfroh den Mund (das Maul) öffnen schluchzen und die Gliedmaßen (Flossen) herabhängen lassen traurig sein mit unbändiger Freude ausrufen
E Flavia	aufgeregt sein nervös sein entrüstet erklären geheimnisvoll verkünden begeistert sein tippeln
F Kastania und Kastagnette	die Freundschaft ausschlagen empört sein wunderschön singen können sich an etwas gewöhnen sein Glück kaum fassen können
G Mika	ängstlich lauschen enttäuscht sein aufgeregt fragen ungeduldig sein ungläubig fragen glücklich sein

Tab. 10.1: Übersicht über die kommunikativen, emotionalen und sozialen Inhalte der Fragen zu den Geschichten – Fortsetzung

Geschichte	Inhalte
H Rina und Rudi	ein Geheimnis haben ein Geheimnis aufdecken eine Erlaubnis erteilen etwas anstrengend finden sich einsam fühlen Angst haben flehen
I Nimimi	sich erschrecken, hochschrecken vorsichtig umblicken verängstigt wirken mit zitternder Stimme sprechen voller Energie hopsen etwas hat die Sprache verschlagen leuchtende Augen haben vorsichtig gehen
J Bruno	verträumt wirken etwas hinauszögern widerwillig etwas tun sich verlegen entschuldigen schmunzeln Furcht einflößen vor Schreck erstarren
K Skia und Luna	nicht einschlafen können nachdenklich antworten sich einsam fühlen seufzen jubeln vorsichtig nachfragen sich wohlig recken
L Miabella	nicht richtig munter sein sich nicht rühren schnippisch antworten etwas verkünden sich genervt wegdrehen in der Sonne dösen mit Spannung etwas erwarten
M Hoppla	sich tummeln hoppeln schnuppern den Kopf schütteln besorgt wirken wimmern getröstet werden
N Susa, Rika und Mari	Pläne schmieden ins Grübeln verfallen jemanden unterbrechen

III Botschaften, Besonderheiten und Einsatz der Geschichten

Tab. 10.1: Übersicht über die kommunikativen, emotionalen und sozialen Inhalte der Fragen zu den Geschichten – Fortsetzung

Geschichte	Inhalte
	nachdenklich sein erwartungsfroh schauen mit einer Frage herausplatzen
O Rob und Robin	sich einsam fühlen ernst wirken sich vergnügen schlurfen ohne Scheu sein unbeirrt antworten schlendern schallend lachen
P Fafnir	widerstreben eine Weigerung für Feigheit halten protestieren sich beruhigen tief Luft holen Langeweile haben ungeduldig sein das Schweigen brechen

10.2 Spiele und Aktivitäten zu den Geschichten

Spiele und Aktivitäten unterstützen das Verarbeiten und Verinnerlichen der Botschaften der Geschichten. Wenn das Kind bspw. die Burg bastelt, in der Rob und Robin (▶ Kap. II-O) leben, dann wird es dabei die Geschichte immer wieder Revue passieren lassen und vielleicht auch darüber reden oder Fragen stellen.

Bevor Spiele und Aktivitäten zu den einzelnen Geschichten vorgeschlagen werden, möchte ich an dieser Stelle einige Ideen vorstellen, die sich auf alle Geschichten anwenden lassen.

Jede Geschichte bietet die Möglichkeit, die Protagonisten weitere Abenteuer erleben zu lassen. Einige Beispiele sollen dies verdeutlichen. Die Kinder können erzählen:

- wen Flavia zu ihrem eigenen Geburtstag einladen wird und wie ihre Feier ablaufen wird (▶ Kap. II-E),
- was die Langohr-Puschelmäuse in der Hängematte der Giraffe tun werden, wenn sie Rina das nächste Mal besuchen (▶ Kap. II-H),
- wie Hoppla reagieren wird, wenn er Remi ein weiteres Mal mit einer verdorbenen Frucht in den Pfoten antrifft (▶ Kap. II-M),
- wie Robin es schaffen kann, Rob einmal ins Dorf mitzunehmen (▶ Kap. II-O).

Die Protagonisten können ebenso an einigen Stellen der Geschichten andere Abenteuer erleben. Auch dies sollen wenige Beispiele verdeutlichen. Die Kinder können hier erzählen:

- wie Hugos Geschichte enden würde, wenn er im Korallenriff nicht von einem Katzenhai, sondern von einem anderen Fisch getröstet wird (▶ Kap. II-D). Wäre er dann vielleicht Tänzer in einem Fischballett geworden?
- welchen anderen Grund Miabella haben könnte, um auf dem Fensterbrett zu sitzen (▶ Kap. II-L). War es vielleicht eine Wette oder hat sie auf eine Freundin gewartet, die aus dem Urlaub zurückkommen wollte?
- wie Sybilla reagieren würde, wenn eine ihrer Töchter eine Bibliotheksabteilung später nicht leiten möchte (▶ Kap. II-N).

Weiterhin besteht die Möglichkeit, dass jedes Kind ein Charakterbuch anlegt. In einem Charakterbuch werden die Tier- oder Fabelwesen der entsprechenden Geschichte eingetragen. Die Haupt- und Nebenfiguren erhalten jeweils eine eigene Seite, auf der die Eigenschaften und Charakterzüge der Figuren festgehalten werden. Diese Informationen können mit Zeichnungen und Angaben zu Größe, Alter, Fähigkeiten, Hobbys usw. nach Belieben ergänzt werden. Nebenfiguren, die in der jeweiligen Geschichte nicht namentlich genannt werden, erhalten je nach Präferenz des Kindes einen Namen, ein Symbol, einen Buchstaben oder eine Nummer. Hierbei sind der Fantasie keine Grenzen gesetzt, denn das Charakterbuch über das Bienenvolk aus der Geschichte mit Flugsi (▶ Kap. II-B) lässt sich bspw. so lange erweitern, bis das Kind aufhören möchte.

Autistische Kinder lassen sich meist zum Anlegen eines Charakterbuches motivieren, da hier nicht die Gefahr besteht, etwas falsch zu machen. Die Aktions- und Deutungsspielräume sind in den fiktiven Welten der Geschichten größer als bei Szenarien aus dem realen, gegenwärtigen Alltag. Damit verringert sich der soziale Druck, denn die Regeln des Miteinanders sind nicht zwingend vorgegeben bzw. können über die Grenzen der täglich erlebten Welt gedehnt werden. Selbstverständlich steht es jedem Kind frei, ein Charakterbuch ebenso für die menschlichen Protagonisten der Geschichten anzulegen.

Wenn eine Geschichte zu besonderen Anlässen vorgelesen werden soll, dann besteht die Möglichkeit, kulinarische Erlebnisse passend zur Geschichte zu schaffen. Ein Geburtstag, ein Thementag in den Ferien oder der Besuch eines befreundeten Kindes kann bspw. folgendermaßen schmackhaft gemacht werden:

- Quercus (▶ Kap. II-A): Eine Torte oder ein Kuchen wird mit Würmern oder Schlangen aus Fruchtgummi und einigen weiteren Dekorationselementen aus dem Sortiment der Backzutaten zur Strecke für das Wettkriechen der Regenwürmer gestaltet.
- Quercus (▶ Kap. II-A): Regenwürmer lassen sich gut aus Marzipan-Rohmasse formen. Diese Tätigkeit können die Kinder selbst ausführen. Wenn die Regenwürmer Augen und einen Mund bekommen sollen, dann kann hierfür Zuckerschrift in Tuben verwendet werden. Bunte Regenwürmer aus Marzipan entstehen bei Bedarf mit Hilfe von Lebensmittelfarben. Hierbei muss die Marzipan-Rohmasse vor dem Formen der Würmer gefärbt werden.

- Flavia (▶ Kap. II-E), Kastania (▶ Kap. II-F) und Mika (▶ Kap. II-G): Mäuse zum Essen sind einfach herzustellen. Dazu legt man hart gekochte, geschälte Eier auf die Seite. Dann werden die Stellen, wo sich die Ohren einer Maus befinden würden, eingeschnitten. Dort steckt man je nach Geschmack große Radieschenscheiben oder kleine Salamischeiben hinein. Für die Augen und die Nasenspitze eignen sich Gewürznelken. Den Schwanz bildet ein Schnittlauchhalm oder eine Schlange aus Fruchtgummi. (Bei jüngeren Kindern sollte man darauf achten, dass sie die Gewürznelken nicht mitessen.)

Einige Geschichten eignen sich dazu, um sie mit realen Erlebnissen in Verbindung zu bringen. So kann die Beschäftigung mit Rina und Rudi (▶ Kap. II-H) vor oder nach einem Besuch des Zoos erfolgen. Viele Nachbarn von Hugo (▶ Kap. II-D) aus dem Korallenriff lassen sich in einem Aquarium bestaunen und beim Besuch einer Burg können die Kinder darüber spekulieren, ob Rob und Robin (▶ Kap. II-O) hier zu Hause sind.

Im Text zu den Spielen und Aktivitäten finden sich an einigen Stellen Erklärungen zu bestimmten Phänomenen, zu Tieren, zu Alltagsfragen oder zu ähnlichen Dingen. Diese Textstellen sind so formuliert, dass sie für die Zielgruppe der Geschichten altersgerechte Erklärungen enthalten, obwohl sich der dritte Buchteil an die erwachsenen Bezugspersonen richtet. Diese Vorgehensweise wurde von mir gewählt, um die praktische Umsetzung der Aktivitäten effizient zu gestalten.

In vielen Fällen erfordern Spiele und Aktivitäten bestimmte Materialien, um die Durchführung zu ermöglichen. Es ist daher ratsam, sich vor der jeweiligen Aktion mit den Kindern die Ratschläge zu der entsprechenden Geschichte durchzulesen und alle erforderlichen Materialien zu besorgen und bereitzulegen. Dies beugt einerseits Enttäuschung bei allen Kindern vor, andererseits verhindert es eskalierende Situationen, denn wenn das autistische Kind auf die entsprechende Aktion vorbereitet und eingestimmt wurde, diese aber nicht stattfinden kann, stellt das eine Unregelmäßigkeit im geplanten Tagesablauf dar. Veränderungsängste können die Folge sein und dann muss das autistische Kind beruhigt werden, anstatt eine anregende Zeit mit den Kindern zu verbringen.

Angst- und Überforderungssituationen, in die das autistische Kind gerät, werden sich nie ganz verhindern lassen, aber umsichtige Planung und Reduktion der sensorischen Reize – in dem Maße, wie es für das autistische Kind notwendig ist – tragen viel zum Gelingen gemeinsamer Aktionen bei.

An dieser Stelle endet der Erklärungsteil. Im Folgenden findet sich für jede Geschichte eine detaillierte Beschreibung der Botschaften, Besonderheiten, Fragen und Spiele/Aktivitäten in gleichbleibender Reihenfolge.

A Quercus / Das Wettkriechen

Welche Erkenntnisse vermag die Geschichte mit Quercus zu vermitteln?

Direkte Botschaften:

- Es gibt Gemeinsamkeiten, die alle Regenwürmer verbinden (alle besuchen die Schule).
- Manche Regenwürmer haben besondere Interessen (Spezialinteressen: Tiere, Pflanzen, Gesteine).
- Manche Regenwürmer können nicht gut graben.
- Niemand möchte verspottet werden.
- Manchmal lösen bestimmte Ereignisse (der nahende Kriechwettbewerb) ungeahnte Kreativität aus (der halbierte Regenwurm).
- Auch scheinbar sonderbare Regenwürmer wollen beachtet werden (ein glücklicher Regenwurm sein).
- Ein unverdienter Sieg fühlt sich nicht gut an.
- Verschiedene Regenwürmer erbringen auf verschiedenen Gebieten sehr gute Leistungen (der beste Sportler und der beste Denker).
- Dinge gemeinsam zu tun (Geschichten lesen), bringt für alle Beteiligten besondere Erlebnisse.

Indirekte Botschaften:

- Die Regenwürmer grenzen einen Regenwurm aufgrund seiner körperlichen Leistungen aus und hänseln ihn (das ist der Beginn von Mobbing).
- Der Regenwurm weiß sich nur mit einer List zu helfen.
- Das Erzählen der List verschafft dem Regenwurm den Respekt der anderen (Mobbing sollte möglichst im Keim erstickt werden).

Die Geschichte mit Quercus thematisiert motorische Schwierigkeiten, Probleme bei sozialen Interaktionen und das Pflegen von Spezialinteressen. Nonverbale Kommunikation wie Mimik, Gestik und Körperhaltung spielt bei sozialen Interaktionen eine wichtige Rolle.

Eine verzögerte motorische Entwicklung und Auffälligkeiten bei der Grob- und Feinmotorik sowie Probleme mit dem Gleichgewicht kommen besonders häufig bei Kindern mit dem Asperger-Syndrom oder mit High-Functioning-Autismus vor. Auf andere Kinder wirken diese Kinder oft so, als wären sie tollpatschig oder als würden sie sich nicht genug anstrengen.

Vergleichserlebnisse, die ein Gefühl für die Einschränkungen vermitteln, können bei nicht-autistischen Kindern Verständnis auslösen. Ein solches Vergleichserlebnis entsteht bspw. dann, wenn die Kinder Tätigkeiten wie das Putzen der Zähne mit der Nichtvorzugshand ausführen (vgl. Maus, 2017, S. 164 f.).

Autistischen Kindern hilft es, wenn sie mehr Zeit für motorische Tätigkeiten zugestanden bekommen, wenn sie Bewegungen in Teilschritten erlernen können und wenn Hilfsmittel zum Einsatz kommen (wie bspw. Klettverschlüsse, gut greifbare Stifte und Pinsel, eine Tastatur zum Schreiben, ergonomische Sitzgelegenheiten).

Der Protagonist der Geschichte interessiert sich nicht für die Lieblingsthemen der anderen. Autistischen Kindern geht es oft ebenso. Sie wünschen sich Kontakte, haben aber Schwierigkeiten, in Kontakt zu treten und Kontakte zu pflegen. Spezialinteressen eignen sich hier gut, um Gemeinsamkeiten zu finden und an diesen Punkten mit sozialen Aktivitäten wie dem gemeinsamen Lesen des Lieblingsbuches anzusetzen. Jüngere Kinder mit Autismus benötigen i. d. R. ältere Kinder oder erwachsene Personen, die Kontakte für sie anbahnen und bei Bedarf auch bei der Pflege der Kontakte helfen, wie bspw. ein regelmäßiges Einladen der Freunde.

Mimik, Gestik und Körperhaltung von autistischen Kindern weichen oft von dem ab, was andere Kinder intuitiv in einer bestimmten Situation erwarten. In der Geschichte wird dies durch den halbierten Regenwurm symbolisiert, der nicht dem Bild eines Sportlers zu Beginn eines Wettkampfes entspricht. Erklärungen helfen beiden Seiten: Den nicht-autistischen Kindern wird erläutert, was die Signale, die das autistische Kind sendet (oder nicht sendet) bedeuten, und das autistische Kind wird dafür sensibilisiert, wie andere seine Körpersprache interpretieren könnten. Alle Kinder sollten lernen, in sozialen Situationen nachzufragen und nonverbale Signale deutlich zu benennen, um Missverständnissen vorzubeugen.

Mit einer List versucht der Protagonist der Geschichte, sich den Hänseleien zu entziehen. Die List zieht eine Lüge nach sich. Häufig wird der Mythos verbreitet, dass Menschen mit Autismus nicht lügen können. Die meisten Menschen mit Autismus können sehr wohl lügen, tun es aber nicht. Das ist ein großer Unterschied. Autistische Kinder entwickeln die Fähigkeit zum Lügen allerdings aufgrund ihrer eingeschränkten Theory of Mind (▶ Kap. III-8) erst später als nicht-autistische Kinder. Menschen mit Autismus lügen nicht oder selten, weil eine Lüge *Unordnung im Kopf*, also in ihrer Gedankenwelt verursacht, die sie nicht einfach durch Vergessen beseitigen können. Außerdem sind die sozialen Konsequenzen einer Lüge schwer vorherzusehen, sodass Lügen vermieden werden. Der Protagonist der Geschichte beseitigt die entstandene *Unordnung im Kopf* dadurch, dass er die Wahrheit erzählt.

In der Geschichte mit Quercus zirpt die Grille das Startsignal. Als ich die Geschichte schrieb, hielt ich das Grillenzirpen aufgrund der vielfältigen auditiven Wahrnehmungsprobleme meines autistischen Sohnes für eine gute Idee. Ein leises Grillenzirpen schien mir keine negativen Assoziationen auszulösen. Einige Jahre später wurde ich eines Besseren belehrt. An dieser Stelle folgt daher nun eine weitere Geschichte – dieses Mal ist es eine Geschichte für die Erwachsenen und es ist eine wahre Geschichte.

Blutmond im Wacken der Grillen[7]

Computer hatte es seit zwei Tagen verheißungsvoll verkündet: Auf dem Display unseres digitalen Sprachassistenten wurde in regelmäßigen Abständen auf das zu erwartende astronomische Ereignis der totalen Mondfinsternis hingewiesen, ohne dabei akustischen Stress zu produzieren.

Am Freitagabend begaben wir uns zusammen mit Benjamin, unserem autistischen Sohn, auf den Weg zu einem Punkt, von dem aus das Ereignis gut zu beobachten sein sollte. Dieser etwa halbstündige Weg führte aus dem Wohngebiet heraus, unter Bahngleisen hindurch und an einem See vorbei. Nachdem wir ein Feld mit üppigem Heckenwuchs am Wegrand und einem Wald als Begrenzung hinter uns gelassen hatten, erreichten wir unser Ziel – eine Brücke, die uns eine gute Sicht auf den Himmel gewähren würde.

Auf dem Weg dorthin galt es wichtige Dinge zu klären. Die ländlich anmutende Umgebung warf bei Benjamin die Frage auf, seit wann unser Ortsteil eingemeindet ist. Jeder Schritt in die Geschichte produzierte neue Fragen und Gedanken, sodass der Weg rasch zurückgelegt war.

Auf der Brücke angekommen erblickten wir genau das, was wir erwartet hatten: einen rötlich scheinenden Mond, der keine blutrote Farbe aufwies. Ein *rötlich scheinender Mond* klingt natürlich weniger spektakulär als *Blutmond*.

Plötzlich fragte mich Benjamin: »Hörst du das?«
Ich grübelte, was er damit wohl meinen könnte.

- Ich hörte das Tosen der unter uns fahrenden Autos und LKWs, denn wir standen auf einer Autobahnbrücke. – Nein, das meinte er nicht.
- Ich hörte einen nahenden Zug, der in wenigen Augenblicken die parallel verlaufende Eisenbahnbrücke passieren würde. – Nein, auch das meinte er nicht.
- Ich hörte die Gespräche der Menschen um uns herum, die lebhaft über das Ereignis diskutierten, spekulierten ..., denn es waren viele auf die Idee gekommen, diese sonst eher wenig frequentierte Brücke für Fußgänger und Radfahrer an diesem Abend aufzusuchen. Ich hörte ihr Fluchen, denn die Mücken ließen sich diese Einladung zum Abendessen nicht entgehen. – Auch diese Geräusche meinte Benjamin nicht.
- Ich hörte metallisch klingendes Aufeinandertreffen, weil Fahrräder an das Brückengeländer gelehnt wurden. – Wieder verfehlte ich das gesuchte Geräusch.
- Ich hörte das Ploppen von Kron- und Sektkorken, als die entsprechenden Flaschen hinter uns geöffnet wurden. – Diese Geräusche waren ebenfalls nicht die gesuchten.
- Ich hörte das Klicken von Handys und Kameras, denn fast jeder versuchte, das Ereignis festzuhalten. – Abermals gelang es mir nicht, das gesuchte Geräusch wahrzunehmen.

---

7 Dieser Artikel wurde bereits publiziert auf www.inez-maus.de.

> Benjamin fragte noch einmal, inzwischen ein wenig ungeduldiger: »Hörst du das wirklich nicht?« Ich erklärte ihm, dass ich keine weiteren als die eben aufgezählten Geräusche höre.
> Entrüstet rief er daraufhin aus: »Hörst du nicht die Grillen?« – Die Grillen? Auf unserem Weg zur Brücke hatte ich das Konzert der Grillen vernommen. Ich bemühte mich jetzt, sehr gezielt wahrzunehmen, aber es gelang mir nicht, aus den allgegenwärtigen Umgebungsgeräuschen das Zirpen von Grillen herauszuhören.
> Benjamin konnte nicht nachvollziehen, dass ich das Zirpen der Grillen hier auf der Brücke nicht zu hören vermochte. Er beschrieb das Geräusch der Grillen folgendermaßen: »Es fühlt sich so an, als ob die Grillen direkt mit ihren Beinen auf mein Ohr trommeln. Es ist so laut, als hätte die Grille ein Maschinengewehr als Hinterteil.«
> Unsere angeregten Gespräche auf dem Hinweg ermöglichten es Benjamin, die durch mitteilungsfreudige Grillen erzeugte Pein in den Hintergrund zu drängen. Auf der Brücke angekommen, betrachteten wir zunächst schweigend das astronomische Ereignis, was den Grillen nun die akustische Invasion von Benjamins Gehörgängen ermöglichte.
> Das liebliche Grillenkonzert (meine Perspektive) wird von Benjamin lautstärkemäßig wohl so empfunden, wie sich vermutlich einige der fast zweitausend Einwohner des Ortes Wacken in Schleswig-Holstein fühlen, wenn sich am ersten Augustwochenende traditionell rund 80 000 Heavy-Metal-Fans in ihrer Gemeinde zum Wacken Open Air treffen.

Beim Verfassen des Manuskriptes fragte ich meinen Sohn nach den Grillen in der Geschichte. In einem Gespräch erzählte mir Benjamin, dass er es als Kind völlig plausibel fand, dass ein unangenehmer Signalton den Beginn des Wettbewerbes signalisiert – so wie auch eine Trillerpfeife, ein Startschuss oder eine Starterklappe für autistische Kinder schwer aushaltbare Töne produzieren.

Aufgrund von kommunikativen, sozialen und motorischen Schwierigkeiten werden autistische Kinder oft gehänselt oder ausgegrenzt, was in Mobbing übergehen kann, wenn nicht gehandelt wird. Der Protagonist der Geschichte weiß sich selbst zu helfen – im wirklichen Leben ist das eher selten der Fall.

Von Mobbing spricht man, wenn vier Kennzeichen gleichzeitig zutreffen. Mobbing ist aggressives Verhalten, welches sich gegen eine Person richtet. Dabei gehen die Mobbenden systematisch vor. Es ist ein Gruppengeschehen, welches über einen längeren Zeitraum (Wochen bis Jahre) stattfindet (Alsaker, 2012, zit. n. Politi, 2019). Die verletzenden Handlungen »in Form von physischem Kontakt, Worten, Gesten oder sozialer Isolation« treten also nicht zufällig oder vereinzelt auf (Politi, 2019, S. 4). Das bestehende Kräfteungleichgewicht führt dazu, dass das Opfer sich nicht aus der Situation befreien kann, sondern Hilfe benötigt, um den Konflikt zu lösen.

Verlässliche erwachsene Ansprechpartner in außerhäuslichen Kontexten, mit denen über alles geredet werden kann und die ausreichend Zeit mitbringen, beugen Mobbing vor. Diese Personen sollten sich unbedingt mit Autismus auskennen, damit sie dem Kind keine Vorschläge unterbreiten oder Hinweise geben, die seiner autistischen Natur zuwiderlaufen. Gleichaltrige Paten können ebenfalls zu einer Prävention von Mobbing beitragen. Allerdings sollten Kinder eine solche Aufgabe stets freiwillig übernehmen. Eine angemessene Aufklärung der nicht-autistischen Kinder über den Autismus des einen Kindes vermag ebenfalls Ausgrenzung, Hänseleien und letztendlich Mobbing zu verhindern. Angemessene Aufklärung über Autismus bedeutet, dass nur im jeweiligen Kontext relevante Informationen über den Autismus des Kindes gegeben werden und dass Verletzungen der Privatsphäre (auch der Geschwister) vermieden werden.

Fragen zur Geschichte mit Quercus:

- *Diese Geschichte handelt von Quercus, einem jungen Regenwurm.*
  - Hast du schon einmal einen Regenwurm angefasst?
  - Wie fühlte es sich an, einen Regenwurm anzufassen?
- *Ihr wisst sicherlich, dass sich Regenwürmer ihren Namen selbst geben.*
  - Welchen Namen würdest du dir geben, wenn du ihn aussuchen dürftest?
  - Warum würdest du dir diesen Namen geben?
- *Einige Regenwürmer wollten sich nicht mit Quercus unterhalten, weil er Gespräche über Kriechrekorde erwachsener Regenwürmer langweilig fand.*
  - Welche Gesprächsthemen findest du interessant?
  - Welche Gesprächsthemen langweilen dich?
- *Aber die anderen Regenwürmer nahmen ihn beim Wort und setzten voller Tatendrang ein Wettkriechen in zwei Tagen an.*
  - Was tut man, wenn man jemanden beim Wort nimmt? (Beispiel: Wenn man jemanden beim Wort nimmt, dann verlangt oder erwartet man, dass das Gesagte auch getan wird.)
  - Was bedeutet es, voller Tatendrang zu sein? (Beispiel: Voller Tatendrang zu sein bedeutet, dass man das starke Bedürfnis hat, etwas zu tun. Du verspürst vielleicht die Lust, etwas zu basteln, möchtest Sport treiben oder ein eigenes Beet im Garten anlegen.)
- *Der halbierte Quercus trat zum Kriechen an und die anderen Regenwürmer wunderten sich über seine Größe. Einige kicherten.*
  - Wie hört es sich an, wenn jemand kichert? Kannst du das vorspielen?
- *Zwei Regenwürmer fragten ihn etwas besorgt …*
  - Wie hört es sich an, wenn man besorgt etwas fragt?
  - Kannst du besorgt etwas fragen? (Beispiel: »Geht es dir wieder besser?«)
- *Einige Zuschauer blickten ihn mitleidig an, andere versuchten, ihm Mut zu machen.*
  - Wie sieht es aus, wenn man mitleidig schaut? Kannst du das vorspielen?
  - Mit welchen Worten oder Gesten kann man Mut machen?
- *Sie entschuldigten sich kleinlaut für ihre Hänseleien …*
  - Wie entschuldigt man sich?
  - Wofür hast du dich schon einmal entschuldigt?
  - Was bedeutet kleinlaut? (Beispiel: Kleinlaut bedeutet, dass die Regenwürmer viel leiser als zuvor sprachen und dass sie sich weniger als zuvor bewegten. Einige von ihnen schauten dabei auf den Boden.)

- *Während der Siegesfeier bemerke Quercus, wie sich sein Glücksgefühl in ein schlechtes Gewissen umwandelte.*
  - Wie macht sich ein schlechtes Gewissen bemerkbar? (Beispiel: Man muss immer wieder an das denken, was zu dem schlechten Gewissen geführt hat. Man kann diesen Gedanken nicht verdrängen.)
  - Hattest du schon einmal ein schlechtes Gewissen? Wie bist du es losgeworden?

Die Geschichte mit Quercus beginnt damit, dass erzählt wird, wie Quercus zu seinem Namen kam, was der Name bedeutet und wo der Mapi-Regenwurm seine Eier ablegte. Mapi war ein Neologismus meines autistischen Sohnes, den er einige Jahre anstatt der Wortes *Eltern* benutzte.

Quercus ist der lateinische Name für Eiche. Hier bietet es sich an, mit den Kindern am Beispiel der Eiche über die Namen von Pflanzen und Tieren in anderen Sprachen zu reden. Entweder wird der Name der Eiche in weiteren Sprachen nachgeschlagen oder es gibt zweisprachige Kinder in der Gruppe, die ihr Wissen beisteuern können. In einer solchen Gesprächsrunde könnten bspw. folgende Fragen geklärt werden:

- Wie heißt die Eiche in anderen Sprachen? (Beispiele: oak – Englisch, le chêne – Französisch, dub – Russisch, el roble – Spanisch)
- Gibt es in der japanischen Sprache ein Wort für Eiche?
- Gibt es in allen Sprachen ein Wort für Eiche? (Hier schließt sich die Erklärung an, warum es in anderen Sprachen manchmal keine Wörter für bestimmte Dinge gibt.)
- Welche Arten von Eichen gibt es? (Beispiele: Stieleiche, Roteiche, Traubeneiche, Wassereiche, Korkeiche)

Im Herbst kann die Beschäftigung mit der Eiche praktisch erfolgen, indem Eicheln gesammelt werden. Eicheln bieten vielfältige Möglichkeiten zum Basteln. Sie können u. a. genutzt werden, um durch Aufkleben auf eine Pappe die Strecke des Kriechwettbewerbs der Regenwürmer entstehen zu lassen. Knete eignet sich gut, um Teilnehmer und Zuschauer des Wettbewerbs zu formen. Werden Kastanien beim kreativen Gestalten hinzugenommen, ist eine Verbindung zur Geschichte mit Kastania und Kastagnette (▶ Kap. II-F) rasch hergestellt. Befindet sich ein Botanischer Garten in der Nähe, dann gibt es dort auch andere Eichen und deren Früchte als die bei uns weit verbreitete Stieleiche zu entdecken. (Bitte beachten Sie, dass in Botanischen Gärten das Sammeln von Pilzen, Samen und Früchten nicht erlaubt ist.)

Qercus ist ein Regenwurm, der alle Tiere, Pflanzen, Gesteine, Planeten und Himmelsrichtungen kennt. Einerseits kann hier von den Kindern zusammengetragen werden, welche Tiere, Pflanzen, Gesteine, Planeten und Himmelsrichtungen sie als Gruppe kennen, andererseits bieten sich Gedankenexperimente an. So stellt sich bspw. die Frage, ob Quercus als Regenwurm die Tiere aus der Geschichte mit Hugo (▶ Kap. II-D) oder mit Rina und Rudi (▶ Kap. II-H) kennt. Weiß Quercus, was ein Hai, eine Giraffe oder eine Koralle ist?

Ein Kräuterextrakt, der die Muskeln zusammenzieht, soll Quercus nach eigener Aussage geschrumpft haben. Für diesen Kräuterextrakt können die Kinder ein Rezept aus Dingen, die in der Küche zu finden sind, schreiben, wobei sich die Zutaten nicht auf Kräuter beschränken sollten, sondern alles Genießbare zur Verwendung erlaubt wird. Anschließend werden alle Zutaten in kleinen Mengen bereitgestellt, evtl. zerkleinert oder püriert und zusammengemischt. Wer mutig ist, kann die so hergestellten Kräuterextrakte trinken und seine Meinung zur Wirksamkeit äußern oder schauspielern.

Die Grille zirpte das Startsignal. Was wäre aber, wenn die Grille verhindert ist? Welche Möglichkeiten gibt es noch, um ein Startsignal zu geben? Die Antworten können ausprobiert werden, wobei unbedingt auf die auditive Empfindlichkeit des autistischen Kindes geachtet werden muss.

Am Ende der Geschichte erzählt Quercus von dem dicken Buch mit den Geschichten und Märchen. Hier bietet sich ein Vorlesen klassischer Märchen oder ein Gespräch über Märchen an. Die Kinder können gefragt werden, welche Märchen sie kennen. Sie können auch gebeten werden, ein beliebiges Märchen nachzuerzählen oder sich ein eigenes Märchen auszudenken. Auf diese Weise ist u. a. Benjamins Geschichte über eine geheimnisvolle Stadt entstanden (▶ Kap. I-4.2).

B Flugsi /
Die faule Biene

Welche Erkenntnisse vermag die Geschichte mit Flugsi zu vermitteln?

Direkte Botschaften:

- Es gibt Gemeinsamkeiten, die alle Bienen verbinden (alle leben im Bienenstock).
- Scheinbar einfache Dinge (fliegen) sind nicht für alle Bienen einfach.
- Manche Bienen haben Probleme mit Geräuschen (Flügelschlag).
- Manchen Bienen ist die Meinung anderer sehr wichtig (»Alle Tiere halten uns für fleißig«).
- Manche Bienen sind hilfsbereit und fürsorglich, ohne eine Gegenleistung zu erwarten (Biba versorgt Flugsi mit Nektar).
- Eine scheinbar faule Biene kann in Wirklichkeit fleißig sein.
- Manche Bienen ändern ihre Meinung und tun allen damit etwas Gutes (Samson verkündet den Bau von sechseckigen Waben).

Indirekte Botschaften:

- Die Biene mit den sensorischen Besonderheiten benötigt einen angepassten Ort zum Arbeiten.
- Die Biene mit den sensorischen Besonderheiten benötigt Unterstützung auf bestimmten Gebieten (sie wird von Biba mit Nektar versorgt).
- Unter diesen günstigen Bedingungen kann die Biene großartige Leistungen, die allen zugutekommen, vollbringen.

In der Geschichte mit Flugsi spielen die Wahrnehmung von akustischen Reizen und logisches Denken eine zentrale Rolle.

Die Hauptfigur ist vom Geräusch des eigenen Flügelschlags erschöpft. Autistische Kinder haben im auditiven Bereich oft eine eingeschränkte Filterfunktion. Sie können Reize nicht unterdrücken oder ausblenden, was dazu führt, dass sie schnell von der Reizfülle, die sie umgibt, überfordert sind. Einer Reizüberflutung kann einerseits durch eine Reduktion von Reizen vorgebeugt werden, andererseits vermögen geräuschreduzierende Kopfhörer (Noise-Cancelling-Kopfhörer) die Lautstärke bestimmter Geräusche zu vermindern und die Ansprechbarkeit zu erhalten. Sie sollten nur dann eingesetzt werden, wenn eine Reizminimierung aufgrund von Gegebenheiten nicht möglich ist.

Des Weiteren ist die Verarbeitung von akustischen Reizen bei autistischen Kindern oft verzögert. Diese Kinder benötigen daher etwas länger als andere Kinder, um auf eine Aussage zu reagieren oder eine Frage zu beantworten. Kurze Pausen im Redefluss der nicht-autistischen Personen jeglichen Alters können das Verständnis des Gesagten erheblich verbessern. Einige Geräusche wie z. B. die Toilettenspülung, der Staubsauger und Wind oder Sturm führen bei autistischen Kindern zu körperlichem Unbehagen oder lösen Angst aus. Andere Geräusche wie z. B. das Rieseln von Sand oder das Rauschen von Wasser wirken mitunter beruhigend auf diese Kinder.

Ein weiterer Grund, der der Hauptfigur der Geschichte die Kraft raubt, ist eine mangelnde Automatisierung von Handlungen, die bei autistischen Kindern mehr oder weniger stark ausgeprägt ist. Mangelnde Automatisierung von Bewegungen und Handlungen bedeutet, dass jede Handlung so ausgeführt wird, als ob sie das allererste Mal vollführt wird. Mittels Automatisierung spart der menschliche Körper Energie. Automatisierung ermöglicht, dass man bspw. beim Vorbereiten des Zähneputzens nicht darüber nachdenken muss, wie die Zahnpasta auf die Bürste gelangt. Automatisierung ermöglicht sogar, gleichzeitig eine andere Handlung wie bspw. eine Unterhaltung auszuführen.

Gelingt Automatisierung von Handlungen nicht oder nur ungenügend, sind die Kräfte rasch erschöpft, weil viel Energie für scheinbar einfache Tätigkeiten benötigt wird. Überforderungssituationen entstehen schnell, wenn umgebende Personen (auch Kinder) aufgrund ihrer persönlichen Erfahrung mit der jeweiligen Tätigkeit weitere Anforderungen an das autistische Kind stellen. Im Alltag können Schritt-für-Schritt-Anleitungen für diverse Tätigkeiten oder Handlungsimpulse für einzelne Teilschritte dem autistischen Kind helfen, die Handlungen selbst auszuführen und dabei die eigenen Ressourcen zu schonen.

Die Hauptfigur der Geschichte gibt an, nicht fliegen zu können, weil sie nachdenken muss. Viele Menschen mit Autismus zeigen eine Stärke im logischen Denken, die im Schulalltag und später im Berufsleben unbedingt beachtet und gefördert werden sollte. Auch das Denken kostet Energie, besonders dann, wenn Assoziationsketten dabei allgegenwärtig sind. Das Denken in Assoziationsketten bedeutet, dass jeder Gedanke einen oder mehrere neue anstößt, die dann wiederum das Gleiche tun. Menschen mit Autismus fällt es oft schwer, dieses permanente Nachdenken abzuschalten. Auf der anderen Seite ist auch dies eine Gabe, denn dadurch finden sie die eine Ausnahme, die von einer Regel abweicht, oder Logikfehler in gedanklichen Konstrukten.

Die Einsicht, dass scheinbar einfache Dinge nicht für alle einfach sind, und daraus resultierende Maßnahmen wie Zeitzugaben, visuelle Hilfen in Form von Plänen und das Stellen von Alternativaufgaben helfen autistischen Kindern, ihre wahren Potenziale zu entfalten.

Fragen zur Geschichte mit Flugsi:

- *Pünktlich zum Sonnenaufgang erwachte das Leben im Bienenstock.*
    - Hast du schon einmal beobachtet, wie die Sonne aufgeht?
    - Hast du schon einmal einen Bienenstock aus der Nähe gesehen?
- *Aus dem Nektar machen sie Honig und legen ihn als Vorrat an.*
    - Isst du gern Honig?
    - In welchen Produkten kann Honig enthalten sein? (Beispiele: Bonbons, Kekse, Joghurt, Lebkuchen, Gummibärchen, Schokolade, Müsli, Senf)

- »Ich habe keine Kraft zum Fliegen.«
  - Wie sieht es aus, wenn man keine Kraft hat? Kannst du das vorspielen?
- *Samson schaute Flugsi ungläubig an.*
  - Wie sieht es aus, wenn man ungläubig schaut? (Beispiel: Wenn man jemanden ungläubig anschaut, bedeutet das, dass man durch einen bestimmten Gesichtsausdruck ohne Worte Zweifel an dem Gesagten ausdrückt.) Kannst du das vorspielen?
- *Scherzte sie etwa? Wollte sie ihn veralbern?*
  - Was ist ein Scherz? (Beispiel: Ein Scherz ist eine Äußerung, die nicht ernst gemeint ist. Er soll die anderen erheitern oder zum Lachen bringen.)
  - Was bedeutet veralbern? (Beispiel: Wenn man jemanden veralbert, dann bedeutet das, dass man ihm einen Streich spielt oder sich über ihn lustig macht.)
- *Samson spürte, dass Flugsis Antworten ihn ärgerlich machten.*
  - Wie sieht es aus, wenn man ärgerlich ist? Kannst du das vorspielen?
  - Sicherlich bist du schon einmal ärgerlich gewesen. Fällt dir ein, wann und warum du einmal ärgerlich gewesen bist?
  - Wie unterscheidet sich Wütend-sein von Ärgerlich-sein? (Beispiel: Wütend zu sein, ist eine heftigere Reaktion auf ein bestimmtes Ereignis, als ärgerlich zu sein. Wenn ich mich als verärgerte Person mit einer Regenwolke vergleiche, dann bin ich als wütende Person eine Gewitterwolke.)
- *In einem strengen Ton erklärte er ...*
  - Wie hört es sich an, wenn man etwas in einem strengen Ton erklärt?
  - Kannst du etwas in einem strengen Ton erklären? (Beispiel: »Das Betreten der Wiese ist nicht erlaubt.«)
- »Alle Tiere halten uns für fleißig. Du ruinierst unseren guten Ruf!«
  - Was ist ein guter Ruf? Sagt man das, wenn jemand besonders laut rufen kann? (Beispiel: Ein guter Ruf bedeutet, dass viele Personen – oder in unserer Geschichte sind es die Tiere – übereinstimmend etwas oder jemanden loben.)
- *Samson fragte Biba verwundert ...*
  - Wie hört es sich an, wenn man verwundert etwas fragt?
  - Kannst du verwundert etwas fragen?
- *Ein erschrecktes Raunen ging durch den Bienenstock.*
  - Was ist ein Raunen? (Beispiel: Raunen bedeutet, dass man leise etwas sagt, ohne dabei ein Gespräch zu führen. Es ähnelt einem Selbstgespräch. Wenn viele Personen – oder in unserer Geschichte Bienen – das gleichzeitig tun, dann hört man nur noch ein Geräusch. Das, was gesagt wird, kann man nicht mehr heraushören.)
  - Wie hört sich ein erschrecktes Raunen an? Möchtest du einmal ausprobieren, erschreckt zu raunen?
  - Kann man auch anders als erschreckt raunen? (Beispiel: bewundernd, erstaunt)
- *Daraufhin ergriff Samson das Wort.*
  - Was bedeutet es, das Wort zu ergreifen? Steht das Wort auf einer Wachsplatte geschrieben, die man in die Hand nehmen kann? (Beispiel: Wenn jemand das Wort ergreift, dann sagt er etwas in einem bereits stattfindenden Gespräch.)

Wenn Kinder das Wort Biene hören, dann denken sie an die Honigbiene (Westliche Honigbiene, Apis mellifera), bei der viele Tiere einen Bienenstaat bilden. Auch Flugsi lebt mit vielen anderen Bienen im Bienenstock. Nur wenige Kinder wissen allerdings, dass es viele andere Bienenarten gibt, von denen die meisten allein leben und sich nur zur Paarungszeit mit Artgenossen treffen. Bienen, die keine Honigbienen sind, nennt man Wildbienen. Einige Wildbienenarten leben in hängenden Nestern in Verbänden oder bauen vorübergehend gemeinsam Nester, die meisten von ihnen leben jedoch allein. Diese Bienen sammeln wie die Bienen in der Geschichte mit Flugsi Nahrung. Sie bauen ihre Nester am oder im Boden, manche Bienen nutzen auch Mauerspalten zum Nestbau. Wenn genug Nahrung gesammelt wurde, legt die Biene nach der Paarung dort ihre Eier ab. Von der gesammelten Nahrung ernährt sich die Larve, wenn sie geschlüpft ist.

Ein Teil der Wildbienen sind Kuckucksbienen. Sie legen ihre Eier in fremde Nester, so, wie ein Kuckuck seine Eier in fremde Vogelnester legt. Wenn eine Wildbiene einen gewissen Vorrat angelegt hat und zur Nahrungssuche das vorbereitete Nest verlässt, dann ergreift die Kuckucksbiene die Gelegenheit und legt ihre eigenen Eier in dem vorbereiteten Nest ab.

Wenn die Kinder gebeten werden, die gegebenen Informationen in Zeichnungen umzusetzen und danach mit eigenen Worten wiederzugeben, was sie erfahren haben, dann festigt sich auf diese Weise das Gelernte. Beim Wiedergeben von Informationen wird auch deutlich, wo evtl. Missverständnisse aufgetreten sind. Autistische Kinder finden oft sehr schnell die Fehler, die andere Kinder (und auch Erwachsene) machen, wenn es sich um Sachthemen handelt. Aufgrund ihrer sozialen Schwierigkeiten wirkt ihre Kritik gelegentlich harsch, obwohl sie meist ganz sachlich formuliert ist. Hier bietet sich die Gelegenheit, allen Kindern die Situation aus der Perspektive des jeweils anderen zu erklären und den nicht-autistischen Kindern beizubringen, dass sie nachfragen, wie die Kritik gemeint ist, anstatt sich abzuwenden, weil sie sich gekränkt fühlen. Die Geschichte mit Miabella (▶ Kap. II-L) liefert ein Beispiel dafür, welche Informationen einem entgehen, wenn man mutmaßt, anstatt nachzufragen – Informationen, die wichtig sind, um eine Situation richtig bewerten zu können.

In der Geschichte mit Flugsi fliegen die Bienen mit Ausnahme der Hauptfigur unermüdlich zwischen der Wiese und dem Bienenstock hin und her. Hier bietet es sich an, mit den Kindern ein Gemeinschaftsprojekt zum Basteln eine Blumenwiese durchzuführen (▶ Abb. B.1). Das Endprodukt des Projektes ist als Wanddekoration gedacht. Alle Kinder fertigen während des Projektes verschiedene Wiesen- oder Fantasieblumen in der Draufsicht an, die am Ende zu einer bunten Wiese zusammengesetzt werden.

Für den Untergrund wird großformatiger Fotokarton in einem grasähnlichen Grünton benötigt. Die Blüten entstehen aus verschiedenen Materialmixen. Das Material für die Blüten sollte vorab über einen gewissen Zeitraum gesammelt werden, damit es für alle Kinder ausreichend ist. Als Bastelmaterial kommen bspw. verschiedenfarbige Papiere mit unterschiedlichen Strukturen, Moosgummi, Pfeifenputzer, Knöpfe, Holzstäbchen, Maisbausteine und Pompons infrage. Auch Dinge, die im Haushalt anfallen, wie z. B. farbige Deckel von Zahnpastatuben oder gereinigte Eisstiele, können verwendet werden. Zum Kleben werden handelsüblicher Klebstoff und eine Heißklebepistole benötigt. Mit Filzstiften, Glitzerstiften oder Neonstiften können Verzierungen auf den Blütenblättern angebracht werden.

III Botschaften, Besonderheiten und Einsatz der Geschichten

Abb. B.1: Beispiel für das Gemeinschaftsprojekt Blumenwiese

Zu Beginn entwirft jedes Kind einige Blüten. Dann wird die Reihenfolge für das Basteln der Blüten festgelegt. Um insbesondere autistische Kinder nicht zu überfordern, sollten in jeder Projektsequenz maximal zwei Blüten hergestellt (und auch fertiggestellt) werden. Zum folgenden Projekttermin erfolgt das Basteln der nächsten Blüten. Die fertigen Objekte werden an einem geeigneten Ort gesammelt, bis alle geplanten Blüten in die Tat umgesetzt wurden.

Die Blütenentwürfe von autistischen Kindern können sehr technisch oder wie Computergrafiken anmuten. Wichtig ist hierbei, den anderen Kindern zu vermitteln, dass diese Entwürfe die Individualität des autistischen Kindes widerspiegeln und dass es hier kein Besser oder Schlechter in der Betrachtung gibt. Es handelt sich um künstlerische Freiheit. Nicht-autistischen Kindern hilft beim Verständnis oft das Verdeutlichen des umgekehrten Falles. Ein autistisches Kind nimmt die Entwürfe eines nicht-autistischen Kindes vielleicht als kitschig oder verschnörkelt wahr. Beide Seiten werden angehalten, die künstlerische Ausdrucksweise des anderen zu respektieren. In der Praxis bedeutet dies beim Gemeinschaftsprojekt, dass sich das autistische Kind bemüht, auch die verschnörkelten Entwürfe der anderen Kinder umzusetzen, ebenso wie das nicht-autistische Kind bestrebt ist, eine technisch anmutende Blüte anzufertigen. Da alle Kinder hier ihre Individualität einfließen lassen, entstehen dabei sehr interessante Produkte.

Im nächsten Schritt geht es darum, die fertigen Blüten auf dem Fotokarton zu platzieren. Sollte die Größe des Fotokartons nicht ausreichend sein, können mehrere Bögen mithilfe von Paketklebeband auf der Rückseite miteinander verbunden werden. Beim Platzieren der Blüten gibt es drei Möglichkeiten. Die erste Möglichkeit besteht darin, dass sich alle Kinder einen Platz auf dem Fotokarton für jede Blüte, die sie gebastelt haben, suchen. Dazu müssen sie miteinander kommunizieren und ggf. auch verhandeln. Wenn Einigkeit über die Aufteilung herrscht, werden die Blüten aufgeklebt.

Das Verhandeln über die Positionierung der eigenen Blüten kann autistische Kinder überfordern. Wenn dies der Fall ist, besteht auch die Möglichkeit, dass jedes Kind ein kleineres Blatt Fotokarton erhält, auf dem es nur die eigenen Blüten arrangiert und dann aufklebt. Danach werden die einzelnen Bögen zu einer Wiese zusammengefügt. Hierzu wird das Paketband von zwei Personen in der entsprechenden Länge auf dem Boden ausgerollt und festgehalten. Die Bögen mit den Wiesenstücken können dann von beiden Seiten auf Kante auf das ausgerollte Paketband gelegt und vorsichtig festgedrückt werden.

Die dritte Möglichkeit zum Platzieren der Blüten besteht aus einer Mischform der ersten beiden. Die Kinder können wählen, ob sie ein Blatt Fotokarton allein bestücken möchten oder mit jemandem gemeinsam. Auch hier müssen sie sich darüber einigen, wer mit wem zusammenarbeitet.

Autistische Kinder lassen sich bei solchen Projekten oft von der Begeisterung der Geschwister oder anderer Kinder einer Gruppe in gewissem Maße mitziehen. Wenn autistische Kinder Gelegenheiten bekommen, an Gemeinschaftsprojekten, die sie interessieren, teilzunehmen, dann sammeln sie positive Gruppenerlebnisse und werden sich im Laufe der Zeit immer besser in Gruppenaktivitäten einbringen können, aber auch deutlich benennen können, wo ihre Grenzen sind. Gelungene Gruppenarbeiten dürfen betreuende Personen nicht zu dem Gedanken verleiten, das autismustypische Besonderheiten verschwinden, wenn das autistische Kind sich ein *bisschen* Mühe gibt. Gruppenarbeiten und Gemeinschaftsprojekte erfordern von diesem Kind eine hohe Kompensationsleistung, die nur mit intensivierten Pausen- und Erholungszeiten ausgeglichen werden kann. Daher ist es immer notwendig, die Belastungsgrenzen des autistischen Kindes bei einem Gruppenprojekt genau im Auge zu behalten. Ein weiteres Gemeinschaftsprojekt findet sich bei den Ausführungen zur Geschichte mit Nimimi (▶ Kap. III-I).

Arbeiten, die am Ende einer Zeiteinheit nicht fertiggestellt sind, bergen für autistische Kinder oft ein Stresspotential. Dieser Stress wird u. a. durch Schwierigkeiten im Zeitempfinden und im vorausschauenden Denken ausgelöst, aber auch dadurch, dass etwas Unfertiges eine Ungewissheit darstellt. Das Projekt der Blumenwiese bietet hier einen guten Kompromiss, da in jeder Basteleinheit fertige Blüten entstehen, die aber insgesamt betrachtet Teile eines noch unfertigen Zielproduktes sind. Autistische Kinder sollten von Anfang an über das Gesamtprojekt aufgeklärt sein. Nur so können sie die Erfahrung machen, dass es ihnen gelingen kann, die partielle Unsicherheit des Projektes auszuhalten und dass kleine Sicherheiten ihnen dieses Aushalten ermöglichen oder erleichtern.

Die fertige Blumenwiese kann je nach Beschaffenheit der Wand mit Klebestreifen oder mithilfe von Nägeln befestigt werden. Die eleganteste Lösung sind – wenn vorhanden – Wandleisten zum Aufhängen von Bildern. Bei der Vernissage des Wiesenprojektes werden die Kinder aufgefordert, das Geräusch von summenden Bienen nachzuahmen.

Honigbienen produzieren Honig. Eine Honigverkostung passt sowohl zur Geschichte als auch zu den Aktivitäten in Verbindung mit der Geschichte. Verschiedene Honigsorten werden dazu auf unterschiedliche Unterlagen wie Brot, Brötchen, Knäckebrot oder Zwieback gestrichen und verkostet. In einem Protokoll können die Ergebnisse festgehalten werden. Das Erfassen von Daten ist eine Beschäftigung, die besonders autistischen Kindern oft viel Freude bereitet.

Die Biene Flugsi in der Geschichte trägt einen auf den ersten Blick ungewöhnlichen Namen. Dieser Name stammt von meinen Jungen und ist die Verkürzung des Wortes Flugsicherheit. Kennt man den Hintergrund der Namensgebung, ist es doch ein sehr passender Name für eine Biene. Für welche anderen Tierarten wäre der Name ebenfalls passend? Infrage kämen hier bspw. Fliegen, Hummeln, Mücken, Tauben, Spatzen, Fledermäuse – also Tiere, die fliegen können.

Flugsi, die Biene, findet heraus, dass sechseckige Waben praktischer sind als fünfeckige Waben. Um dies zu überprüfen, werden mithilfe einer Schablone fünf- und sechseckige Legeplättchen aus Tonkarton angefertigt. Damit lassen sich dann Wabenmuster legen, sodass Flugsis Erkenntnis in der Praxis einem Test unterworfen werden kann. Zum Abschuss lohnt sich ein Blick auf die Vielecke eines Fußballs.

C Zwicky / Die Napfschnecke

Welche Erkenntnisse vermag die Geschichte mit Zwicky zu vermitteln?

Direkte Botschaften:

- Es gibt Gemeinsamkeiten, die alle Schnecken verbinden (alle spielen im Gras).
- Einige Schnecken unterscheiden sich von den anderen (sie mögen bestimmte Spiele nicht).
- Manche Schnecken haben besondere Fähigkeiten (Labyrinthe legen).
- Nicht jedes Essen ist für Schnecken gesund (Salatblatt mit Mayonnaise).
- Es ist es besser nachzufragen, wenn man etwas nicht weiß oder nicht verstanden hat (fettes versus fettiges Salatblatt).
- Freunde können in der Not helfen (die Schnecken bieten Zwicky Schutz).
- Unschöne oder furchtbare Erlebnisse können gute Ideen hervorbringen (Napfschneckenhaus).
- Mit Geduld kann man seine Ziele erreichen (Bau des Napfschneckenhauses).

Indirekte Botschaften:

- Die Schnecke, die Sprache wortwörtlich versteht, bringt sich dadurch (manchmal) in Gefahr.
- Auf die Schnecke, die sich in Gefahr bringt, muss aufgepasst werden (die Schnecken bieten Zwicky Schutz).
- Die Schnecke benötigt einen geschützten Raum (Napfschneckenhaus).

In der Geschichte mit Zwicky werden Besonderheiten der Kommunikation und des Denkens angesprochen. Die Besonderheiten der Kommunikation betreffen bei autistischen Kindern sowohl das Sprachverständnis als auch die Benutzung von Sprache, insbesondere gesprochener Sprache, wenn verbale Sprache vorhanden ist.

Sprache wird von autistischen Kindern oft im wörtlichen Sinn verstanden und ebenso gebraucht. So wird ein *fettes Blatt*, welches in der Geschichte ein großes, knackiges Blatt beschreiben sollte, zu einem Blatt, auf dem sich Fett befindet. Im wirklichen Leben führt wörtliches Sprachverständnis zu Dialogen wie die beiden folgenden Beispiele aus der Grundschulzeit meines autistischen Sohnes.

Beispiel 1 (Maus, 2014, S. 282):
Benjamin muss eine Enttäuschung verkraften, nach einer Weile fragt ihn sein Vater: »Geht es Dir wieder besser?«
    Er antwortet: »Ich bin doch nicht krank!«
    Wir versuchen ihm zu erklären, was Kummer ist. Darauf sagt Benjamin: »Ach so.«

Beispiel 2 (Maus, 2014, S. 286):
Conrad und Benjamin streiten sich über Können und Nichtkönnen. Ich erkläre den beiden: »Jedes Kind hat auch gute Seiten und Benjamin hat eine Menge guter Seiten.«
    Benjamin protestiert: »Ich habe aber kein Buch verschluckt!«

Eng verbunden mit dem wörtlichen Sprachverständnis ist das mehr oder weniger stark ausgeprägte Unvermögen autistischer Kinder, Redewendungen oder Sprichwörter zu verstehen. Später erweitert sich die Liste der Dinge, die Schwierigkeiten bereiten, um Metaphern, Ironie, Witze und Small Talk. Diesen Kindern hilft es, derartige sprachliche Formen entweder nicht zu benutzen oder sie zu erklären, wenn sie nicht verstanden werden.

Autistischen Kindern fällt es ebenso oft schwer, sich Dinge in der Zukunft vorzustellen oder Dinge zu planen. Die Entwicklung von vorausschauendem Denken beginnt im Alter von drei bis fünf Jahren. In dieser Zeit kann man bei Kindern beobachten, dass sie Bewegungen planen, indem sie bspw. die Hand vor dem Greifen von Gegenständen in die richtige Position bringen. Mit fortschreitender Entwicklung wird die Planung komplexer. Vorausschauendes Denken gehört zu einem Spektrum mentaler Funktionen, die als Exekutivfunktionen bezeichnet werden. Exekutivfunktionen ermöglichen nicht automatisiert ablaufende Handlungen, indem bspw. Ziele festgelegt, die Zeit eingeteilt und das Ergebnis kontrolliert wird.

Vorausschauendes Denken bedeutet auch, die Konsequenzen oder das Ergebnis des eigenen Handelns absehen zu können. Viele autistische Kinder können altersgerecht durch logisches Denken Konsequenzen absehen, zumindest wenn es sich dabei nicht um soziale Fragestellungen handelt. In einer alltäglichen Situation gelingt ihnen aber oft nicht der Zugriff auf dieses Wissen. Daher kann sich die Hauptfigur der Geschichte trotz ihres Wissens über Fette nicht die Konsequenzen ihres Handelns vorstellen.

Eine weitere Schwierigkeit autistischer Kinder besteht darin, das Denken oder Handeln von einer Situation auf eine gleiche oder ähnliche Situation zu übertragen. Daher müssen ihnen oft Dinge mehrmals oder immer wieder mit viel Geduld erklärt werden. Eingeschränkte Exekutivfunktionen tragen dazu bei, dass es vielen autistischen Kindern schwerfällt, Entscheidungen zu treffen, denn dazu muss man sich vorstellen können, welche Konsequenzen sich aus der jeweiligen Entscheidung ergeben. Diesen Kindern helfen sachliche Fakten und viel Zeit, um eine Entscheidung treffen zu können.

Schwierigkeiten im vorausschauenden Denken bedeuten aber nicht, dass autistische Kinder unfähig sind, Projekte zu planen oder durchzuführen. Sie bedeuten, dass diese Kinder auf verschiedenen Stufen des Prozesses möglicherweise Unterstützung benötigen. Die Planungsfähigkeit autistischer Kinder hängt neben dem Alter ganz entscheidend von der Situation ab. Wenn sie ein Projekt, welches mit ihren Spezialinteressen zusammenhängt, durchführen möchten, dann gelingt ihnen dies mit ausreichend Zeit, angepassten Umgebungsbedingungen und dem entsprechenden Material oft recht gut, manchmal sogar sehr gut. Wenn sie im Unterricht in einer Vertretungsstunde fachfremd unterrichtet werden und überraschend ein Poster gestalten sollen, dann kann es sein, dass sie völlig handlungsunfähig sind – dass sie nicht einmal in der Lage sind, die Schere, mit der sie am Vortag noch fleißig zu Hause am eigenen Projekt gearbeitet haben, zu benutzen.

Bei vielen autistischen Kindern besteht ein abweichendes Schmerzempfinden sowie eine nicht adäquate Wahrnehmung von Kälte und Wärme. Es kann sich dabei sowohl um ein unzureichendes Schmerzempfinden als auch um ein extremes Schmerzempfinden handeln, wobei auch beide Formen bei ein und demselben Kind in unterschiedlichen Körperbereichen auftreten können. Bei einem mangelnden Schmerzempfinden besteht bei selbstverletzendem Verhalten die Gefahr ernsthafter Verletzungen. Bei einem abweichenden Schmerzempfinden müssen betreuende Personen Verletzungen und körperliche Reaktionen, die ungewohnt sind, stets kritisch hinterfragen. Eine abweichende Wahrnehmung von Kälte oder Wärme äußert sich bspw. darin, dass das autistische Kind im Winter draußen nur mit einem T-Shirt bekleidet sein möchte oder dass es bei warmen Temperaturen darauf besteht, einen Rollkragenpullover zu tragen.

In der Geschichte werden das Schmerzempfinden und die Wahrnehmung von Kälte und Wärme nur indirekt thematisiert. Zum einen reagiert die Hauptfigur nur wenig auf das Hagelkorn, welches den Schneckenkörper trifft. Erwartungsgemäß hätte sich der ganze Schneckenkörper krümmen oder winden müssen. Zum anderen baut die Hauptfigur ein sicheres Haus, weil sie aus ihrer eigenen Erfahrung weiß, dass sie sich nicht auf ihr Körperempfinden verlassen kann. Dieses Haus soll sie vor Schmerzen, Kälte, Hitze und damit möglicherweise verbundener Austrocknung schützen.

Fragen zur Geschichte mit Zwicky:

- *Das feuchte Gras lockte die Schnecken zum Spielen hervor.*
  - Hast du schon einmal eine Schnecke angefasst?
  - War es eine Schnecke mit Haus? Wie fühlte es sich an, das Haus der Schnecke anzufassen?
  - Wie fühlte es sich an, den Körper der Schnecke anzufassen?
- *Sie konnte knifflige Labyrinthe aus Steinen legen ...*
  - Hast du schon einmal ein Labyrinth besucht?
  - Hat es dir Spaß gemacht, das Labyrinth zu erkunden?
  - Hast du den Weg durch das Labyrinth allein gefunden?
- *Zwicky fragte erstaunt ...*
  - Wie hört es sich an, wenn man erstaunt etwas fragt?
  - Kannst du erstaunt etwas fragen? (Beispiel: »Ist es wahr, dass es Kastanieneis gibt?«)

- *Luella hatte sich bei verschiedenen Dingen bereits mehrere Male geirrt.*
  - Hast du dich schon einmal geirrt? Wobei hast du dich geirrt?
- *Die anderen Schnecken schauten dabei verwundert und besorgt zu.*
  - Wie sieht es aus, wenn man verwundert schaut? Kannst du das vorspielen?
  - Wie sieht es aus, wenn man besorgt schaut? Kannst du auch das vorspielen?
- *Nach dem Essen waren alle Schnecken etwas träge, auch Zwicky.*
  - Wie sieht es aus, wenn man träge ist? Kannst du so tun, als ob du gerade träge bist?
- *Erstaunt stellten sie fest, dass Zwickys Körper nicht mehr da war.*
  - Wie sieht man aus, wenn man erstaunt ist? Kannst du das vorspielen?
  - Wann warst du einmal erstaunt? Worüber hast du gestaunt?
- *»Hier, ich bin hier«, antwortete eine verschlafene Stimme, die aus Zwickys Haus drang.*
  - Wie klingt eine verschlafene Stimme?
  - Kannst du etwas mit verschlafener Stimme sagen? (Beispiel: »Warum hast du mich denn geweckt?«)
- *Sie (Zwicky) klang erleichtert.*
  - Wie hört es sich an, wenn die Stimme erleichtert klingt?
- *Enttäuscht fragte Luella …*
  - Wie hört es sich an, wenn man enttäuscht etwas fragt?
  - Kannst du enttäuscht etwas fragen? (Beispiel: »Gibt es heute wirklich kein Eis?«)
  - Wie sieht es aus, wenn man enttäuscht ist?
  - Wann warst du einmal enttäuscht? Warum warst du enttäuscht?
- *Und es besaß einen geheimen Tunneleingang, um unliebsame Verwandte fernzuhalten.*
  - Was bedeutet unliebsam? (Beispiel: Unliebsam beschreibt Menschen – oder in unserer Geschichte Schnecken –, die sich unangenehm verhalten, die nicht nett sind oder die kein Verständnis dafür haben, wenn man Dinge anders als erwartet erledigt.)

Schnecken begegnen uns in vielen Varianten. Es gibt Schnecken mit und ohne Haus, es gibt kleine und große Schnecken. Die kleinsten Schnecken sind weniger als 1 Millimeter groß, die größten Schnecken erreichen eine Länge von ungefähr 90 Zentimetern und leben an der Küste Australiens. Auch die Häuser der Schnecken sind unterschiedlich gefärbt und geformt. Die Apfelschnecke hat ein gelbes Haus. Sie lebt aber nicht in der Nähe von Apfelbäumen, sondern in tropischen Seen. Die Haarschnecke heißt so, weil sie tatsächlich Haare auf dem Schneckenhaus hat.

Mithilfe von weißer, lufttrocknender Modelliermasse können die Kinder Schneckenhäuser selbst gestalten. Vor dem Beginn des Modellierens ist es ratsam, eine Skizze des Schneckenhauses, welches geformt werden soll, anzufertigen. Eine Skizze ermöglicht auch die gezielte Unterstützung durch eine betreuende Person, wenn das autistische Kind oder andere Kinder mit motorischen Einschränkungen Schwierigkeiten beim Modellieren haben, da so das gewünschte Ziel im wörtlichen Sinn vor Augen ist. Nach dem Trocknen der Modelle können diese bemalt werden. Zum Bemalen eignen sich Wasserfarben und Acrylfarben, wobei letztere nach dem Trocknen wasserfest sind. Getrocknete Modelliermasse kann auch mit Filzstiften bemalt werden. Kinder mit motorischen Schwierigkeiten erzielen mit Filzstiften meist Erfolgserlebnisse.

Die Schnecken in der Geschichte mit Zwicky spielen im Gras. Welche Spiele könnten Schnecken neben dem in der Geschichte erwähnten Wettkriechen durch Labyrinthe spielen? Die Kinder werden gebeten, sich Spiele für Schnecken auszudenken und zu beschreiben. Ein Kind stellt seine Idee vor und die anderen überlegen, ob dieser Vorschlag für Schnecken machbar ist. Sollte die entsprechende Idee nicht oder nicht gänzlich umsetzbar sein, wird gemeinsam nach einer Lösung gesucht. Danach kommt das nächste Kind an die Reihe.

Um den Stärksten zu ermitteln, versuchen die Schnecken den Fühler des Gegners umzubiegen. Menschen haben ein ähnliches Spiel – das Armdrücken. Armdrücken ist ein Wettbewerb, den nur die stärkeren Kinder gern durchführen. Autistische Kinder und Kinder, die über weniger Kraft verfügen und/oder motorisch ungeschickt sind, haben am Armdrücken verständlicherweise keinen Spaß.

Daher schlage ich an dieser Stelle eine Übung vor, die aus dem Konflikttraining im Rahmen der Lehrerausbildung stammt. Dazu bilden alle Kinder Zweiergruppen. Die erste Gruppe nimmt die typische Position ein, in die man sich vor Beginn des Armdrückens begibt. Nach dem Startsignal versucht die Gruppe für die Dauer von einer Minute möglichst oft abwechselnd die Arme herunterzudrücken. Das bedeutet, Kind 1 drückt den Arm von Kind 2 herunter, dann drückt Kind 2 den Arm von Kind 1 herunter ... Es wird gezählt, wie oft ein Handrücken die Tischplatte berührt. Dann kommt die nächste Gruppe an die Reihe. Gewonnen hat die Gruppe, die die meisten Berührungen der Tischplatte verbuchen kann (germanistik-kommprojekt. uni-oldenburg.de, o. D.).

Bei dieser Übung geht es nicht darum, den Stärksten zu ermitteln, sondern als Team zu agieren und schnell zwischen den Optionen des Drückens des Armes und des Sich-besiegen-lassens hin und her zu wechseln. Wenn das autistische Kind durch die geforderte Reaktionsfähigkeit und die motorischen Anforderungen die Übung nicht bewältigen kann, dann besteht die Möglichkeit, es als Spielmeister einzusetzen. Dieses Kind bekommt die Aufgabe, die Punkte zu zählen, zu protokollieren und am Ende den Sieger bekanntzugeben. Auf diese Art und Weise verfährt übrigens auch die empathische Maus Lino in der Geschichte mit Flavia (▶ Kap. II-E).

Zwicky baut in der Geschichte für die anderen Schnecken Labyrinthe aus Steinen. Solche Labyrinthe vermögen Kinder mit verschiedenen Materialien in beliebiger Größe ebenfalls zu bauen. In der Natur werden dazu Steine gesammelt und eine geeignete Fläche gesucht, danach kann das Labyrinth gelegt werden. Äste, Blätter, Tannenzapfen und weitere Fundstücke lassen sich zur Dekoration oder als Elemente des Irrweges verwenden. In Innenräumen eignen sich bspw. Knöpfe, Muggelsteine, Murmeln oder Bausteine für Bodenlabyrinthe.

Labyrinthe können auch gezeichnet oder mit Wollfäden auf Fotokarton geklebt werden. Viele autistische Kinder beschäftigen sich gern mit Labyrinthen, weil hierbei ihre visuellen Präferenzen angesprochen werden und sie Wege durch Labyrinthe i. d. R. schnell finden.

Ein Salatblatt voller Mayonnaise spielt in der Geschichte eine Rolle. Die Schnecke Luella erklärt, dass Menschen »solch seltsame Sachen« essen. Dies ist ein guter Einstieg, um mit Kindern über gesunde Ernährung zu reden. Autistische Kinder ernähren sich oft aufgrund von Wahrnehmungsbesonderheiten und Veränderungsängsten recht einseitig, gelegentlich auch ungesund. Gesunde und ungesunde

Lebensmittel werden zusammengetragen und besprochen, ohne jedoch Kindern, die ungesunde Dinge essen, ein schlechtes Gewissen zu machen. Vielmehr sollten sie an gesündere Dinge mit Verlockungen und Spaß herangeführt werden.

Man kann bspw. die Zusammensetzung eines Burgers besprechen und danach dürfen die Kinder aus Knete Burger herstellen. Dazu werden alle Teile einzeln geknetet und dann zusammengesetzt. Im nächsten Schritt wird eine Komponente des echten Burgers durch eine gesündere ersetzt, bspw. das typische Burger-Brötchen durch getoastete Vollkornscheiben. Erneut darf ein Burger aus Knete hergestellt werden, dieses Mal mit der neuen Komponente. Die verschiedenen Burger aus Knete visualisieren insbesondere für autistische Kinder die Stufen der Veränderung. Wenn der echte Burger bereits verzehrt wurde, zeigt das Knetabbild des Burgers die Stufe der Veränderung, die schon geschafft wurde, immer noch an.

In der Geschichte knabbert Zwicky das Salatblatt genüsslich an. Wie sieht es aus, wenn man etwas genüsslich anknabbert? Die Kinder können es mit einem echten Salatblatt vorführen. Danach finden sich sicherlich noch andere Lebensmittel, die sich genüsslich anknabbern lassen, wie bspw. Mohrrüben, Kekse, ein Stück Käse.

Zwicky ist eine ganz normale Gartenschnecke, die aber nach dem schrecklichen Erlebnis eine Napfschnecke sein möchte und sich deshalb ein Napfschneckenhaus baut bzw. das baut, was sie sich unter einem Napfschneckenhaus vorstellt. Die Geschichte mit Zwicky entstand durch einen Bilderzyklus meines jüngsten, nicht-autistischen Sohnes (▶ Abb. C.1).

Die Zeichnung spiegelt sein Erleben als Geschwisterkind sehr deutlich wider. Nach Fertigstellung des Burgenbaus ist die Schnecke im vierten Bild in ihrer Burg »endlich allein«. Im übertragenen Sinn symbolisiert die Schnecke seinen autistischen Bruder, der nach einer Reizüberflutung einen geschützten Ort aufgesucht hat. Links neben der Burg findet sich ein »unliebsamer Verwandter«, der den Eingang zur Burg nicht findet. Dieser unliebsame Verwandte verkörpert all die Personen im Verwandten- und Bekanntenkreis, die der Meinung sind, ein autistisches Kind müsse ihren Lärm aushalten und dieses Kind solle sich ein bisschen anstrengen und sozialer verhalten. Die verwunderte Frage »Wo ist der Eingang?« zeigt, dass der Verwandte nichts über die Schnecke in der Burg weiß, also nichts über Autismus verstanden hat. Das Beste kommt zum Schluss, denn auf der anderen Seite der Napfschneckenburg gibt es einen »(geheimen) Tunneleingang«, den offensichtlich Eingeweihte benutzen dürfen. Das bedeutet einerseits, dass die Schnecke in der Burg trotz Rückzug wegen Überforderung an sozialen Kontakten interessiert ist, und andererseits, dass es Schnecken gibt, die die Besonderheiten der Schnecke in der Burg respektieren. Im wirklichen Leben bedeutet dies, dass der Bruder, der die sensorischen und kommunikativen Probleme des autistischen Kindes kennt und respektiert, einen Zugang zu diesem Kind gefunden hat. Er kennt den »(geheimen) Tunneleingang« für eine gute Geschwisterbeziehung.

Zwicky fragt sich in der Geschichte, was passiert wäre, wenn der Winter begonnen hätte, während sie nicht in ihr Haus passte. Wie überwintern denn Schnecken? Schnecken in unseren Breiten graben sich ein Loch in die Erde oder sie kriechen in einen Laubhaufen. Ihr Schneckenhaus verschließen sie im Winter mit einem Deckel, wobei ein kleines Loch zum Atmen bleibt. Schnecken fasten mehrere Monate, während sie überwintern.

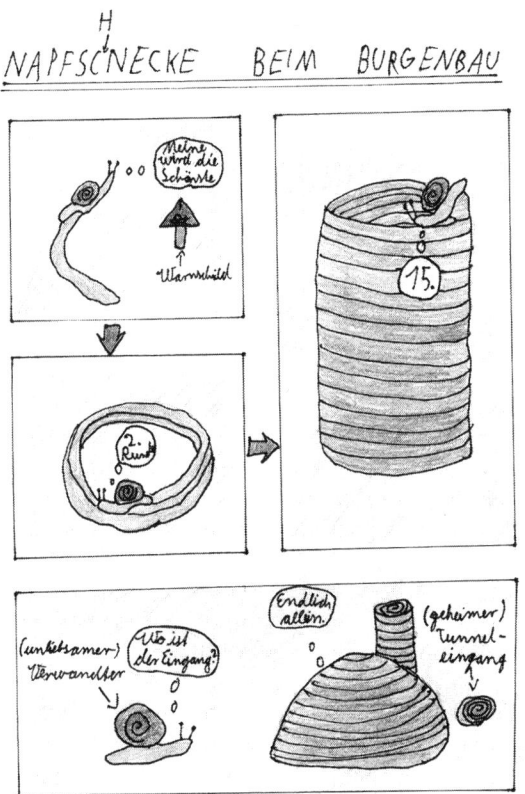

Abb. C.1: Burgenbau der Napfschnecke

Um sicherzugehen, dass ihr nie wieder so ein Erlebnis wie in unserer Geschichte widerfährt, baut Zwicky sich ein zweites Haus. Aus der Erzählung des Opas stellt sie sich das Haus von Napfschnecken so vor, als wäre es ein Haus, das um das eigene Haus gebaut wird. In Wirklichkeit leben Napfschnecken unter Wasser und ernähren sich von Algen. Sie haben kein Haus, sondern nur einen Napf und sie können Steine durch Ausscheidungen ihres Körpers so formen, dass sie einen Deckel für ihren Napf und damit dann so etwas wie ein Haus erhalten.

Aus welchen Materialien baut sich Zwicky ihr Napfschneckenhaus? Die Kinder könnten hier bspw. darüber nachdenken, ob man so ein Haus aus Sand, kleinen Steinen und Schneckenschleim bauen kann. In einem Sandkasten besteht die Möglichkeit, den Bau von Zwickys Napfschneckenburg mit feuchtem Sand zu probieren – allerdings ohne Schneckenschleim.

Was haben Land- und Wasserschnecken gemeinsam, was unterscheidet sie? Im Wesentlichen unterscheiden sie sich durch ihren Lebensraum und dadurch bedingt in ihrer Nahrung. Ansonsten ist die Vielfalt bei den Schnecken so groß, dass man eigentlich nur hervorheben kann, dass die Landschnecken mithilfe einer Schleimspur über den Boden gleiten. Daher sind Landschnecken auf Feuchtigkeit angewiesen.

D Hugo /
Ein anderer Hai

Welche Erkenntnisse vermag die Geschichte mit Hugo zu vermitteln?

Direkte Botschaften:

- Nicht alle Putzerfische sind gleich (viele haben Streifen, einige haben Punkte auf dem Körper).
- Es gibt Gemeinsamkeiten, die alle jungen Putzerfische verbinden (sie leben im Korallenriff und gehen zur Schule).
- Ein anderes Aussehen ist kein Grund für Ausgrenzung (Punkte auf dem Fischkörper stören niemanden).
- Obwohl kein Grund für Angst besteht, kann man trotzdem welche bekommen (Anblick junger Haie).
- Aus Angst kann man Dinge tun, die man nicht tun möchte (wegschwimmen).
- Einfühlsame Fische machen Mut (Lehrer, Katzenhai).
- Beachtet und getröstet zu werden, hilft in schwierigen Situationen (Katzenhai spricht schluchzenden Putzerfisch an).
- Dinge sind manchmal anders, als sie zu sein scheinen (der Katzenhai ist auch ein Hai).

Indirekte Botschaften:

- Das Wegschwimmen ist ein Hinweis darauf, dass der Putzerfisch seine Angst nicht in Worte fassen kann.
- Der Putzerfisch ist nicht in der Lage, sich selbst Hilfe zu besorgen. Er ist darauf angewiesen, dass ihn jemand in seiner Not findet und ihm hilft.
- Der Putzerfisch benötigt eine angepasste Übungsaufgabe (in Form des Katzenhais), um die schulischen Anforderungen erfüllen zu können.

Die Geschichte mit Hugo beschäftigt sich mit den Themen Angst und Weglaufen. Eine Weglauftendenz besteht bei vielen autistischen Kindern, wobei das Weglaufen keine Reaktion darstellt, um die betreuenden Personen zu provozieren oder zu ärgern.

Autistische Kinder laufen weg, wenn dies die einzige Handlungsoption in einer stressigen Situation darstellt, die ihnen zur Verfügung steht. Weglaufen bedeutet in diesem Fall, dass sich das autistische Kind, ohne ein für betreuende Personen wahrnehmbares körperliches oder verbales Signal zu geben, aus einer Situation meist rennend entfernt.

Die Ursachen für ein Weglaufen können vielfältig sein. Sie reichen von Angst über sensorische Belastungen, soziale Missverständnisse bis zur Unfähigkeit, Bedürfnisse adäquat zu kommunizieren. Das Weglaufen kommt bei nonverbalen autistischen Kindern häufiger vor als bei sprechenden, wobei Kinder, die über Sprache verfügen, weglaufen, wenn sie in stressigen Situationen nicht in der Lage sind zu sprechen. Durch das Weglaufen geraten autistische Kinder oft in gefährliche Situationen, wenn sie befahrene Straßen, Bahngleise oder Gewässer nicht als Gefahrenquellen wahrnehmen oder erkennen.

Das Weglaufen von autistischen Kindern lässt sich nur durch Rekapitulation der vorangegangenen Ereignisse vermindern oder verhindern. Dazu ist es empfehlenswert, Beobachtungsprotokolle anzulegen. Ein Blanko-Protokoll für Weglaufsituationen sowie eine Handreichung für Einsatzkräfte, wenn eine professionelle Suche des weggelaufenen Kindes notwendig wird, finden sich im *Kompetenzmanual Autismus (KOMMA)* (Maus, 2020, Anhang Blatt 41 und Blatt 82). Eine Protokollierung der vorangegangenen Situationen ermöglicht es, Muster zu erkennen und damit Auslöser für ein Weglaufen zu verhindern oder auszuschalten.

Der Protagonist in der Geschichte läuft bzw. schwimmt weg, weil er Angst hat. Die Autistin Temple Grandin beschrieb bereits in den 1990er-Jahren in ihrer Autobiografie Angst als ein lebensbestimmendes Gefühl bei vielen Menschen mit Autismus. Sie erklärte, »daß sich mein Nervensystem aufgrund des Autismus in einem Zustand maßlos übertriebener Wachsamkeit befand. Jede geringste Störung konnte eine intensive Angstreaktion auslösen« (Grandin, 1997, S. 139).

Die Ursachen für Angst ähneln denen für eine bestehende Weglauftendenz. Es kommen sensorische Reize, Veränderungen, soziale Situationen und »jede geringste Störung« infrage. Eine veränderte Wahrnehmung lässt Personen, Dinge und Situationen möglicherweise anders erscheinen, als sie in Wirklichkeit sind. Angst darf von betreuenden Personen nicht bagatellisiert werden, sondern muss ernst genommen werden. Bei sich wiederholenden, unklaren Angstzuständen hilft ebenfalls ein Beobachtungsprotokoll, um die Ursachen aufzuspüren. Auch hierfür hält das KOMMA ein Formular bereit (Maus, 2020, Anhang Blatt 39). Wenn die Ursachen bekannt sind, kann das Handeln überlegt werden.

Nicht-autistischen Kindern sollten die Angstzustände des autistischen Kindes anschaulich erklärt werden, bspw. mit einem Bild, das zeigt, wie aus etwas Harmlosem etwas Furchterregendes werden kann. Abbildung D.1 lässt Kinder (nach)erleben, wie Angst die Wahrnehmung beeinflussen kann (▶ Abb. D.1).

Die Einschätzung von Weglauf- und Angstsituationen kann dadurch erschwert werden, dass die Körpersprache des autistischen Kindes diesbezüglich keine eindeutigen Signale sendet. Gerade in Weglaufsituationen wirkt das autistische Kind auf betreuende Personen oft so, als gäbe es kein Problem. Auch der Lehrer des Protagonisten in der Geschichte kann das Wegschwimmen nicht vorhersehen.

Die Körpersprache autistischer Kinder kann viele Besonderheiten aufweisen, wobei ein Mangel an Mimik, Gestik und Körperbewegungen nur eine der möglichen Auffälligkeiten ist. Es gibt autistische Kinder, die sich vor Freude, aber auch bei Kummer und Schmerzen zusammenrollen oder krümmen. Nicht-autistischen Kindern im Umfeld des autistischen Kindes sollten diese Dinge erklärt werden, damit sie die Möglichkeit haben, angemessen zu reagieren. Dem Protagonisten in

Abb. D.1: Wahrnehmung und Angst (Quelle: Maus, 2020, S. 54)

der Geschichte sieht man die Angst nicht an, aber die Traurigkeit ist deutlich an den hängenden Flossen auszumachen.

Fragen zur Geschichte mit Hugo:

- *Ihre Aufgabe bestand darin, den großen Fischen die Zähne, den Körper und die Flossen zu säubern.*
  - Wie putzt du deine Zähne?
  - Hättest du lieber ein Insekt oder etwas Ähnliches, das dir die Zähne putzt, sodass du dich nur hinstellen und den Mund öffnen musst?
  - Welche Tiere könnten das übernehmen?
- *Eines Tages sagte die Fischmama zu Hugo: »Du bist nun alt genug, um zur Schule zu schwimmen.«*
  - Was hätte die Mama eines Vogelkindes in diesem Fall gesagt?
  - Was hätte die Mama einer jungen Schnecke in diesem Fall gesagt?
  - Fallen dir weitere Beispiele ein? (Beispiele: Känguru, Schlange, Frosch, Affe)
- *Hugo schwamm voller Vorfreude mit den anderen Fischen zum Übungsgelände.*
  - Wie könnte es aussehen, wenn ein Fisch voller Vorfreude schwimmt? Kannst du das vorspielen?
  - Wann hast du dich einmal auf etwas gefreut? Worauf hattest du dich gefreut?
- *Hektisch mit den Flossen schlagend verließ er das Schulgelände.*
  - Was bedeutet es, hektisch zu sein? (Beispiel: Hektisch zu sein bedeutet, dass man Dinge nicht so gut erledigen kann, wie man sie sonst erledigt, weil man aufgeregt ist.)
  - Was tut ein Fisch, der mit den Flossen schlägt? (Beispiel: Er bewegt die Flossen auf und ab.)

- Wie könnte es aussehen, wenn ein Fisch hektisch mit den Flossen schlägt? Kannst du das vorspielen?
- *Erwartungsfroh öffnete der Hai sein Maul.*
  - Was bedeutet erwartungsfroh? (Beispiel: Man ist erwartungsfroh, wenn man über etwas, das sich in Kürze ereignen wird, Bescheid weiß und wenn man sich darauf freut.)
  - Wie sieht ein erwartungsfroher Mensch aus? Kannst du das vorspielen?
  - Wie könnte ein Hai aussehen, der erwartungsfroh sein Maul öffnet? Kannst du auch das vorspielen?
- *Abermals ergriff er die Flucht.*
  - Was bedeutet es, die Flucht zu ergreifen? Ist Flucht etwas, das man anfassen, also ergreifen kann? (Beispiel: Wenn man die Flucht ergreift, bedeutet das, dass man wegläuft – oder wegschwimmt, wenn man ein Fisch ist. Man ergreift oder nutzt also die Gelegenheit, um vor etwas oder jemandem zu fliehen.)
  - Wie ergreift ein Vogel die Flucht?
  - Wie ergreift ein Känguru die Flucht?
  - Kann eine Koralle die Flucht ergreifen?
- *Er schluchzte und ließ seine Flossen herabhängen.*
  - Kannst du ein Schluchzen vorführen?
  - Hugo ließ seine Flossen herabhängen. Was könnten Menschen oder andere Tiere als Fische herabhängen lassen, wenn sie traurig oder verzweifelt sind? (Beispiele: Menschen – den Kopf, die Arme oder die Schultern, Vögel und Insekten – die Flügel, Elefanten – den Rüssel, Hasen und Kaninchen – die Ohren, Schnecken – die Fühler)
- *Der Fisch sagte zu Hugo: »Wie kannst du nur so traurig sein …«*
  - Wie sieht es aus, wenn man traurig ist? Kannst du das vorspielen?
  - Sicherlich warst du auch schon traurig. Möchtest du erzählen, warum du einmal traurig warst?
- *»Würdest du in mein Maul schwimmen, wenn ich dir verspreche, dass ich dich nicht fressen werde?«*
  - Stelle dir bitte vor, du bist ein junger Putzerfisch. Wie hättest du reagiert? Wärst du in das Maul des Katzenhais geschwommen?
- *Mit unbändiger Freude rief Hugo aus …*
  - Was ist unbändige Freude? (Beispiel: Unbändige Freude bedeutet, dass man sich sehr über etwas freut und dies mit Worten oder Bewegungen zum Ausdruck bringt.)
  - Worüber freust du dich ganz besonders?

Hugo lebt am Rand eines Korallenriffs. Ein lebendig wirkendes Korallenriff lässt sich aus Maisbausteinen erschaffen, wobei diesem auch Teile aus Moosgummi oder Krepppapier hinzugefügt werden können. Maisbausteine sind ein Bastelmaterial in Bausteinform. Diese Bausteine können beliebig geformt, zugeschnitten oder geraspelt werden. Sie enthalten Maisstärke und müssen daher nur angefeuchtet werden, um sowohl die originalen als auch die bearbeiteten Teile miteinander zu verbinden. Auch die Burg von Rob und Robin kann mit diesen Bausteinen gestaltet werden (▶ Kap. III-O).

Es gibt viele Arten von Putzerfischen, die alle unterschiedlich gefärbt sind. Der Fisch mit den blauen Streifen aus der Geschichte mit Hugo ist nur einer von ihnen. Viele Putzerfische haben Streifen, einige sind gepunktet. Es gibt Putzerfische mit violetten Schwanzflossen oder mit einem roten Maul und ein Putzerfisch ist gestreift wie ein Zebra. Allen gemeinsam ist, dass sie recht klein sind. Sie erreichen lediglich eine Größe zwischen 7 und 14 Zentimetern. Kinder können ihrer Fantasie freien Lauf lassen und einen oder beliebig viele Putzerfische zeichnen. Dazu wird eine Schablone aus Pappe in Originalgröße hergestellt. Mithilfe der Schablone zeichnen die Kinder den Umriss des Fisches auf ein weißes Blatt Papier oder Fotokarton. Die Fische werden dann farbig gestaltet und ausgeschnitten. Die Papierfische können auf großformatiges blaues Tonpapier aufgeklebt und als Wanddekoration verwendet werden. Die Fische aus Fotokarton eignen sich zur Besiedlung des Korallenriffs aus Maisbausteinen.

Die Putzerfische in der Geschichte mit Hugo sind durch einen blauen Streifen für andere Fische als Putzerfische zu erkennen. Bei Menschen ist das ähnlich. Menschen mit bestimmten Aufgaben erkennt man an ihrer Kleidung. Die Kinder werden angeregt, Beispiele zu nennen, von denen einige hier Erwähnung finden:

- Meschen mit berufstypischer Bekleidung: Koch, Ärztin, Zimmermann, Krankenschwester, Pfarrer, Richterin (Amtstracht),
- Menschen mit Uniformen: Polizistin, Kapitän, Zugbegleiterin, Feuerwehrmann, Zollbeamtin, Steward, Pilotin.

Zu den Personengruppen, welche die Kinder aufzählen, können Erlebnisse und Erfahrungen ausgetauscht werden. Wer mag, kann erzählen, ob die Eltern oder Verwandte und Bekannte zu einer dieser Personengruppen gehören.

Die Unterrichtsfächer von jungen Putzerfischen unterscheiden sich sowohl von denen der Drachenkinder in der Geschichte mit Fafnir (▶ Kap. II-P) als auch von denen der Menschenkinder. Welche Unterrichtsfächer könnte es noch in der Putzerfisch-Schule geben? Die Beantwortung dieser Frage lässt vielfältige Aktivitäten im Anschluss zu. Die Kinder können kleine Lehrpläne für die ausgedachten Unterrichtsfächer erstellen. Möglich ist auch, Anschauungsmaterial zum Inhalt der Unterrichtsfächer anzufertigen. Hugo aus der Geschichte kannte keinen Katzenhai, bis ihm einer begegnete. Da ist es naheliegend, dass ein Unterrichtsfach Hai-Kunde dringend erforderlich ist. Um etwas über Haie zu lernen oder um den Putzerfischen etwas über Haie beizubringen, bietet es sich an, ein Poster oder ein Lapbook über Haie anzufertigen. Lapbooks sind Klappbücher, die im Inneren ein bestimmtes Thema präsentieren und die sich im Grundschulbereich inzwischen einiger Beliebtheit erfreuen. Das Innenteil eines Lapbooks kann bspw. mit Stecktaschen, gefalteten Blättern, Briefen, Fotos oder Drehscheiben gestaltet werden. Beim Falten, Schneiden, Kleben, Zeichnen und Schreiben schulen alle Kinder zudem ihre Feinmotorik.

E Flavia / Die Maus auf dem Sesamkorn

Welche Erkenntnisse vermag die Geschichte mit Flavia zu vermitteln?

Direkte Botschaften:

- Es gibt Gemeinsamkeiten, die alle Mäuse verbinden (alle möchten zu Geburtstagen eingeladen werden).
- Einige Mäuse unterscheiden sich von den anderen (helleres Fell).
- Manche Mäuse haben spezielle Bedürfnisse (Informationen zum Essen und zu den Spielen am Geburtstag).
- Jede Maus möchte einmal ein Spiel gewinnen (Bälle werfen, dann puzzeln).
- Eine scheinbare Nebensächlichkeit kann ein Problem sein (Sesamkorn unter dem Kissen).
- Eine scheinbare Nebensächlichkeit ernst zu nehmen (das Spiel unterbrechen und das Sesamkorn entfernen), sorgt dafür, dass es allen gut geht.
- Eine Pause kann für Wohlbefinden sorgen (nach der Entdeckung des Sesamkorns).
- Manche Mäuse mögen keine Überraschungen (neues Spiel).
- Ein Spiel vorzubereiten und zu leiten (Körnerspiel), kann genauso viel Freude bereiten, wie es zu spielen.
- Eine Pause kann für Wohlbefinden sorgen (in der Küche).

Indirekte Botschaften:

- Die Maus ist schon von Geburt an anders als die anderen (helleres Fell).
- Die Maus benötigt angepasste Bedingungen (Vorhersehbarkeit durch Informationen zum Essen und zum Ablauf des Geburtstages).
- Reizminimierung ist wichtig (kein Sesamkorn unter dem Kissen).
- Die Maus benötigt einen geschützten Rückzugsbereich bei Geburtstagen und anderen Feiern (die Küche).

Die Geschichte mit Flavia thematisiert taktile Wahrnehmung, das Streben nach Vorhersehbarkeit und das Bestreben nach Gleicherhaltung der Umgebung.

Besonderheiten der taktilen Wahrnehmung gehören neben Besonderheiten der visuellen und auditiven Wahrnehmung zu den häufigsten sensorischen Problemen bei Autismus. Diese Besonderheiten betreffen sowohl aktiven als auch passiven Körperkontakt. Es gibt nur sehr wenige Kinder mit Autismus, die ein generelles Problem mit Körperkontakten haben. Die meisten autistischen Kinder haben eher

Probleme mit der Art und Weise des Kontaktes. Unangekündigte, sanfte oder zarte Berührungen bereiten oft Probleme, wogegen angekündigte Körperkontakte, die mit einem gewissen Druck einhergehen, von autistischen Kindern gut ausgehalten, oft sogar als angenehm empfunden werden. Nicht-autistische Kinder beeinflussen das Zusammensein positiv, wenn sie bei dem autistischen Kind auf den Stups in die Seite, das Klopfen auf die Schulter oder den Rücken und das Streichen über den Arm, um Kontakt aufzunehmen oder die Aufmerksamkeit zu erregen, verzichten.

Probleme bei der taktilen Wahrnehmung können auch durch Kleidung, Nahrung oder ein Korn unter einem Kissen ausgelöst werden. Bei allen sensorischen Problemen hilft es, die Auslöser zu beseitigen oder zu minimieren. Das Aushalten von Reizen, die als unerträglich wahrgenommen werden, gelingt gelegentlich für kurze Zeiträume, kostet aber enorm viel Kraft und führt dazu, dass intensive Erholungszeiten notwendig werden. Ein erwartetes oder gefordertes Aushalten von Reizen kann somit stets nur Notsituationen vorbehalten sein.

Autistische Kinder sind i. d. R. bestrebt, die sie umgebende Welt möglichst konstant zu halten. Dinge, die sich nicht verändern, geben Halt in einer Welt, die als nicht vorhersehbar empfunden wird. Dieses Gefühl entsteht einerseits aufgrund der sensorischen Besonderheiten und andererseits aus Schwierigkeiten im Erfassen und dem damit häufig verbundenen Missverstehen sozialer Regeln. Eine ausgeprägte Detailwahrnehmung lässt autistische Kinder viele Einzelheiten und Veränderungen wahrnehmen. Während für ein nicht-autistisches Kind in einer bestimmten Situation alles gleich bleibt, kann sich für ein autistisches Kind viel ändern, weil das eine Kind die Spinne an der Decke nicht bemerkt und das andere Kind alle Bewegungen der Spinne in der Zeit des Zusammenseins beobachtet hat – beobachten musste, weil dieses Kind (ebenso wie das nicht-autistische Kind) seine Wahrnehmung nicht ändern kann. Dieser Unbeständigkeit muss etwas Haltgebendes, etwas, das sich nicht ständig ändert, entgegengesetzt werden. Das erklärt auch, warum autistische Kinder meist sehr auf bestimmte Objekte fixiert sind.

Im sozialen Miteinander bedeutet das Streben nach Vorhersehbarkeit, dass möglichst viele Details eines Ereignisses im Vorfeld bekannt sein müssen. Durch die langfristige Bekanntgabe und das Besprechen von Details zu Ereignissen bekommt das autistische Kind die Chance, sich auf das Bevorstehende vorzubereiten. Dies ermöglicht diesem Kind bspw. an Geburtstagsfeiern teilzunehmen, den eigenen Geburtstag nach seinen Vorstellungen zu feiern und generell mit Veränderungen zurechtzukommen, vorausgesetzt, das Besprochene wird eingehalten. Aufgrund der ausgeprägten visuellen Präferenzen autistischer Kinder eignet sich Bild- oder Videomaterial sehr gut, um auf bevorstehende Ereignisse vorzubereiten.

Ein Streben des autistischen Kindes nach Gleicherhaltung der Umwelt kann sich auch auf Personen oder zeitliche Gegebenheiten beziehen. Personen, die wechselnde Kleidung tragen oder die Reihenfolge von Handlungen oft verändern, können zu Stressfaktoren werden. Hier kann immer nur im Einzelfall abgewogen werden, wie die verschiedenen Bedürfnisse miteinander vereinbart werden können.

Autistische Kinder haben oft – bezogen auf nicht-autistische, gleichaltrige Kinder – Probleme mit dem Zeitempfinden. Sie können Zeiträume schlecht schätzen und wissen meist nicht, wie lange gewisse Dinge dauern, auch wenn sie bereits in der Lage sind, die Uhr zu lesen. So kann ein Spiel, welches zusätzlich gespielt werden soll, neben Veränderungsängsten auch Stress bewirken, weil das Kind bspw. das Gefühl bekommt, nicht rechtzeitig zur Abendroutine zu Hause anzukommen.

Alles, was sich eignet, um zeitliche Strukturen zu visualisieren, hilft autistischen Kindern beim Erfassen von Zeiträumen. Dazu können Pläne erstellt werden, in denen die Wochentage, Vor- und Nachmittage oder die Stunden der Wachzeit mit unterschiedlichen Farben markiert werden. Die dann dort eingetragenen Termine oder Aktivitäten – in Schrift- oder Bildform – werden beim Betrachten des Planes gedanklich mit der Farbe verknüpft. Damit prägt sich die Zeitspanne besser ein, in der die entsprechende Handlung absolviert wurde. Später lässt sich dieses Verfahren auf Wochen- oder Monatspläne anwenden. Bei einzelnen Ereignissen wie einem Geburtstag, einer Gruppenfahrt oder einem Ausflug bietet sich die Darstellung auf einem Zeitstrahl an, auf dem außerdem Fotos oder Bilder des Ortes, an dem das Ereignis stattfinden wird, oder Informationen zu Gästen festgehalten werden können.

Fragen zur Geschichte mit Flavia:

- *Ihr Herz klopfte ebenfalls. ... Es klopfte also in ihrem Körper, weil Flavia aufgeregt war.*
  – Bist du aufgeregt, wenn du Geburtstag hast?
  – Denkst du, dass Lino an seinem Geburtstag aufgeregt war?
- *Lino hatte Flavia sowie vier andere Mäuse zu seinem Geburtstag eingeladen.*
  – Über welche Dekoration zum Geburtstag würdest du dich freuen? (Beispiele: Girlanden, Luftballons, Luftschlangen, Blumen aus Papier, aufblasbare Tiere, Poster, Hüte oder eine Krone aus Pappe, große Schleifen, keine Dekoration)
- *Flavia trat ein, gratulierte Lino zum Geburtstag und übergab ihr Geschenk.*
  – Was könnte Flavia Lino zum Geburtstag geschenkt haben?
  – Was könnten die anderen Mäuse Lino zum Geburtstag geschenkt haben?
- *Nach dem Essen spielten sie das erste Spiel.*
  – Welches Essen könnte es an Linos Geburtstag gegeben haben?
  – Welche Getränke könnte es an Linos Geburtstag gegeben haben?
- *Sie setzten sich auf Stühle, die an einem runden Tisch standen.*
  – Wie viele Stühle standen an dem Tisch?
- *Lino hatte vor der Feier auf jeden Stuhl ein dickes Kissen gelegt, damit es gemütlicher ist.*
  – Welche Dinge findest du gemütlich? (Beispiele: Decken, Kissen, Kuscheltiere, einen flauschigen Teppich, das eigene Bett, die Couch, eine Hängematte, einen Pappkarton zum Hineinkriechen)
- *Lino gab das Startsignal ...*
  – Wie könnte Lino das Startsignal geben?
  – Welche weiteren Möglichkeiten gibt es, um ein Spiel zu starten?
- *Flavia rutschte nervös auf ihrem Stuhl hin und her.*
  – Was bedeutet nervös? (Beispiel: Nervös zu sein bedeutet, dass man durch bestimmte Umstände wie Stress angespannt und unruhig gleichzeitig ist.)
  – Wie sieht es aus, wenn man nervös hin und her rutscht? Kannst du das vorspielen?
- *Entrüstet erklärte Lino ...*
  – Wie hört es sich an, wenn jemand entrüstet etwas erklärt?

- Kannst du entrüstet etwas erklären? (Beispiel: »Ich finde es nicht in Ordnung, dass wir den Hintereingang der Schule nicht mehr benutzen dürfen.«)
- *Geheimnisvoll verkündete Lino ...*
  - Wie hört es sich an, wenn jemand etwas geheimnisvoll verkündet?
  - Kannst du geheimnisvoll etwas verkünden? (Beispiel: »Nach dem Mittagessen wird es einen ganz besonderen Nachtisch geben.«)
- *Alle Mäuse außer Flavia waren begeistert.*
  - Wie sieht es aus, wenn jemand begeistert ist? Kannst du das vorspielen?
- *Flavia mochte keine Überraschungen ...*
  - Magst du Überraschungen? Welche Art von Überraschungen magst du?
- *Die Mäuse stürmten in den Garten und Flavia tippelte in die Küche.*
  - Wie sieht es aus, wenn man in den Garten stürmt? Kannst du das vorspielen?
  - An welchen Orten kann man noch stürmen? (Beispiele: auf dem Fußballfeld, aus der Wohnung, aus dem Haus, aus dem Gruselkabinett, in ein Zimmer)
  - Was tut man, wenn man tippelt? (Beispiel: Man tippelt, wenn man einen Weg mit kleinen, leichten Schritten zurücklegt.)
  - Wie sieht es aus, wenn man tippelt? Kannst du das auch vorspielen?

Flavia klopft zu Beginn der Geschichte an die Tür, aber wie hört es sich eigentlich an, wenn man an verschiedene Türen klopft? Klingt ein Klopfen an einer Holztür anders als ein Klopfen an einer Metalltür? Wenn mit den Kindern ausprobiert wird, wie sich ein Klopfen auf verschiedenen Oberflächen anhört, dann muss unbedingt auf die auditiven Besonderheiten des autistischen Kindes geachtet werden. Möglicherweise benötigt dieses Kind für dieses Spiel halboffene Kopfhörer, die den Geräuschpegel dämpfen, aber eine Ansprechbarkeit nicht verhindern.

Ein Klopf-Memory kann ebenfalls mit den Kindern gespielt werden. Dazu suchen alle Beteiligten im unmittelbaren Umfeld nach Dingen, auf die man klopfen kann. Das Spiel beginnt mit einer Runde Probeklopfen. Es wird nacheinander auf alle Dinge geklopft, die zusammengesucht wurden. Nach jedem Klopfen folgt eine kurze Pause, damit die Kinder sich den Klang einprägen können. Dann werden einem Kind die Augen verbunden und ein anders Kind klopft auf eines der Dinge. Das Kind mit den verbundenen Augen sagt, worauf seiner Meinung nach geklopft wurde. Ist die Antwort falsch, darf es erneut versucht werden. Bei einer richtigen Antwort darf dieses Kind in der nächsten Runde das Klopfen übernehmen. Wenn das autistische Kind sensorische Probleme beim Verbinden der Augen hat, kann dieses Spiel auch mit einem Raumteiler gespielt werden. Eine weitere Möglichkeit besteht darin, dass sich das ratende Kind zur Wand dreht und sich ggf. selbst die Augen zuhält.

Der eigene Geburtstag ist ein wichtiger Tag im Leben jedes Kindes. Daher sollten Kinder die Gelegenheit bekommen, einen Plan aufzustellen, der beinhaltet, wie sie sich ihren Geburtstag vorstellen. Welches Essen wird gewünscht und welche Spiele versprechen Spaß? Werden diese Pläne miteinander verglichen und wird sich darüber ausgetauscht, dann stellen nicht-autistische Kinder schnell fest, dass autistische Kinder Überraschungen meist als stressig empfinden. Sie stellen aber auch fest, welche gemeinsamen Wünsche und Vorstellungen es gibt. Mit diesen Informationen lassen sich Geburtstage wie Linos mit Flavia als Gast gestalten.

Lino kommt während seiner Geburtstagsfeier auf die Idee, ein Körnerspiel zu spielen. Solch ein Körnerspiel können nicht nur Mäusekinder, sondern auch Menschenkinder spielen. Die Körner, die verwendet werden, müssen dazu nur etwas größer sein. Zur Vorbereitung des Spiels werden verschiedene Körner, Früchte u. Ä. in der Küche zusammengesucht. Infrage kommen bspw. Bohnen, Linsen, Reis, Haselnüsse, Walnüsse, ein gereinigter Pfirsich-, Kirsch- oder Pflaumenkern, aber auch nicht gekochte Nudeln in verschiedenen Formen. Es wird von jedem Objekt meist nur ein Stück benötigt. Kinder, die zu Besuch kommen oder sich anderweitig zusammenfinden, erhalten die Bitte, Material für dieses Spiel mitzubringen. Zu Beginn des Spiels werden alle Körner und Früchte gezeichnet und bei Bedarf beschriftet. Durch das Zeichnen erhalten die Kinder die Gelegenheit, sich die Form der Objekte einzuprägen.

Für das Spiel werden ein Stuhl und einige unterschiedlich dicke Kissen oder flauschige Handtücher benötigt. Ein Kind wird nach draußen geschickt. Die anderen Kinder wählen ein Objekt und ein dazu passendes Kissen oder Handtuch aus. Das ausgewählte Objekt wird auf den Stuhl gelegt und mit dem Kissen oder Handtuch bedeckt. Das Kind, welches vor der Tür gewartet hat, wird hereingebeten. Es setzt sich auf den Stuhl und versucht zu erfühlen, was sich unter dem Kissen befindet. Es darf dabei ein wenig hin und her rutschen, so wie es Flavia in der Geschichte auch tut, und es darf auch mehrere Male aufstehen und sich wieder hinsetzen. Das richtige oder falsche Ergebnis wird in einer Liste notiert und dann ist das nächste Kind an der Reihe. Am Ende kann ermittelt werden, wer die meisten richtigen Antworten gegeben hat. Es kann auch ermittelt werden, welches Objekt von allen Kindern am häufigsten richtig erspürt wurde.

F Kastania und Kastagnette / Ein Feenmärchen

Welche Erkenntnisse vermag die Geschichte mit Kastania und Kastagnette zu vermitteln (Maus, 2017, S. 60 f.)?

Direkte Botschaften:

- Nicht alle Feen sind gleich.
- Es gibt Gemeinsamkeiten, die alle Feen verbinden (alle haben ein Haustier).
- Einige Feen unterscheiden sich deutlich von den anderen (Art der Haustiere).
- Manche Feen haben besondere Vorlieben oder Interessen (Musik von Kastania).
- Manchmal sind bestimmte Ereignisse vonnöten (stürmisches Wetter), um die Augen für die Besonderheiten und Fähigkeiten von Außenseitern zu öffnen.
- Dinge gemeinsam zu tun (singen und musizieren), ist möglich.
- Verschiedene Dinge gemeinsam zu tun (singen und musizieren), bringt ein anderes Erlebnis als gemeinsam *eine* Tätigkeit auszuüben (ohne Begleitung singen).
- Dinge gemeinsam zu tun (singen und musizieren), bringt für alle Beteiligten besondere Erlebnisse.
- Auch scheinbar sonderbare Feen wünschen sich gemeinsame Aktionen und wollen beachtet werden.

Indirekte Botschaften:

- Die Fee ist schon von Geburt an anders als die anderen (Kastanie als Feenbett).
- Die Fee hat schon von Geburt an einen höheren Betreuungsaufwand als andere (besonders großes Haustier symbolisiert Schutz und Verteidigung).
- Die Fee benötigt einen geschützten Raum (Kastanienbaum steht am Rand, nicht inmitten der Obstbäume).

In der Geschichte mit Kastania und Kastagnette spielen Spezialinteressen und logisches Denken in Verbindung mit sozialen Interaktionen die zentrale Rolle.

Spezialinteressen sind Beschäftigungen, die mehr Raum im Leben einnehmen als ein gewöhnliches Hobby, wobei die Erklärung bereits verdeutlicht, wie schwer es ist festzustellen, wo das eine aufhört und das andere beginnt. Sie gehören neben Stereotypien und Ritualen zu den repetitiven Verhaltensweisen, die Handlungen beschreiben, die einen außerhalb der Norm liegenden Wiederholungscharakter aufweisen.

Spezialinteressen pflegen eher Kinder mit High-Functioning-Autismus oder dem Asperger-Syndrom. Häufig werden Objekte gesammelt und katalogisiert oder Fakten zu bestimmten Themengebieten zusammengetragen, wobei Naturwissenschaften,

Geschichte oder Musik häufige Interessensgebiete sind. Die Hauptfigur der Geschichte beschäftigt sich mit einem ungewöhnlichen Musikinstrument. Autistische Kinder interessieren sich mitunter auch für Dinge, die den Vorlieben Gleichaltriger entsprechen, wie bspw. Drachen oder Comic-Figuren, wobei die sozialen Aspekte dieser Vorlieben in den Hintergrund treten.

Beim Anbahnen von Kontakten und gemeinsamen Aktivitäten können Spezialinteressen äußerst hilfreich sein. Sie bilden für das autistische Kind einen inhaltlichen Rahmen, welcher Vorhersehbarkeit ermöglicht und dem Kind aufgrund seines Wissens Sicherheit vermittelt. Außerdem geben sie eine Struktur vor, die bei gelingenden Interaktionen das Potenzial hat, systematisch ausgebaut zu werden. Ein autistisches Kind, welches auf diese Art positive Gruppenerfahrungen sammeln kann, wird mehr Sicherheit und Selbstvertrauen in sozialen Situationen erlangen.

Logisches Denken von autistischen Kindern führt oft dazu, dass sie andere Kinder, aber auch Erwachsene wie bspw. Lehrer korrigieren. Sie wirken dabei oft wie unangenehme Besserwisser, was ihrer autistischen Natur allerdings zuwiderläuft. Ein Besserwisser ist ein Mensch, der Aufmerksamkeit sucht und deshalb bewusst andere in einer sozial unangemessenen Art kritisiert. Ein autistisches Kind sucht i. d. R. in einer solchen Situation nicht die Aufmerksamkeit der umgebenden Personen, denn dies würde sozialen Stress bedeuten, den es zum Selbstschutz zu vermeiden bestrebt ist. Ein autistisches Kind korrigiert andere Personen, weil sich sonst die Fehler der anderen gnadenlos in den eigenen Gedankengängen festsetzen. Die einzige Möglichkeit, dies zu verhindern, besteht für das autistische Kind darin, den Fehler zu korrigieren. Der gerade besprochene Mechanismus schließt aber nicht aus, dass man mit dem autistischen Kind sein Wirken auf andere, wenn es diese korrigiert, besprechen darf.

In der Geschichte kommt die Hauptfigur auf die Idee, etwas Ungewöhnliches zu essen, um nicht zu verhungern. Wenn keine Äpfel und Birnen zum Essen vorhanden sind, dann muss man etwas anderes zum Verzehr finden. Kastanien sind vorhanden und somit stellt sich die Frage, wie man daraus eine Mahlzeit zubereiten kann. Logisches Denken zeichnet sich u. a. dadurch aus, dass alle Möglichkeiten in Betracht gezogen werden, auch solche, die üblicherweise aus traditionellen, erlernten oder emotionalen Gründen von Vornherein ausgeschlossen werden.

Detailwahrnehmung (▶ Kap. III-G) und logisches Denken sind Leistungsstärken von autistischen Kindern. Diese Leistungsstärken sollten nicht nur in der Frühförderung und im schulischen Bereich, sondern auch im Freizeitbereich mehr Beachtung finden. In Verbindung mit den Spezialinteressen des autistischen Kindes bereichern sie soziale Interaktionen – oder sie machen sie überhaupt erst möglich, wie es die Geschichte zeigt.

Fragen zur Geschichte mit Kastania und Kastagnette:

- *Es ist allgemein bekannt, dass Feen Lieblingsbäume und Lieblingstiere haben.*
    - Wenn du eine Fee wärst, welches Lieblingstier würdest du wählen? (Hinweis: Es kann hilfreich sein, Fotos oder Zeichnungen von Tieren zum Auswählen anzubieten.)
    - Welchen Lieblingsbaum hättest du? (Hinweis: Es kann hilfreich sein, Fotos oder Zeichnungen von Bäumen zum Auswählen anzubieten.)

III Botschaften, Besonderheiten und Einsatz der Geschichten

- *Die angesehensten Feen leben in Obstbäumen.*
  - Was bedeutet es, wenn man angesehen ist? (Beispiel: Angesehen zu sein bedeutet, dass man von anderen geachtet wird. Es kann auch bedeuten, dass die Dinge, die man tut, von den anderen geschätzt werden.)
- *… und kein Tier würde jemals die Freundschaft mit einer Fee ausschlagen.*
  - Was bedeutet es, wenn man eine Freundschaft ausschlägt? (Beispiel: Eine Freundschaft auszuschlagen bedeutet, eine angebotene Freundschaft abzulehnen. Wenn jemand mit dir befreundet sein möchte, aber du möchtest nicht mit dieser Person befreundet sein, dann sagst du das der Person und hast damit die angebotene Freundschaft ausgeschlagen.)
- *Die anderen Feen empörten sich, denn Feen befreunden sich normalerweise nicht mit pelzigen Riesentieren!*
  - Wie sieht es aus, wenn man sich empört? Kannst du das vorspielen?
  - Welche Tiere außer Mäuse könnten von Feen noch als pelzige Riesentiere betrachtet werden? (Beispiele: Siebenschläfer, Eichhörnchen, Hamster, Kaninchen, Hase, Iltis, Marder, Dachs)
  - Sind Igel aus Sicht der Feen pelzige Riesentiere?
- *Diese Rasseln legte sie in eine Hängematte und wenn der Wind blies, raschelten die Kastanien in den lieblichsten Tönen.*
  - Was sind liebliche Töne? (Beispiel: Liebliche Töne sind Töne, die als angenehm empfunden werden. Lieblichste Töne sind demzufolge Töne, die als sehr angenehm empfunden werden.)
  - Welche Töne findest du angenehm? Welche Töne sind für dich unangenehm?
- *Da aber alle Feen wunderschön singen können …*
  - Singst du gern Lieder?
  - Möchtest du jetzt ein Lied vorsingen? Dürfen die anderen mitsingen?
- *Außerdem stand Kastanias Kastanie an einem geschützten Platz am Rande des Obstbaumwaldes.*
  - Was ist ein Platz? (Beispiel: Ein Platz ist eine unbebaute Stelle in einem Dorf oder in einer Stadt. Ein Sportplatz ist bspw. eine umzäunte Fläche, auf der Sport getrieben werden kann. Ein Platz kann aber auch eine bestimmte Stelle an einem beliebigen Ort beschreiben – z. B. einen Platz am See zum Ausruhen suchen, einen Platz im Regal für das neue Buch finden, den Platz im Koffer gut nutzen, einen Sitzplatz im Zug oder im Kino buchen.)
  - Was ist ein geschützter Platz? (Ein geschützter Platz bedeutet, dass der Platz durch besondere Gegebenheiten wie bspw. eine Felswand bestimmten Einflüssen wie bspw. Wind nicht ausgesetzt ist.)
  - Wer oder was könnte den Platz in unserer Geschichte beschützen? (Beispiele: ein angrenzender Nadelwald, ein Berg, eine Felswand, die Lage in einem Tal, ein Riese)
  - Wovor wird der Platz in unserer Geschichte beschützt? (Antwort: vor den heftigen Stürmen)
- *Dann bereitete Kastania aus den weichen Innenteilen der Kastanien und wohlschmeckenden Waldkräutern leckere Mahlzeiten zu, an die sich auch die Obstbaumfeen recht schnell gewöhnten.*
  - Können Menschen Kastanien essen? (Beispiel: Die Kastanien, die du im Herbst sammelst und zum Basteln verwendest, darfst du nicht essen. Sie sind leicht giftig

und enthalten Stoffe, die dir Bauchschmerzen bereiten können. Der Baum, der die schönen braunen Früchte trägt, heißt Rosskastanie. Es gibt aber noch einen anderen Baum, der auch Kastanie heißt – das ist die Edel- oder Esskastanie. Die Früchte der Esskastanie, die ganz anders aussehen als die Kastanien, die du im Herbst sammelst, kann man essen. Sie werden auch zu Brot, Nudeln und Gebäck verarbeitet und es gibt sogar Eiscreme aus Esskastanien.)
  – Gibt es Dinge, an die du dich gewöhnt hast?
- »*Wir wollen zum Abschluss des Tages ein Lied singen, begleitest du uns bitte mit deinen Kastanienrasseln?*«
  – Welche Musikinstrumente kennst du?
  – Welches Musikinstrument gefällt dir am besten? Warum gefällt dir dieses Instrument?
  – Spielst du ein Instrument?
- *Kastania und Kastagnette konnten ihr Glück kaum fassen ...*
  – Was bedeutet es, wenn man sein Glück kaum fassen kann? (Beispiel: Wenn man sein Glück kaum fassen kann, ist man überrascht von einer Situation, die einen sehr glücklich macht. Man hat also nicht erwartet oder vorhergesehen, dass diese Situation eintreten könnte.)
  – Was oder wer macht dich glücklich?

Zu Beginn der Geschichte wird erzählt, dass Feen Lieblingsbäume und Lieblingstiere haben. Die Feen in der Geschichte sind Märchenfeen, die Flügel besitzen und demzufolge auch fliegen können. Sie sind viel kleiner als Menschen. Märchenfeen können oft Wünsche erfüllen, wie bspw. die Fee Tinkerbell in Peter Pan (1904) von James Matthew Barrie, die Fee in Charles Perraults Cendrillon (Cinderella, Aschenputtel) (1697) und die Fee in Pinocchio (1881) von Carlo Collodi. Ob die Fee Kastania Wünsche erfüllen kann, wird in der Geschichte nicht verraten.

Feen gibt es auch in der keltischen Mythologie. Diese Feen sind meist fast so groß wie Menschen. Sie leben in Wäldern, tanzen gern und besuchen Neugeborene, um deren Schicksal zu bestimmen. In der nordischen Mythologie gibt es den Feen ähnliche Wesen, die Elfen oder Elben genannt werden. Mythologische Feen und Elfen können sowohl weiblich als auch männlich sein.

Tiere und Bäume gibt es in großer Vielfalt und somit hat jedes Kind die Chance, einen Lieblingsbaum und ein Lieblingstier zu finden. Diese Bäume und Tiere können gezeichnet und dann miteinander verglichen werden. Sicherlich sind auch die Gründe, warum das jeweilige Kind genau diesen Baum und dieses Tier ausgewählt hat, sehr spannend anzuhören.

Die Schmetterlinge und Bienen sind beliebte Haustiere der Feen, weil sie die Blüten der Obstbäume bestäuben. Wenn das Sachwissen um Blüten und Bestäubung bei den Kindern noch nicht vorhanden ist, lässt sich das Vermitteln dieser Informationen gut an das Vorlesen der Geschichte anknüpfen. Hierbei sollte ein kindgerechtes Sachbuch zu diesem Thema zum Einsatz kommen. Es besteht die Möglichkeit, die Geschichte mit Flugsi (▶ Kap. II-B) in diese Aktivitäten einzubauen, da Bienen hier die Hauptrolle spielen.

Die Maus Kastagnette stellt rasselnde und raschelnde Musikinstrumente her. Das können die Kinder ebenso tun. Dazu werden entweder vorhandene Klangeier und andere rasselnde Gegenstände zusammengesucht oder es werden verschiedene kleine Teile wie Murmeln, Geldstücke oder Schrauben in jeweils eine kleine Dose mit fest schließendem Deckel gefüllt. Des Weiteren wird eine kleine Decke oder eine Hängematte für Plüschtiere benötigt. Zwei Kinder greifen jeweils ein Ende der Mini-Hängematte oder sie nehmen die kleine Decke so in die Hände, dass so etwas wie eine Hängematte entsteht. Die anderen Kinder legen nun nach Lust und Laune ein oder mehrere rasselnde Objekte in die Hängematte. Dann versuchen die Kinder, die die Hängematte festhalten, durch sanftes und stärkeres Schaukeln oder auch durch Schütteln verschiedene Töne erzeugen. Diese Aktivität trainiert unaufgefordert die Feinmotorik und kann mit wechselnden Rollen so lange durchgeführt werden, bis die Kinder genug experimentiert haben.

Die heftigen Stürme im Frühsommer reißen die Früchte von den Bäumen. Aber wie sehen Bäume, die sich mitten im Sturm befinden, überhaupt aus? Gelingt es den Kindern, einen Baum im Sturm zu zeichnen? Und schaffen sie es auch, das Wetter glaubhaft zu skizzieren? Scheint die Sonne, wenn es stürmt? Regnet es immer, wenn es stürmt?

Singen und Musizieren spielt in der Geschichte mit Kastania und Kastagnette eine große Rolle. Ein selbst gebautes Instrument sorgt für ganz individuelle Erlebnisse. Im vierten Buchteil wird beschrieben, wie ein Regenmacher mit einfachen Mitteln hergestellt werden kann (▶ Kap. IV-15). Solch ein selbst gebautes Instrument hat den Vorteil, dass es genau auf die sensorischen Besonderheiten des autistischen Kindes abgestimmt werden kann. Dies trifft ebenso zu, wenn sich hochsensible Kinder in der Gruppe – damit sind auch Geschwister gemeint – befinden.

Die Geschichte bietet einen guten Anlass, um zusammenzukommen und zu singen – also gemeinsam zu musizieren, wie es die Feen am Schluss der Erzählung tun. Wenn Orff-Instrumente vorhanden sind, können sie zur Begleitung eingesetzt werden. Orff-Instrumente umfassen u. a. verschiedene Trommeln, Cymbeln, Rasseln, Becken, Triangeln, Glockenspiele und Xylophone. Ebenso können Kinder, die ein Instrument spielen, hier ihr Können vorführen. Bei diesen Aktivitäten ist es aufgrund auditiver Wahrnehmungsbesonderheiten notwendig, genau auf die Belastungsgrenzen des autistischen Kindes zu achten. Ein Rückzugsbereich muss für dieses Kind zur Verfügung stehen, ebenso eine Person, die den Rückzug begleitet, wenn dies erforderlich ist.

G   Mika / Der Hochzeitskäse

Welche Erkenntnisse vermag die Geschichte mit Mika zu vermitteln?

Direkte Botschaften:

- Es gibt Gemeinsamkeiten, die alle Mäuse verbinden (alle leben im Schloss und haben einen Pakt mit den Menschen geschlossen).
- Dinge gemeinsam zu tun (Hochzeitsfest), ist möglich.
- Einige Mäuse unterscheiden sich deutlich von den anderen (sie grübeln und erfinden Dinge).
- Manche Mäuse halten Versprechen oder erledigen Dinge, ohne darüber zu reden (die verliebten Mäuse müssen warten).
- Wenn man den Stand der Vorbereitungen erfahren möchte, kann man nachfragen (anstatt zu grübeln und enttäuscht zu sein).
- Manche Mäuse haben besondere Fähigkeiten (Berechnung der Knabberroute).
- Dinge gemeinsam zu tun (ein Fest feiern), bringt für alle Beteiligten besondere Erlebnisse.
- Auch scheinbar sonderbare Mäuse wünschen sich gemeinsame Aktionen, gelegentlich mit etwas Abstand (von oben zuschauen).
- Erfindungen können die Welt verändern (Hochzeitsplaner).

Indirekte Botschaften:

- Die Maus meint genau das, was sie sagt (»Ich werde eine Lösung finden«).
- Das besondere Denken (in Bildern) der Maus ermöglicht ihr, bestimmte Arbeiten zu erledigen, die die anderen Mäuse nicht (so gut) ausführen können.
- Die Maus benötigt soziale Aktivitäten mit einem gewissen Abstand (sie nimmt – sich oben auf dem Käse befindend – an der Hochzeit teil).

In der Geschichte mit Mika werden besondere Aspekte der Kommunikation, des Denkens und der Wahrnehmung angesprochen.

Der Protagonist der Geschichte nutzt seine Fähigkeit zum logischen und konstruktiven Denken, um Dinge zu erfinden. Diese Dinge sind aus Sicht der anderen im alltäglichen Leben von unterschiedlicher Nützlichkeit. Die Fähigkeit zum logischen Denken ist eine Leistungsstärke vieler autistischer Kinder, wobei auch für sie – wie für Mika – oft die Machbarkeit oder Umsetzbarkeit einer Idee, jedoch nicht der Gewinn, den sie mit ihrer Idee erzielen könnten, im Vordergrund steht.

Autistische Kinder verarbeiten visuelle Signale bevorzugt und effektiv, akustische Signale dagegen oft mit einer mehr oder weniger großen Verzögerung. Außerdem besitzen sie eine ausgeprägte Fähigkeit zur Wahrnehmung von Details, die als spontaner lokaler Wahrnehmungsvorzug bezeichnet wird. Sie nehmen bspw. beim Betreten eines Raumes den Kaktus auf dem Fensterbrett oder die Fliege an der Wand wahr. Nichtautistische Kinder haben einen spontanen globalen Wahrnehmungsvorzug, was bedeutet, dass sie, ohne darüber nachzudenken, Details ausblenden können und Gesamtbilder erfassen. Sie nehmen beim Betreten eines Raumes bspw. wahr, dass der Raum ein Fenster, eine Tafel, Stühle und Tische aufweist und wohl ein Klassenzimmer ist. Aus bestimmten Gründen wie Interessen oder einer Notwendigkeit können nicht-autistische Kinder auch Details wahrnehmen, ebenso wie autistische Kinder Gesamtbilder erfassen können. Das Vermögen, Dinge in einen Gesamtzusammenhang (zentrale Kohärenz) zu bringen, kann allerdings bei autistischen Kindern beeinträchtigt sein.

Da visuelle Signale von autistischen Kindern sehr gut erfasst, verarbeitet und auch gemerkt werden, eignen sich visuelle Hilfsmittel, um den Alltag zu strukturieren, um Wissen zu vermitteln und um soziale Themen zu erklären. Die schnelle Detailwahrnehmung von autistischen Kindern führt dazu, dass sie besonders gut darin sind, visuelle Rätsel zu lösen, den Weg durch ein Labyrinth zu finden, bestimmte Puzzle-Teile auszumachen oder Unterschiede und minimale Veränderungen zu bemerken. Diese Stärken eignen sich hervorragend, um nicht-autistischen Kindern die Fähigkeiten von Kindern mit Autismus zu demonstrieren und um gemeinsame Aktivitäten anzubahnen (Maus, 2020).

Der Protagonist der Geschichte erfasst nicht nur visuelle Signale, insbesondere die Details an den Wänden, sehr gut, sondern denkt auch in Bildern. Die Autistin Temple Grandin, die aufgrund ihres Denkens in Bildern in ihrer Vorstellung komplexe Anlagen zur Viehhaltung zu konstruieren vermag, beschreibt es folgendermaßen: »Ich denke in Bildern. […] Wenn jemand mit mir spricht, werden seine Worte augenblicklich in Bilder umgewandelt« (Grandin, 1997, S. 19). Das visuelle Denken bedeutet, dass das autistische Kind Gehörtes oder Gelesenes in Bilder oder in einen Film umwandelt und in dieser Form im Gedächtnis ablegt. Die auditive Information wird dabei nicht oder nur unvollständig gespeichert. Bei einem Gespräch oder dem Verfassen eines Textes ruft das autistische Kind die gespeicherten Bilder oder Filme aus der Erinnerung auf und beschreibt diese mit eigenen Worten.

Dem Protagonisten der Geschichte gelingt es, durch eine Kombination aus visuellem Denken und Detailwahrnehmung die Knabberrouten der Mäuse im Käse zu ermitteln. Autistische Kinder, die in Bildern denken, nutzen diese Fähigkeit bspw., um Fehler zu finden, Dinge zu konstruieren oder – wenn sie älter werden – zum Komponieren und Programmieren. Über den Erfinder und Physiker Nikola Tesla (1856–1943) ist bekannt, dass er eine Turbine im Kopf konstruieren, verändern und sogar Probe laufen lassen konnte. Für ihn war es bedeutungslos, ob er die Turbine in Gedanken oder in der Werkstatt testete (Sacks, 2002). Visuelles Denken kann aber auch dazu führen, dass Dinge, die nicht oder schwer in Bilder umgesetzt werden können, Probleme bereiten. Dies können Redewendungen, aber auch Verallgemeinerungen sein.

Autistische Kinder haben Schwierigkeiten, anderen Menschen mentale Zustände wie Wünsche, Gedanken und Gefühle zuzuschreiben. Diese eingeschränkte Theory of Mind kann u. a. dazu führen, dass sie – wie der Protagonist in der Geschichte – *vergessen*, Bescheid zu sagen, wenn sie eine Aufgabe erledigt haben. Sie realisieren in diesem Fall nicht, dass die andere Seite nicht zwingend über das Wissen oder die Informationen, die sie selbst haben, verfügt. Sie vermögen sich auch nicht vorzustellen, dass die andere Seite trotz der unmissverständlichen Aussage, dass die Aufgabe erledigt werden wird, die Information über die Erledigung als beruhigend empfinden würde. Nicht-autistische Kinder, die diese Besonderheiten verstanden haben, wenden sich nicht verärgert ab, sondern lernen nachzufragen.

Schwierigkeiten mit dem Zeitempfinden führen dazu, dass der Protagonist den Beginn der Hochzeitsfeier beinahe hinter dem Käse verschläft. Autistische Kinder im Vor- und Grundschulalter werden i. d. R. von den Eltern geweckt und pünktlich zu Terminen gebracht. Im späteren Leben führen diese Schwierigkeiten dazu, dass Jugendliche und Erwachsene mit Autismus oft einen sehr strukturierten Tagesablauf haben, um die Zeit managen zu können, aber auch, um Veränderungen zu vermeiden.

Feste und Feiern sind mit sensorischem und sozialem Stress verbunden, sie bergen ein hohes Veränderungspotenzial und sind oft wenig vorhersehbar. All die Dinge, die solche Gelegenheiten für nicht-autistische Kinder abwechslungsreich und interessant machen, bewirken bei autistischen Kindern oft das Gegenteil. Daraus folgt aber nicht der Schluss, dass autistische Kinder nicht an Festen und Feiern teilnehmen möchten, sondern daraus ergibt sich die Notwendigkeit, entsprechende Maßnahmen wie das Geben von Vorabinformationen, das Erstellen eines Ablaufplanes, die Minimierung von Reizen und das Bereitstellen eines Rückzugsortes in die Wege zu leiten. Der Protagonist der Geschichte hat eine sehr individuelle Lösung gefunden: soziale Aktivitäten mit Abstand – von oben zuschauen, anstatt mittendrin zu sein.

Fragen zur Geschichte mit Mika:

- *Sie bewohnten ein märchenhaftes Schloss.*
  - Bist du schon einmal in einem Schloss gewesen?
  - Welches Schloss hast du besucht? Hat es dir dort gefallen?
- *Zum Schutz der Vorräte hatte das Personal mit den Mäusen einen Pakt geschlossen ...*
  - Was bedeutet es, einen Pakt zu schließen? (Beispiel: Einen Pakt zu schließen bedeutet, dass man für bestimmte Situationen vereinbart, wie man sich verhält. Beide Seiten versprechen, sich an die Vereinbarung zu halten.)
  - Müssen die Menschen die Vorräte wegschließen, wenn sich die Mäuse an den Pakt halten?
- *Zu den wichtigen Ereignissen bei den Mäusen gehörte das Hochzeitsfest.*
  - Hast du schon einmal an einer Hochzeit teilgenommen?
  - Wer hat geheiratet? Hat es dir gefallen oder hast du dich gelangweilt?
- *Eine Maus läutete eine Glocke. Nach diesem Startsignal nagten sich die Mäuse in den Käse.*
  - Wenn die Glocke kaputt wäre, womit könnte man dann ein Startsignal geben? Oder wie könnte man das Startsignal geben?
- *Sie konnten den Gedanken nicht ertragen, eine andere Maus zu heiraten.*
  - Was bedeutet es, wenn man einen Gedanken nicht ertragen kann? (Beispiel: Einen Gedanken nicht ertragen zu können bedeutet, dass schon das Denken an

etwas, was bisher nicht passiert ist, aber passieren könnte, sehr unangenehm ist.)
- *Anni und Toro lauschten ängstlich an der Tür, aber sie konnten nichts hören. Keine Bohrgeräusche, keine Schleifgeräusche, keine Geräusche, die ein Hammer machen würde.*
  - Wie sieht es aus, wenn man ängstlich an der Tür lauscht? Kannst du das vorspielen?
  - Kannst du Geräusche machen, die wie eine Bohrmaschine klingen?
  - Kannst du Geräusche machen, die wie eine Schleifmaschine klingen?
  - Kannst du Geräusche machen, die sich anhören, als ob jemand hämmert?
- *»Mika! Ich bin enttäuscht«, rief Toro aus.*
  - Wie sieht jemand aus, der enttäuscht ist? Kannst du das vorspielen?
  - Wie hört es sich an, wenn jemand enttäuscht ist?
  - Kannst du enttäuscht etwas sagen? (Beispiel: »Ich wollte so gern mit dem Karussell fahren, aber es ist kaputt.«)
  - Wann warst du einmal enttäuscht? Warum warst du enttäuscht?
- *Toro war sprachlos.*
  - Was bedeutet es, sprachlos zu sein? (Beispiel: Sprachlos zu sein bedeutet nicht, dass man das Sprechen verlernt hat. Es bedeutet, dass man für einen kurzen Moment nicht reden kann. Das passiert, wenn man etwas Überraschendes oder Erstaunliches erlebt. Oder wenn man einen Schreck bekommen hat.)
  - Bist du schon einmal sprachlos gewesen? Möchtest du das Erlebnis erzählen?
- *Aufgeregt fragte Anni …*
  - Wie hört es sich an, wenn man aufgeregt etwas fragt?
  - Kannst du aufgeregt etwas fragen? (Beispiel: »Bist du dir sicher, dass ich ein Fahrrad bekommen werde?«)
- *Toro mischte sich etwas ungeduldig ein …*
  - Was bedeutet es, wenn man sich einmischt? (Beispiel: Wenn man sich einmischt, bedeutet das, dass man ein Gespräch von anderen Personen unterbricht, indem man etwas zu dem Thema sagt. Man kann sich auch in ein Spiel einmischen.)
  - Wie sieht es aus, wenn man ungeduldig ist? Kannst du das vorspielen?
- *»Wirklich?«, fragte Anni ein wenig ungläubig.*
  - Was bedeutet es, ungläubig zu sein? (Beispiel: Ungläubig zu sein bedeutet, dass man an der Richtigkeit einer Aussage zweifelt.)
  - Wie hört es sich an, wenn man ungläubig etwas fragt?
  - Kannst du ungläubig etwas fragen? (Beispiel: »Gibt es wirklich grüne Mäuse? Ich habe noch nie eine gesehen.«)
- *Sie fühlten sich wie die glücklichsten Mäuse der Welt.*
  - Was bedeutet dieser Satz? (Erklärungsbeispiel: Anni und Toro wissen nicht, wie glücklich oder unglücklich die anderen Mäuse der Welt sind. Sie können somit auch nicht die glücklichsten Mäuse der Welt sein. Sie haben jedoch das Gefühl, die glücklichsten Mäuse der Welt zu sein, weil sie sich in diesem Moment nichts vorstellen können, was sie noch glücklicher machen würde.)
- *So verbreitete sich rasch die Kunde von Mika, dem Hochzeitsplaner.*
  - Was ist eine Kunde? (Beispiel: Die Kunde ist ein altes Wort für eine Nachricht.)
  - Was bedeutet es, wenn sich die Kunde verbreitet? (Beispiel: Eine Kunde, die sich verbreitet, ist eine Nachricht, die sich herumspricht.)

Die Geschichte spielt in einem Fürstentum, welches den Namen Gauda trägt. Käseliebhabern fällt hier sofort der Hinweis auf eine echte Käsesorte auf. Der Name des Fürstentums lädt zu einer Beschäftigung mit Käsesorten einschließlich einer Verkostung ein. Es gibt bspw. Schnittkäse und Hartkäse, aber auch Schmelzkäse und Frischkäse. Schafs- und Ziegenkäse weisen darauf hin, dass die Milch für diese Käsesorten nicht von Kühen stammt. Besondere Käsesorten tragen meist wohlklingende Namen wie Camembert, Mozzarella oder Feta. Aber wie unterscheiden sie sich im Geschmack? Und kann man Käse auch backen, braten oder reiben? Käse ermöglicht viele kleine Koch- und Zubereitungserlebnisse.

Wenn die Kinder einige Käsesorten kennengelernt haben, besteht die Möglichkeit, ein Geschmack-Memory zu spielen. Dazu werden die Augen eines Kindes verbunden und dann wird ihm ein Stück Käse in die Hand gegeben. Das Kind steckt den Käse in den Mund und versucht, die Sorte herauszufinden. Käsesorten, die ein bestimmtes Kind als ungenießbar empfindet, sollten unbedingt von dem Käse-Memory ausgeschlossen werden. Wenn das autistische Kind Probleme mit dem Verbinden der Augen hat, dann schließt es nur die Augen, bevor ihm ein Stück Käse in die Hand gegeben wird.

Die Mäuse in der Geschichte bewohnen gemeinsam mit den Menschen ein märchenhaftes Schloss. Wie stellen sich die Kinder ein märchenhaftes Schloss vor? Das lässt sich am besten herausfinden, indem die Kinder das Schloss zeichnen und ihre Ergebnisse dann miteinander vergleichen. Ist das gezeichnete Schloss groß genug, um neben den üblichen Räumen eines Schlosses auch noch 99 Gästezimmer aufzuweisen?

Im Schloss werden Vorräte gelagert, um auf das Eintreffen des Fürsten jederzeit vorbereitet zu sein. Zum einen bietet sich ein Gespräch darüber an, wie Lebensmittel zu Zeiten, in denen es weder Kühlschränke noch Tiefkühlgeräte gab, gelagert oder haltbar gemacht wurden. Kühlung konnte z. B. erreicht werden, indem die Lebensmittel in Erdkellern, Brunnenschächten oder natürlichen Höhlen gelagert wurden. Das Verderben von Lebensmitteln ließ sich bspw. durch Einwecken, Zugabe von Säuren (z. B. Essig), Räuchern, Salzlake (Einlegen in salzhaltige Lösung), Trocknen, Pökeln (Einreiben mit Salz) oder Einlegen von Obst in Honig verzögern oder verhindern. Zum anderen stellt sich die Frage, welche Lebensmittel in der Geschichte im Schloss gelagert werden. Als Beispiele seien hier Mehl, Kartoffeln, Brot, Schinken, Salami, Käse, Butter, Schmalz, Marmelade, getrocknete Kräuter, Zwiebeln, Äpfel, je nach Jahreszeit verschiedene Obst- und Gemüsesorten, eingewecktes Obst und sauer eingelegte Gurken genannt. Wird eine Liste der im Schloss gelagerten Lebensmittel mit Mengenangaben angelegt, dann entsteht bei den Kindern bspw. eine Vorstellung davon, wie viele Personen von einem Kilogramm Kartoffeln bei einer Mahlzeit satt werden können oder wie viel Mehl man benötigt, um ein Brot zu backen.

Die Maus Mika ist ein Erfinder. Dinge, die Mika außer der Käsereibe und der Zahnbürste, die in der Geschichte erwähnt werden, erfunden haben könnte, lassen sich von den Kindern beschreiben, basteln oder zeichnen.

Die Vorbereitung des Hochzeitsfestes wird in der Geschichte nicht beschrieben. Diesen Part können die Kinder übernehmen, indem sie zusammentragen, welche Vorbereitungen für die Mäusehochzeit getroffen werden müssen. Dies kann nach

Belieben mehr oder weniger detailliert erfolgen. Zur Vorbereitung der Mäusehochzeit kann es bspw. notwendig sein, dass:

- die Hochzeit angekündigt wird,
- der Käse begutachtet wird,
- das Zimmer geschmückt wird,
- Möbel für die Mäuse (Stühle, Tische) in das Zimmer der Feier gebracht werden,
- die Maus, die die Glocke läutet, bestimmt wird,
- die Maus, die die Glocke läuten soll, die Glocke zur Probe läutet, damit sie ein Gefühl für die Lautstärke und den Rhythmus bekommt,
- die Getränke in das Zimmer der Feier gebracht werden,
- das Essen vorbereitet wird (Möchten die Mäuse noch etwas anderes als Käse essen?),
- die Musikkapelle beauftragt wird,
- die Musikkapelle probt.

Die Geschichte mit Mika habe ich meinen Kindern erzählt, als sie mich fragten, wie die Löcher in den Käse kommen. Natürlich wussten sie sofort, dass es sich nur um eine Geschichte handelt, und so sprachen wir danach darüber, wie die Löcher wirklich in den Käse kommen. Bei der Verarbeitung von Milch zu Käse werden bestimmte Bakterien, die für den typischen Geschmack des jeweiligen Käses verantwortlich sind, zugegeben. Diese Bakterien bilden bei ihrem Stoffwechsel ein Gas (Kohlendioxid) und scheiden es aus, während der Käse reift. Da das Gas wegen der Rinde des Käses nicht entweichen kann, bilden sich gasgefüllte Hohlräume im Käse. An diese Ausführungen kann sich die spannende Frage, welche anderen Möglichkeiten es geben könnte, um Löcher im Käse entstehen zu lassen oder um die Löcher im Käse zu erklären, anschließen.

H Rina und Rudi /
Die Hängematte der Giraffe

Welche Erkenntnisse vermag die Geschichte mit Rina und Rudi zu vermitteln?

Direkte Botschaften:

- Einigen Mäusen fällt Klettern, Rennen und Springen schwer (sie lieben schaukeln).
- Alle Mäuse sehnen sich nach Geselligkeit.
- Manche Mäuse sehnen sich nach spezieller Geselligkeit (Freunde einladen).
- Manche Mäuse sind erfinderisch, um ihre Ideen zu verwirklichen (eine Giraffe steuern).
- Einige Mäuse unterscheiden sich von den anderen (einige möchten reden, viele möchten toben).
- Der Besuch von Freunden kann anders verlaufen als erwartet.
- In schwierigen Situationen können Freunde manchmal nicht helfen (am Hals herunterrutschen).
- In schwierigen Situationen kommt oft Hilfe von anderer Seite (die Giraffe senkt den Hals).
- Aus Fehlern lernt man, es beim nächsten Mal anders zu machen.

Indirekte Botschaften:

- Die Maus kann die soziale Situation (was werden die Gäste bei ihr tun) nicht richtig einschätzen und gerät dadurch in eine Gefahrensituation.
- Die Maus ist motorisch ungeschickt und kann eine Leistung, die anderen Mäusen leichtfällt, nicht erbringen (sich am Hals der Giraffe festhalten).
- Die Maus hat jemanden, der auf sie aufpasst (besonders großes Tier symbolisiert Schutz und Verteidigung).

Die Geschichte mit Rina und Rudi beschäftigt sich mit den Themen Rituale, Motorik und soziales Miteinander.

Die Hauptfigur der Geschichte (die Maus) schaukelt ausgiebig und gern in der Hängematte. Autistische Kinder profitieren vom Schaukeln in einer Hängematte und von der Benutzung luftgefüllter Hüpftiere, da die rhythmische Auf- und Abbewegung dazu animiert, ständig die Balance neu zu finden. Dies verbessert sowohl die vestibuläre Wahrnehmung als auch die Tiefensensibilität. Die vestibuläre Wahrnehmung, die dafür sorgt, im Gleichgewicht zu bleiben, und die Tiefensensibilität (propriozeptive Wahrnehmung), die Informationen über die Position des eigenen

Körpers im Raum liefert, sind bei autistischen Kindern oft eingeschränkt. Daher haben autistische Kinder häufig Probleme mit der Automatisierung von Bewegungen und Handlungen sowie mit dem Erlernen komplexer Bewegungsabläufe. Objekte, die Druck ausüben, wie bspw. Sandwesten oder Gewichtsdecken, können ebenfalls das Raumgefühl und die Tiefenwahrnehmung verbessern, gleichzeitig aber auch beruhigend wirken.

Das ausgiebige Schaukeln in der Hängematte kann auch eine repetitive Handlung in Form eines Rituals sein. Repetitive Handlungen sind Aktionen, die in auffälligen Wiederholungen durchgeführt werden oder durchgeführt werden müssen. Rituale sind Handlungen, die zu bestimmten Zeiten in gleicher Weise ausgeführt werden (müssen), unabhängig davon, ob sich die Umgebungsbedingungen inzwischen geändert haben. Sie vermitteln Sicherheit und ermöglichen Vorhersehbarkeit und dies rechtfertigt es, Rituale im Alltag mit einem autistischen Kind zum Beruhigen oder zum Strukturieren einzusetzen, solange sie nicht tagesbestimmend werden.

Autistischen Kindern fällt es oft schwer, die Handlungen anderer Personen vorherzusehen. Wenn Kinder zu Besuch eingeladen werden, dann erwarten sie oft, dass diese Kinder die gleichen Spiele wie sie mögen, und sind gestresst und planlos, wenn dies nicht der Fall ist. Ebenso ergeht es der Hauptfigur der Geschichte. Sie hat Schwierigkeiten mit dem vorausschauenden Denken und vermag dadurch keine anderen Szenarien als die erwartete Situation zu planen. Die eingeschränkte Fähigkeit, sich die Wünsche und Vorlieben der anderen vorzustellen (Theory of Mind), führt dazu, dass sie sich nicht vorstellen kann, dass die Gäste andere Interessen als sie haben könnten. Autistische Kinder, die mit Geschwistern aufwachsen, lernen schneller als Einzelkinder, dass andere Kinder möglicherweise andere Spiele bevorzugen.

Ein immer noch verbreiteter Irrglaube besagt, dass autistische Kinder am liebsten allein sind. Autistische Kinder sehnen sich wie alle anderen Kinder nach Freundschaften, nach gemeinsamen Aktionen und nach Austausch. Sie benötigen aufgrund ihrer autistischen Persönlichkeitsstruktur dafür aber spezielle Bedingungen und Rückzugszeiten, die nicht als Wunsch nach Alleinsein fehlinterpretiert werden dürfen. Wenn Kommunikation, Umgebungsbedingungen und Interessen aufeinander abgestimmt werden, kann das Zusammensein von autistischen und nichtautistischen Kindern gut funktionieren, vorausgesetzt es besteht gegenseitiges Interesse.

Der Hauptfigur der Geschichte gelingt es aufgrund von motorischen Problemen nicht, sich beim Herabrutschen am Hals im Fell der Giraffe festzuhalten. Motorische Probleme von autistischen Kindern führen oft dazu, dass die anderen Kinder nicht nachvollziehen können, warum dem autistischen Kind scheinbar einfache Dinge nicht gelingen. Die motorischen Probleme von autistischen Kindern lassen sich durch gezielte Übungen zwar verbessern, aber sie werden nie ganz verschwinden. Nicht-autistischen Kindern sollte vermittelt werden, dass das autistische Kind nicht motorisch ungeschickt wirkt, weil es sich nicht genügend anstrengt, sondern weil es *trotz Anstrengung* viele motorische Anforderungen nicht besser bewältigen kann.

Autistische Kinder sollten aufgrund motorischer Probleme nicht entmutigt werden, bestimmte Sportarten auszuprobieren. Einige Menschen mit Autismus vollbringen sogar außergewöhnliche Leistungen auf bestimmten sportlichen Gebieten wie der Surfer Clay Marzo (Marzo & Yehling, 2015). Mein autistischer Sohn trainierte jahrelang gemeinsam mit seinem Bruder in einer Reitsport- und in einer Karategruppe.

Fragen zur Geschichte mit Rina und Rudi:

- *Die Hängematte der Giraffe*
  - Vor dem Lesen der Geschichte kann das Kind gefragt werden: Was stellst du dir unter der Hängematte der Giraffe vor? (Hinweis: Einige Kinder grübeln bei der Beantwortung dieser Frage, wie sich eine Giraffe in eine Hängematte legen kann oder wo man eine Hängematte für eine Giraffe befestigen könnte.)
- *In Afrika gibt es viele interessante Tiere.*
  - Welches afrikanische Tier gefällt dir am besten? (Hinweis: Es kann hilfreich sein, Fotos oder Zeichnungen von afrikanischen Tieren zum Auswählen anzubieten.)
  - Warum gefällt dir dieses Tier?
- *Mir hat er ein Geheimnis über Giraffen verraten und eines seiner Erlebnisse erzählt.*
  - Was ist ein Geheimnis? (Beispiel: Ein Geheimnis ist etwas, das andere nicht wissen sollen. Man kann ein Geheimnis allein haben. Man kann ein Geheimnis auch mit anderen Personen zusammen haben. Alle vertrauen dann darauf, dass keiner das Geheimnis weitererzählt.)
  - Sind Geheimnisse verboten? (Beispiel: Geheimnisse sind nicht verboten, wenn es sich um Dinge handelt, die niemandem Schaden zufügen. Du kannst bspw. ein Geheimnis daraus machen, welche Plüschtiere in deinem Bett wohnen.)
  - Sind Geheimnisse etwas Schlechtes? (Beispiel: Geheimnisse sind nur dann etwas Schlechtes, wenn sie Dinge verheimlichen, die anderen Schaden zufügen könnten oder zugefügt haben. Wenn du bspw. beobachtest, wie jemand etwas stiehlt, dann sollst du daraus kein Geheimnis machen.)
  - Darf man Geheimnisse verraten? (Beispiel: Wenn man ein Geheimnis verraten möchte, muss man unbedingt die Person, die das Geheimnis hat, um Erlaubnis fragen. Wenn man das nicht tut, hat man das Vertrauen der Person verloren.)
  - Was tut man, wenn jemand ein Geheimnis über etwas Verbotenes erzählt? (Beispiel: Wenn jemand ein Geheimnis über etwas Verbotenes erzählt, dann sagt man der Person, dass man dieses Geheimnis nicht bewahren kann. Das bedeutet, dass man das Wissen über die verbotene Tat nicht für sich behalten wird.)
  - Hast du schon einmal ein Geheimnis gehabt? Bitte antworte jetzt nur mit Ja oder Nein. Erzähle nicht dein Geheimnis, wenn du eins hattest oder hast.
- *Er hat mir erlaubt, euch davon zu berichten.*
  - Welche Worte kannst du benutzen, um eine Erlaubnis zu erteilen? (Beispiele: ich erlaube dir…; du darfst …; ich habe nichts dagegen …; ich gestatte dir …; es ist in Ordnung, wenn du …; es ist okay, wenn du …; du kannst gern …)

    (Anmerkung: Autistische Kinder haben oft Schwierigkeiten mit dem Wort *können*. Sie verstehen einerseits eine Formulierung wie »Du kannst jetzt in den Garten gehen« nicht als Erlaubnis, es zu tun. Andererseits verstehen sie meist eine Formulierung wie »Kannst du mal die Tafel abwischen?« nicht als implizite

Aufforderung, es zu tun, sondern als Frage und antworten dann ihrer Logik folgend »Ja«, ohne der Antwort eine Tat folgen zu lassen.)
- *Rudi erzählte mir, dass Giraffen es anstrengend finden, ihre Puschel zu kämmen.*
  – Was findest du anstrengend? Was findest du nicht anstrengend?
- *Eines Tages fühlte sich Rina plötzlich einsam.*
  – Was bedeutet es, wenn man sich einsam fühlt? (Beispiel: Man fühlt sich einsam, wenn man allein ist, aber nicht allein sein möchte.)
  – Hast du dich schon einmal einsam gefühlt?
  – Was hat dir gegen die Einsamkeit geholfen?
- *Rina dachte, die Gastmäuse würden nun mit ihr schaukeln und reden.*
  – Wenn Rina die Gastmäuse aufgefordert hätte, nicht zu toben, hätten sie auf Rina gehört? Was meinst du dazu?
- *Es war ein fröhliches Durcheinander.*
  – Was ist ein fröhliches Durcheinander? (Beispiel: Ein fröhliches Durcheinander entsteht, wenn sich viele Personen bei einem Ereignis hin und her bewegen und wenn diese Personen dabei Spaß haben.)
- *Rina rutschte weiter. Sie hatte Angst.*
  – Sicherlich hast du auch schon einmal Angst gehabt. Was hat dir gegen die Angst geholfen?
  – Hast du schon einmal auf einer großen (Wasser-)Rutsche Angst gehabt?
  – Was könnte Rina gegen ihre Angst tun?
- *Auch Reni hatte Angst. Sie flehte Rina an ...*
  – Was bedeutet anflehen? (Beispiel: Jemanden anzuflehen bedeutet, dass man die Person voller Verzweiflung um etwas bittet. Das kann – wie in unserer Geschichte – auch deshalb geschehen, weil man selbst nicht helfen kann.)

Die Geschichte mit Rina und Rudi ist durch eine Zeichnung meines Sohnes entstanden. Eines Tages zeigte er mir ein Blatt Papier, auf dem sich eine Langohr-Puschelmaus präsentierte (▶ Abb. H.1). Im Gespräch über die Zeichnung entstand die Urform der Geschichte.

In der Realität gibt es leider keine Langohr-Puschelmäuse. Es gibt aber viele Tiere mit langen Ohren, wie bspw. Langohrigel, Langohr-Fledermäuse, Langohr-Häschenratten (das sind recht große, in Australien lebende Mäuse) und auch Langohr-Streifenhörnchen. Und es gibt afrikanische Langohrmäuse. Die Streifenhörnchen in der Geschichte mit Nimimi (▶ Kap. II-I) haben keine sehr langen Ohren.

Wann bekommt ein Tiername denn den Zusatz *Langohr*? Gibt es Langohrhasen, denn Hasen wie Hoppla in der gleichnamigen Geschichte (▶ Kap. II-M) haben lange Ohren? Und wie sehen die Tiere mit den langen Ohren überhaupt aus? Es gibt keine Langohrhasen, weil alle Hasen lange Ohren haben. Tiere, von denen es Arten mit kurzen und Arten mit langen Ohren gibt, werden mit dem Zusatz *Langohr* auseinandergehalten. Wie die Tiere mit den langen Ohren aussehen, das können die Kinder ausprobieren, indem sie die Tiere zeichnen. Vielleicht hat das eine oder andere Kind auch Lust, sich Tiere mit langen Ohren (z. B. Langohrbären) auszudenken und ebenfalls zu Papier zu bringen.

Eine Hängematte – wenn vorhanden – ist ein passendes Ambiente zum Vorlesen der Geschichte mit Rina und Rudi, aber auch für die Beschäftigung mit der

Abb. H.1: Langohr-Puschelmaus

Geschichte. Wenn das autistische Kind taktile Besonderheiten aufweist, die es ihm unmöglich machen, gemeinsam mit anderen Kindern in einer Hängematte zu liegen, dann können die Kinder nacheinander für eine jeweils festgelegte Zeit in der Hängematte liegen. Rina und Rudi leben in Afrika und dort gibt es viele interessante Tiere, über die man sich austauschen kann. Welche afrikanischen Tiere kennen die Kinder? Welche mögen sie besonders gern? Welche Affen gibt es in Afrika?

In Afrika gibt es nicht nur Langohrmäuse, sondern auch Streifengrasmäuse. Die Streifengrasmäuse sind in ganz Afrika zu finden und sie haben auf dem Rücken Streifen, die den Streifen der Streifenhörnchen in der Geschichte mit Nimimi (▶ Kap. II-I) ähneln. Um zu sehen, wie eine Maus mit Streifen aussieht, wird eine Mausschablone aus Pappe angefertigt. Die Kinder erhalten je nach Bedarf ein oder mehrere Blatt Papier und nacheinander die Schablone. Sie zeichnen den Umriss der Maus auf ihr Blatt Papier und können dann nach Belieben die Maus mit Streifen verzieren. Danach werden die entstandenen Muster verglichen.

Die Langohr-Puschelmaus ist eine Fantasiemaus. Daher ist nur das über sie bekannt, was die Geschichte verrät. Viele Fragen bleiben offen, bspw. wie ihr Lebensraum aussieht, was sie verzehrt und ob sie schwimmen kann. Wenn diese Fragen mit fantasievollen Antworten geklärt wurden, gibt es noch eine Aufgabe zur Puschelmaus, die darin besteht, einen oder mehrere Puschel aus Wollresten zu basteln.

Die Maus Rina rutscht den Giraffenhals herunter. Aber wie lang ist denn eigentlich so ein Giraffenhals? Können die Kinder das schätzen? (Der Hals einer Giraffe kann bis zu 2,5 Meter lang sein.) Um ein Gefühl für die Länge des Giraffenhalses zu bekommen, zeichnen die Kinder so viele Halsstücke auf DIN-A4-Blätter, bis die Länge des Giraffenhalses erreicht ist. Dafür werden acht Blätter benötigt, wenn die lange Seite des Blattes für den Hals genutzt wird. Auf ein neuntes Blatt können die Kinder den Kopf der Giraffe zeichnen. Wenn alle Blätter gestaltet sind, werden sie mit Klebestreifen aneinandergefügt und auf dem Fußboden ausgelegt. So kann jedes Kind die Halslänge der Giraffe praktisch erleben. Die Kinder können sich auch parallel zu dem Papierhals hintereinander hinlegen und schauen, wie viele Kinder benötigt werden, um die Halslänge der Giraffe zu erreichen.

Rudi besorgt am Ende der Geschichte für die Mäuse ein Trampolin. Wenn ein Trampolin zur Verfügung steht, dann können die Kinder sich vorstellen, eine Besuchsmaus von Rina zu sein. Sie springen nach Herzenslust auf dem Trampolin. Ähnlich wie bei der Nutzung der Hängematte sind möglicherweise bestimmte Absprachen für das autistische Kind notwendig.

Die Langohr-Puschelmäuse dürfen am Ende der Geschichte nicht mehr in Rudis Hängematte toben. Das können die Kinder jetzt ausprobieren, nachdem sie auf dem Trampolin gesprungen sind. Wenn kein Trampolin zur Verfügung steht, kann stattdessen eine andere sportliche Aktivität durchgeführt werden. Die Kinder werden nun aufgefordert, ruhig zu sitzen. Dabei wird die Zeit gestoppt. Entweder versuchen alle Kinder als Gruppe möglichst lange stillzusitzen oder die Zeit wird für jedes Kind einzeln gestoppt. Die Übung kann beliebig oft wiederholt werden. Autistische Kinder nehmen häufig eine verkrampfte Sitzhaltung ein, die dann schnell dazu führt, dass sie ihre Position ändern müssen. Für faire Ausgangsbedingungen kann es daher wichtig sein, mit dem autistischen Kind zuvor eine bequeme Sitzhaltung zu üben und dieses Kind ggf. bei Spielbeginn daran zu erinnern.

I Nimimi / Ein Bett für das Streifenhörnchen

Welche Erkenntnisse vermag die Geschichte mit Nimimi zu vermitteln?

Direkte Botschaften:

- Nicht alle Streifenhörnchen sind gleich (anders gefärbte Streifen).
- Einige Streifenhörnchen fürchten sich vor der Dunkelheit.
- Es gibt Gemeinsamkeiten, die alle Streifenhörnchen verbinden (alle haben die gleiche Abendroutine).
- Alle Streifenhörnchen machen sich Sorgen, wenn es einem von ihnen nicht gut geht.
- Man ist nicht immer krank, wenn man das Bett nicht verlassen will oder kann.
- Manche Streifenhörnchen haben Angst, dass Dinge verschwinden, wenn sie aus dem Zimmer gehen.
- Diese besorgten Streifenhörnchen benötigen Zeit, um zu lernen, dass Dinge nicht verschwinden.
- Die Beschäftigung mit interessanten Dingen kann Sorgen verdrängen (die duftenden Blätter).
- Auch scheinbar sonderbare Streifenhörnchen wünschen sich gemeinsame Aktionen (auf der Wiese spielen).

Indirekte Botschaften:

- Das Streifenhörnchen hat eine starke Bindung an Dinge, weil Bindungen an lebende Wesen unvorhersehbar und kompliziert sind.
- Das Streifenhörnchen hat ein spezielles Interessengebiet (die duftenden Blätter).
- Das Interessengebiet ermöglicht dem Streifenhörnchen, bestimmte Dinge zu tun (das Bett verlassen, in das Nebenzimmer gehen).

Die Geschichte mit Nimimi thematisiert Spezialinteressen und Fragen zur Objektpermanenz sowie zur Bindung an Objekte.

Objektpermanenz bedeutet, über die Erkenntnis zu verfügen, dass Dinge und Menschen auch dann noch existieren, wenn man sie nicht mehr sieht. Kleinkinder entwickeln diese Fähigkeit ab dem Ende des ersten Lebensjahres. »Autistische Kinder verstehen jahrelang nicht, dass Dinge und Menschen, die aus ihrem Gesichtskreis verschwinden, weiter vorhanden sein können« (Rollet & Kastner-Koller, 2001, S. 32). Dies wird oft als Grund angeführt, warum autistische Kinder kein Interesse an Versteckspielen haben. Im jüngeren Alter mag das zutreffend sein, aber bei autistischen Kindern im Kindergarten- und Vorschulalter – wenn es nicht mehr darum geht, Dinge oder den Kopf der Mutter hinter einem Tuch zu verstecken, sondern andere Kinder aktiv zu suchen – spielen überwiegend die stressigen sozialen Aspekte dieses Spiels eine Rolle für das scheinbare Desinteresse.

Objektpermanenz vermittelt Kindern die Sicherheit, dass die Dinge und Personen um sie herum weiterexistieren, auch wenn sie den Ort, an dem sich diese befinden, verlassen. Sie wissen somit, dass sie bei ihrer Rückkehr diese Dinge und Personen vorfinden werden oder dass Personen zurückkommen werden, wenn sie im Moment nicht da sind. Diese Sicherheit ermöglicht es ihnen, die Welt zu erkunden. »Bei autistischen Kindern besteht diese stark ausgebildete Form der Objektpermanenz nicht. Dies ist unter anderem ein Grund für die Angst vor Veränderung« (Wohlleben, 2020, S. 58).

Auch das Verlassen des Raumes, in dem – wie in der Geschichte erzählt – das Bett steht, ist eine Veränderung und fordert die Vorstellung, dass das Bett weiterexistiert und bei der Rückkehr immer noch vorhanden ist. Autistische Kinder entwickeln Objektpermanenz später als nicht-autistische Kinder und es scheint auch so, dass sie unterschiedlich ausgeprägte Objektpermanenz je nach Wichtigkeit der Dinge in ihrem Leben entwickeln.

Aus meiner Erfahrung als Mutter eines autistischen Sohnes hinterlässt die spät entwickelte Objektpermanenz Spuren im Alltag. Autistische Kinder wissen oft über ihre Kognition, dass Dinge nicht verschwinden, und können entsprechende Fragen richtig beantworten. Sie spüren aber das Vorhandensein der Dinge nicht, sodass sie häufig prüfen, ob die Dinge, die für sie wichtig sind, immer noch vorhanden sind. Das, was wie mangelnde Objektpermanenz anmutet, ist eigentlich ein mangelndes Gefühl für die Beständigkeit der Dinge, obwohl diese Kinder aus wissenschaftlicher Sicht bereits erklären können, dass die Dinge nicht verschwinden.

Veränderungsängste, die ihre Ursache nicht nur in einer spät entwickelten Objektpermanenz, sondern auch in Wahrnehmungsbesonderheiten haben, führen im Leben eines autistischen Kindes dazu, dass es eine starke Bindung zu bestimmten Objekten aus seinem Umfeld entwickelt. Das kann bspw. bedeuten, dass ausgewählte Dinge wie ein Kuschelkissen überallhin mitgenommen werden müssen. Diese Handlungen unterbinden zu wollen, bedeutet dem Kind die Sicherheit zu nehmen.

Spezialinteressen sind Interessen, die mehr Zeit im Leben des Kindes beanspruchen als ein gewöhnliches Hobby. Autistische Kinder beschäftigen sich mit ihren Spezialinteressen meist altersentsprechend selbstständig und können auf bestimmten Gebieten dabei Fähigkeiten verbessern oder Fertigkeiten erwerben. Diese speziellen Interessen eignen sich daher sehr gut, um ein autistisches Kind zu bestimmten Handlungen zu verlocken. Dies setzt voraus, dass sich der Lockende ehrlich und interessiert mit dem Spezialinteresse des Kindes auseinandersetzt. Dann können beide Seiten profitieren. Das Kind wächst über sich selbst hinaus und verlässt bspw. das Bett – wie die Hauptfigur der Geschichte. Der Verlockende hat vielleicht etwas aus dem Spezialgebiet des Kindes dazugelernt, aber auf jeden Fall die Erfahrung gemacht, einem autistischen Kind etwas so beizubringen, dass die Vermittlung der Lerninhalte im Einklang mit der autistischen Natur des Empfängers steht.

Fragen zur Geschichte mit Nimimi:

- *Der Frühling hatte gerade begonnen.*
  - Woran merkt man, dass der Frühling beginnt? (Beispiele: der Schnee schmilzt, es wird wärmer, Frühblüher sind am Boden zu entdecken, die Knospen an Bäumen und Sträuchern öffnen sich, das Gras wächst, der Heuschnupfen beginnt)
- *Sie leben in Höhlen unter der Erde.*
  - Bist du schon einmal in einer Höhle gewesen?
  - Welche Höhle war das? Wo war diese Höhle?
  - Hat es dir in dieser Höhle gefallen? Möchtest du in einer Höhle wohnen?
- *Plötzlich stieß Ansi auf etwas Weiches, das sich warm anfühlte. Sie erschrak.*
  - Wie sieht jemand aus, der sich erschrocken hat? Kannst du das vorspielen?
  - Wann und wovor hast du dich schon einmal erschrocken?
- *Vorsichtig blickte sich Ansi um.*
  - Wie sieht es aus, wenn man sich vorsichtig umblickt. Kannst du das vorspielen?
- *Das Streifenhörnchen ... wirkte verängstigt.*
  - Wie sieht es aus, wenn man verängstigt wirkt? Kannst du das vorspielen?
- *»Ich weiß nicht«, antwortete das Streifenhörnchen mit einem leichten Zittern in der Stimme.*
  - Warum hat das Streifenhörnchen ein leichtes Zittern in der Stimme? (Antwort: Es hat Angst davor, in der Dunkelheit allein zu sein.)
  - Wie klingt eine leicht zitternde Stimme?
  - Kannst du etwas mit leicht zitternder Stimme sagen?
- *Am anderen Morgen hopsten die Streifenhörnchen voller Energie aus ihren Betten.*
  - Wie sieht es aus, wenn man voller Energie hopst? Kannst du das vorspielen?
  - Hüpfst du am Morgen auch voller Energie aus deinem Bett?
- *... die Streifenhörnchen stürmten in die Küche.*
  - Wie sieht es aus, wenn man in die Küche stürmt? Kannst du das vorspielen?
  - Was hat »in die Küche stürmen« mit einem Sturm zu tun? (Beispiel: Ein Sturm sind sehr heftige Winde. Ein Sturm kann auch den Angriff auf eine Burg oder eine Stadt beschreiben. Wenn man bspw. in die Küche stürmt, bedeutet das, dass man in die Küche rennt, ohne sich von etwas aufhalten zu lassen.)
  - Welche Arten von Stürmen gibt es (Assoziationskette)? (Beispiele: Stürme mit Regen oder Gewitter, Sandstürme, Schneestürme, Orkane, Tornados – das sind Wirbelstürme; Hurrikane und Taifune – das sind tropische Wirbelstürme)
- *Nimimi schreckte hoch.*
  - Wie schreckt man hoch? Kannst du das vorspielen? (Beispiel: Wenn man hochschreckt, richtet man sich ruckartig aus einer gemütlichen Körperhaltung auf. Man kann bspw. aus dem Schlaf hochschrecken. Wird ein Tier hochgeschreckt, dann begibt es sich aus einer versteckten Lage auf die Flucht. Ein Tier am Boden rennt weg, ein Vogel fliegt davon.)
  - Aus welchen Gründen könnte man hochschrecken? (Beispiele: der Wecker klingelt, andere laute Geräusche ertönen, eine Nachricht wird verkündet, eine unsanfte Berührung erfolgt, eine Decke oder ein Kissen wird weggezogen)
- *Das Gehörte verschlug der Streifenhörnchen-Mama die Sprache.*

- Was bedeutet es, wenn es einem die Sprache verschlägt? (Beispiel: Wenn es einem die Sprache verschlägt, bedeutet das, dass man für einen kurzen Moment nicht reden kann. Das passiert, wenn man etwas Überraschendes oder Erstaunliches erlebt. Oder wenn man einen Schreck bekommen hat.)
- *Nimimis Augen leuchteten auf, aber sie verneinte.*
  - Was bedeutet es, wenn Augen aufleuchten? (Beispiel: Wenn Augen aufleuchten, bedeutet das nicht, dass die Augen brennen oder Licht aussenden. Es bedeutet, dass die Augen aus Freude oder Neugier etwas weiter geöffnet werden. Die Person, die diese Reaktion bewirkt, wird dabei mit freundlichen Augen interessiert angeschaut.)
  - In welchen Situationen werden die Augen plötzlich weit geöffnet, ohne dass sie dabei aufleuchten? (Beispiele: Schreck, Angst)
- *Nimimi ging vorsichtig zum Nebenzimmer.*
  - Wie sieht es aus, wenn man vorsichtig geht? Kannst du das vorspielen?

Die Hauptfigur der Geschichte trägt den Namen Nimimi. Diesen Namen gab mein Mann einem Plüschtier, das er spontan mitbrachte. Auf meine Frage, was der Name bedeutet, antwortete er: »Na, das saß im Schaufenster und guckte wie ›Nimm mich mit!‹« Damit lieferte er die Idee für die Geschichte mit den Streifenhörnchen.

Die Streifenhörnchen leben in einer unterirdischen Höhle. Wie sieht eine unterirdische Höhle mit allen Wohnräumen aus? Wie viele Eingänge hat die unterirdische Höhle? Jedes Kind zeichnet eine Höhle für die Streifenhörnchen nach seinen Vorstellungen.

Es besteht ebenso die Möglichkeit, die Höhle der Streifenhörnchen als Gemeinschaftsprojekt zu gestalten. In der ersten Variante zeichnet jedes Kind einen beliebigen Wohnraum der Streifenhörnchen. Diese Wohnräume werden ausgeschnitten und – nach vorheriger Absprache, welcher Raum wo positioniert werden soll – auf ein großes, erdfarbenes Blatt Tonpapier geklebt. Dann werden Tunnel passender Länge gezeichnet und ebenfalls ausgeschnitten. Mit den Tunneln werden die Wohnräume miteinander verbunden. Die zweite Variante besteht darin, dass alle Kinder gemeinsam auf einem entsprechend großen weißen Blatt Zeichenkarton die Höhle der Streifenhörnchen zeichnen. Hier sollte vor dem Beginn eine Skizze angefertigt und abgesprochen werden, wer welche Räume und Tunnel bei der Gestaltung übernimmt.

Vielen autistischen Kindern fallen Gruppenarbeiten aufgrund der sozialen Herausforderungen schwer. Eine Möglichkeit, diese Kinder vorsichtig an Gruppenarbeiten heranzuführen, besteht darin, dass die drei zuvor beschriebenen Aktivitäten nacheinander ausgeführt werden. Wenn das autistische Kind die Höhle der Streifenhörnchen nach seinen Vorstellungen gezeichnet hat, dann nimmt es aus dieser Aktion die Botschaft mit, dass die Aufgabe lösbar ist. In der ersten Variante des Gemeinschaftsprojektes kann das autistische Kind sein eigenes Werk in ein Gesamtprodukt einbringen. Ist dies gelungen, verinnerlicht es, dass die Zusammenarbeit mit den anderen Kindern funktioniert hat. Mit diesem Erfahrungswissen ist das autistische Kind gut gerüstet, um die zweite Variante der Gruppenarbeit auszuprobieren. Ein weiteres Gruppenprojekt findet sich bei den Ausführungen zur Geschichte mit Flugsi (▶ Kap. III-B).

Wenn autistische Kinder regelmäßig die Gelegenheit bekommen, freiwillig an Gruppenarbeiten und -projekten teilzunehmen und hierbei die Möglichkeit haben, ihre Stärken einzubringen, sind solche gemeinsamen Aktionen langfristig betrachtet zunehmend besser möglich. Es wird trotzdem – gerade im Schulbereich – immer wieder Situationen oder Fächer geben, in denen Gruppenarbeiten für das autistische Kind nicht zu bewältigen sind und aufgrund dessen ein schulischer Nachteilsausgleich gewährt werden muss. Der Grund hierfür ist, dass sich im schulischen Kontext die Bedingungen für Gruppenarbeiten selten so optimal wie oben beschrieben gestalten lassen.

Die Streifenhörnchen-Mama legt unter Nimimis Kissen ein duftendes Blatt. Ein duftendes Blatt lässt sich leicht folgendermaßen herstellen. Man benötigt dazu Fotokarton in verschiedenen Farben, Wattebällchen, Klebstoff und Parfüm- oder Duftöle. Auf den Fotokarton werden die Umrisse von Blättern gezeichnet. Größe und Form sind beliebig, aber ein Wattebällchen sollte sich gut auf dem Blatt platzieren lassen. Die Anzahl der Blätter hängt von der Anzahl der Kinder ab und davon, ob die Kinder ein oder mehrere Blätter basteln möchten. Die Blätter werden ausgeschnitten und auf jedes Blatt wird ein Wattebällchen geklebt. Dann riechen die Kinder an den zur Verfügung stehenden Parfüm- und Duftölen und entscheiden sich für eine Sorte. Sie tröpfeln wenige Tropfen auf das Wattebällchen und damit ist das Duftblatt fertig.

Einige autistische Kinder reagieren auf bestimmte Gerüche sehr sensibel. Hier kann bereits ein Tropfen des jeweiligen Öls ausreichend sein. Wenn die Duftblätter einige Tage aufbewahrt werden sollen, dann eignet sich ein Teller oder ein Plastikbrett als Unterlage. Lässt der Duft, den das Blatt verströmt, nach, können erneut ein paar Tropfen des Öls auftragen werden. Das duftende Blatt sollte zwar nicht unter das Kopfkissen gelegt werden, aber eine Zeichnung, die das duftende Blatt unter dem Kopfkissen zeigt, können die Kinder anfertigen.

Im Schlafzimmer der Streifenhörnchen gibt es fünf Betten für die Kinder und ein Gästebett, welches Nimimi in der Geschichte bekommt. Welche Möglichkeiten gibt es, um sechs Betten in einem Zimmer zu platzieren? Dazu müssen die Kinder sich erst einmal einigen, ob das Zimmer rund, viereckig oder quadratisch ist. Dann können sie ausprobieren, wie die Betten stehen könnten. Die Stellplätze der Betten lassen sich skizzieren, aber auch mit Bausteinen stecken oder legen.

Duftende Blätter spielen in der Geschichte mit Nimimi eine wichtige Rolle. Das legt eine Beschäftigung mit duftenden Blättern nahe. Zuerst erhalten die Kinder die Gelegenheit, an verschiedenen Blättern mit gut wahrnehmbarem Geruch zu riechen oder die Blätter zu berühren und dann an den Fingern zu riechen. Infrage kommen hier bspw. Pfefferminze, Lavendel, Zitronenmelisse, Myrte, Salbei, Thymian.

Zur Geschichte mit Nimimi passend ist das Spielen eines Geruch-Memorys. Ein Geruch-Memory passt auch zur Geschichte mit Hoppla (▶ Kap. II-M). Bei den Aktivitäten zu dieser Geschichte findet sich daher eine ähnliche Beschreibung des Memorys (▶ Kap. III-M). Dazu benötigt man eine gerade Anzahl an kleinen, undurchsichtigen Dosen mit Schraubdeckel. Jeweils zwei Dosen werden mit den zuvor erkundeten Blättern befüllt. Darüber breitet man eine dünne Watteschicht aus, damit die Blätter in der Dose nicht mehr gesehen werden können. Nach dem Verschließen der Dosen wird auf den Boden der Gefäße mit einem wasserfesten Stift für jedes Paar eine Nummer geschrieben, damit die Kontrolle der Ergebnisse erleichtert wird. Im Spiel wählt das Kind eine Dose aus, öffnet sie, riecht daran, verschließt sie wieder und stellt sie zur Seite. Dann öffnet es nacheinander weitere Dosen, bis es der Meinung ist, die Dose mit dem gleichen Geruch gefunden zu haben. Ein Blick auf den Boden der Dose zeigt, ob dies gelungen ist. In eine Liste wird sodann für dieses Kind ein Plus oder ein Minus eingetragen, je nachdem, wie das Ergebnis ausgefallen ist. Dann kommt das nächste Kind an die Reihe. Nach mehreren Spielrunden wird dasjenige Kind als Sieger ermittelt, welches am häufigsten ein Plus in der Liste zu stehen hat.

Ein Duft-Memory, welches länger haltbar ist, kann aus getrockneten Blättern hergestellt werden. Dazu befüllt man die Dosen des Memorys mit der Füllung von verschiedenen Teebeuteln und mit getrockneten Kräutern. Die verwendeten Teebeutel sollten keine Teemischungen enthalten, sondern aus reinen Sorten bestehen.

Die Streifenhörnchen-Mama bewahrt duftende Blätter in Gläsern auf. Die Kinder können sich hier ein zur Geschichte passendes Accessoire für ihr Zimmer basteln. Dazu werden Gläser aus Plastik, Blätter, selbstklebende Etiketten und Stifte benötigt. Zuerst füllen die Kinder die Blätter in die Gläser und arrangieren sie bei Bedarf. Die Blätter können frisch oder getrocknet sein, wobei Gläser, die mit frischen Blättern befüllt werden, nur wenige Tage haltbar sind. Es besteht auch die Möglichkeit, Blätter aus Papier, Stoff oder anderen Materialien zu verwenden. Die Etiketten werden nach Herzenslust gestaltet und auf die Gläser geklebt. Die fertigen Objekte können dann nach Belieben im eigenen Zimmer arrangiert werden.

J Bruno / Sieben Siebenschläfer

Welche Erkenntnisse vermag die Geschichte mit Bruno zu vermitteln?

Direkte Botschaften:

- Nicht alle Siebenschläfer sind gleich.
- Es gibt Gemeinsamkeiten, die alle Siebenschläfer verbinden (sie leben in Gruppen).
- Einige Siebenschläfer unterscheiden sich von den anderen (verträumt und ein bisschen langsam).
- Niemand möchte ein Außenseiter sein.
- Ein weiter Weg kann sich lohnen, um Antworten zu erhalten.
- Manche Regeln sind überholt oder beruhen auf Missverständnissen (in Gruppen zu siebt leben).
- Es ist gut, seine Bedürfnisse zu kennen (zu dritt in einer Gruppe leben).

Indirekte Botschaften:

- Der Siebenschläfer hat Angst vor Dingen, die sich ändern (er zögert den Auszug hinaus).
- Der Siebenschläfer hat Schwierigkeiten, Sprache richtig zu verstehen (er verwechselt *weiß* und *weise*).
- Der Siebenschläfer schätzt Gefahren nicht richtig ein (die Warnung vor dem alten Siebenschläfer).

In der Geschichte mit Bruno spielen Veränderungsängste, die auditive Wahrnehmung und Kommunikation in Zusammenhang mit der Theory of Mind eine zentrale Rolle.

Im Leben des Protagonisten steht eine Veränderung in Form des Auszuges aus dem Haus der Eltern an, die der Protagonist so lange wie möglich hinausschiebt. Anstehende Veränderungen versetzen autistische Kinder in großen Stress, weil eine Veränderung immer mit kommunikativen, sensorischen und sozialen Herausforderungen verbunden ist. Da das alltägliche Leben ohne Veränderungen für autistische Kinder oft schon anstrengend ist, versuchen sie, Veränderungen zu vermeiden. Eine ausreichend lange Zeit, um sich auf eine anstehende Veränderung einstellen zu können, hilft autistischen Kindern, Veränderungen zu meistern. Ebenso trägt eine Aufklärung über Art und Weise, Dauer, Sinn und Zweck sowie den eventuellen Nutzen, den die Veränderung dem Kind bringt, dazu bei, dass diese Situationen als lösbar und machbar erlebt werden.

Nach einigen Wochen ist der Protagonist der Geschichte in der Lage, sich der Veränderung zu stellen. Er hatte genügend Zeit, um sich auf die bevorstehende Veränderung einzustellen. Umgebende Personen empfinden solche Vorbereitungszeiten oft als Hinauszögern oder sie sind der Meinung, dass das autistische Kind sich vor einer Anforderung drücken möchte, weil es faul ist. Eine Aufklärung über die eben beschriebenen Mechanismen hilft, eine andere Perspektive einzunehmen.

Der Protagonist der Geschichte konnte sein Kuschelkissen nicht einpacken, weil es nass war. Irgendwann muss er gehört haben, dass man ein nasses Kissen nicht einpacken kann.

Wenn ein nicht-autistisches Kind hört, dass man ein nasses Kissen nicht einpacken kann, dann versteht es i. d. R. Folgendes: Ein nasses Kissen kann ich nicht einpacken. Es denkt sich dann: Ich kann warten, bis es trocken ist, aber ich kann das nasse Kissen auch unter den Arm klemmen, damit es an der Luft trocknet. Ich kann es ebenso auf dem Kopf balancieren oder in einen Handwagen legen und diesen hinter mir herziehen.

Ein autistisches Kind versteht die Aussage, dass man ein nasses Kissen nicht einpacken kann, meist folgendermaßen: Regel 1 – ein nasses Kissen kann man nicht einpacken. Regel 2 – wenn man ein nasses Kissen nicht einpacken kann, bedeutet das, dass man ein trockenes Kissen einpacken muss. Man darf das Kissen also weder nass noch trocken unter den Arm klemmen, auf dem Kopf balancieren oder in einen Handwagen legen. Wird das trockene Kissen eingepackt, ist die Regel erfüllt.

Aufgrund des eben verdeutlichten Sprachverständnisses autistischer Kinder wirken sie oft so, als hätten sie keine Ideen, um ein Problem zu lösen, oder als könnten sie nicht über den sprichwörtlichen Tellerrand schauen. Wenn autistische Kinder gefragt werden, wie man ein Kissen transportieren kann, erfährt man schnell, dass diese Kinder sehr wohl Ideen zum Thema haben, meist sogar solche, die den anderen Kindern nicht oder nicht sofort einfallen.

Das Kuschelkissen spielt beim Auszug des Protagonisten eine zentrale Rolle. Hätte er das Kuschelkissen nicht einfach zu Hause lassen können, um es dann bei einem späteren Besuch evtl. mitzunehmen? Benötigt er überhaupt ein Kuschelkissen, wenn er alt genug ist, um auszuziehen? Autistische Kinder haben oft eine starke Bindung an bestimmte Gegenstände, denn Gegenstände verändern sich nicht. Dieser Umstand schafft Vertrautheit sowie Vorhersehbarkeit und kann auch beruhigend wirken. Wenn die Lieblingsdinge allerdings Schaden nehmen oder nicht zur Verfügung stehen, kann dies schnell zu einer Krise führen (vgl. Relative Notfälle; Maus, 2020, S. 81).

Eine starke Bindung an bestimmte Gegenstände kann auch dazu führen, dass Gleichaltrige das autistische Kind hänseln, wenn es bspw. zur Klassenfahrt ein Kuscheltier mitbringt. Diese Wichtigkeit von scheinbaren Nebensächlichkeiten für autistische Kinder sollten erwachsene Bezugspersonen mit allen Kindern thematisieren. Meist finden sich in einem solchen Gespräch dann auch Kinder in der Gruppe, die zugeben, dass sie ebenso gern ein Kuscheltier mitgenommen hätten oder die das im Rucksack versteckte Kuscheltier freilassen. Solche Gespräche helfen allen Kindern, ihre Individualität zu akzeptieren und Gruppenregeln gelegentlich zu hinterfragen.

Zu den auditiven Wahrnehmungsproblemen vieler autistischer Kinder gehören Probleme mit der Wahrnehmungstrennschärfe, insbesondere bei der phonematischen Diskrimination. Sie haben Schwierigkeiten, Endungen von Wörtern zu erfassen und ähnlich klingende Laute voneinander zu unterscheiden. Das führt einerseits dazu, dass sie beim Reden oft nur Wortstämme aussprechen und Endungen weglassen (dies trifft nicht auf Kinder mit dem Asperger-Syndrom zu). Andererseits entstehen Missverständnisse, wenn sie bspw. die Wörter *kriechen* und *Griechen* oder – wie in der Geschichte die Wörter *weise* und *weiße* – nicht unterscheiden können.

Nicht-autistische Kinder stutzen und fragen i. d. R. nach, wenn sie ein Wort hören, welches nicht in den Kontext des Gesagten passt. Autistische Kinder überlegen sich eine Erklärung, warum ein nicht passendes Wort in einem bestimmten Kontext gesagt wurde. Wenn sie keine finden, werden sie unruhig, und wenn sie eine finden, fragen sie aber nicht nach, ob die Erklärung passt. Da es ihnen schwerfällt, anderen Menschen mentale Zustände zuzuschreiben (Theory of Mind), glauben sie oft, die anderen hätten gleiche oder ähnliche Gedanken. Das führt dazu, dass sich Irrtümer über lange Zeit bei ihnen manifestieren können.

Autistische Kinder schätzen Gefahren altersentsprechend oft nicht realistisch ein. Der Protagonist der Geschichte ängstigt sich nicht im Wald, obwohl er die Warnung der anderen Siebenschläfer kannte. Einerseits lösen viele Dinge, die Außenstehende als harmlos empfinden, bei autistischen Kindern Angst aus. Eine Autistin berichtet Folgendes: »Obwohl ich für gewöhnlich keine Angst vor Dingen hatte, die andere Kinder ängstigten, fürchtete ich mich oft schrecklich vor Gegenständen und Ereignissen, die sie gleichgültig ließen. Panische Angst jagten mir Puppen ein« (Prince-Hughes, 2005, S. 28). Andererseits ängstigen sich autistische Kinder mitunter nicht bei Dingen, bei denen sie vorsichtig sein sollten. Deshalb dauert es mitunter lange, bis sie sich sicher im Straßenverkehr bewegen können, wobei hier auch sensorische Probleme eine Rolle spielen.

In der Geschichte führt die Naivität des Protagonisten zu einer Heldentat. Im wirklichen Leben kann eine eingeschränkte Theory of Mind schnell dazu führen, dass sich autistische Kinder in Gefahr bringen, dass sie ausgenutzt werden oder dass sie zum Opfer von Mobbing werden. Eine Aufklärung der umgebenden Personen – Kinder und Erwachsene – vermag dies zu verhindern, indem Missverständnisse auf beiden Seiten aufgelöst und in Verständnis überführt werden. Ebenso, wie der Protagonist der Geschichte das Missverständnis über sieben Siebenschläfer auflöst.

Fragen zur Geschichte mit Bruno:

- *Sie (die Siebenschläfer) sind in der Nacht aktiv und schlafen am Tag.*
  - Bist du schon einmal in der Nacht aktiv gewesen?
  - Welche Dinge hast du in der Nacht getan? Warum hast du diese Dinge in der Nacht getan?
  - Schläfst du manchmal am Tag? Warum schläfst du manchmal am Tag?
- *Warum sie Siebenschläfer heißen, das weiß natürlich jeder Siebenschläfer.*
  - Magst du die Zahl 7? Welche Zahlen magst du?
  - In welchen Wörtern finden sich ebenfalls Zahlen? (Beispiele: Einrad, Einhorn, Dreirad, Dreieck, Viereck, Fünfeck, Sechseck, Siebenbürgen – das ist Trans-

sylvanien –, Achterbahn, Neunaugen – das sind fischähnliche Wirbeltiere –, Zehnkampf, Elfenbein – das Wort bedeutet Elefantenknochen –, Hundertfüßer, Tausendfüßer, Millionenstadt)
- *Er wirkte oft verträumt ...*
  - Wie sieht es aus, wenn man verträumt wirkt? Kannst du das vorspielen?
  - Kennst du Personen, die verträumt wirken?
- *Als es Zeit zum Ausziehen war ...*
  - Was ist damit gemeint, wenn es Zeit zum Ausziehen ist? (Beispiel: In unserer Geschichte ist damit gemeint, dass die Hauptfigur alt genug war, um das Haus der Eltern zu verlassen. Wenn jemand auszieht, kann das auch bedeuten, dass dieser Mensch eine Wohnung oder ein Haus nicht länger bewohnt oder ein Büro nicht mehr benutzt.)
  - Was kann man ausziehen? (Beispiele: Schuhe, Socken, Hosen, Kleider, Jacken – alles, was man anziehen kann, kann man auch wieder ausziehen.)
  - Kann man einen Hut ausziehen? (Beispiel: Nein, einen Hut kann man aufsetzen und wieder absetzen.)
  - Was kann man noch ausziehen? (Beispiel: Einen Tisch kann man ausziehen, wenn er bewegliche Platten zum Ändern der Größe hat. Ein Teleskop kann man ausziehen.)
  - Wen kann man ausziehen? (Beispiel: Ein Baby oder ein Kind kann man ausziehen. Eine Puppe kann man ausziehen.)
- *Als es Zeit zum Ausziehen war, fand er jeden Tag einen anderen Grund, um es hinauszuzögern.*
  - Was bedeutet es, wenn man etwas hinauszögert? (Beispiel: Wenn man etwas hinauszögert, bedeutet das, dass man den Beginn einer Tätigkeit immer wieder aufschiebt. Dabei gibt es keine Gründe, die den Beginn der Tätigkeit wirklich verhindern würden.)
  - Hast du schon einmal etwas hinausgezögert?
- *Einmal konnte er seinen Rucksack nicht finden. Ein anderes Mal musste sein Kuschelkissen erst trocknen, sodass er es nicht einpacken konnte. Nach einigen Wochen gingen Bruno die Ideen aus.*
  - Welche weiteren Gründe könnte Bruno haben, die seinen Auszug verzögern? Hast du Ideen für Bruno?
- *Er konnte seinen Auszug nicht mehr verzögern und packte ein wenig widerwillig seine Sachen.*
  - Was bedeutet widerwillig? (Beispiel: Widerwillig bedeutet, dass man etwas tut, was man eigentlich nicht tun möchte.)
  - Wie sieht es aus, wenn jemand widerwillig seine Sachen packt? Kannst du das vorspielen?
- *Er begab sich auf den Weg zur Gruppe der Siebenschläfer, die am Fuße des Felsens lebte. ... Bruno zog weiter und versuchte es bei den beiden Gruppen, die auf der rechten und der linken Seite des Baches lebten.*
  - Wo könnten weitere Siebenschläfer-Gruppen leben? (Beispiele: am Waldrand, auf dem Hügel, im Tal, in der Nähe der Waldlichtung, in einem Vogelhäuschen, auf dem Dachboden eines Hauses)
- *Bruno entschuldigte sich etwas verlegen für die vergessene Begrüßung.*

- Was bedeutet es, verlegen zu sein? (Beispiel: Verlegen zu sein bedeutet, dass man eine Situation als unangenehm empfindet. Es bedeutet auch, dass man das eigene Verhalten als peinlich empfindet.)
- Kannst du dich für Bruno entschuldigen?
- *Der alte Siebenschläfer schmunzelte.*
  - Was tut man, wenn man schmunzelt? Kannst du das vorspielen?
- *Es schien so zu sein, aber der vor ihm stehende Alte flößte ihm keine Furcht ein.*
  - Was bedeutet es, wenn etwas oder jemand Furcht einflößt? (Beispiel: Furcht einflößen bedeutet, dass etwas oder jemand bewirkt, dass man Angst bekommt.)
  - Würde der alte Siebenschläfer dir Furcht einflößen?
- *Er unterhielt sich bis zum Morgengrauen mit dem alten Siebenschläfer ... Am kommenden Abend suchte er erneut die Gruppe am Fuße des Felsens auf.*
  - Wo könnte Bruno den Tag nach dem Besuch des weisen Siebenschläfers verbracht haben? (Beispiele: Er hat sich einen Unterschlupf gesucht. Er ist für einen Tag zu seiner Mama zurückgekehrt. Er hat ein anderes Tier um Gastfreundschaft gebeten.)
- *Die sieben Siebenschläfer, die um ihn herumstanden, erstarrten vor Schreck.*
  - Was tut man, wenn man vor Schreck erstarrt? (Beispiel: Wenn man vor Schreck erstarrt, bedeutet das, dass man sich für einen kurzen Moment nicht bewegen kann, weil man sich so sehr erschrocken hat.)
  - Welche Gründe kann es geben, damit jemand vor Schreck erstarrt? (Beispiele: ein Teller fällt herunter, eine Tür fällt zu, eine Glocke ertönt, eine Person ist plötzlich im Raum, ein Hund bellt, eine Sirene ertönt)

Bevor Bruno in der Geschichte endlich auszieht, muss er seinen Rucksack packen. Die Geschichte verrät nicht, was Bruno in seinem Rucksack verstaut. Hier sind das Wissen und die Fantasie der Kinder gefragt. Auf einer Packliste hält jedes Kind in Wort oder Bild fest, was Bruno beim Auszug aus dem Haus seiner Eltern mitnehmen muss. Dann vergleichen die Kinder ihre Listen miteinander und diskutieren, ob die aufgelisteten Sachen ausreichend sind oder nicht. Im nächsten Schritt überlegen die Kinder, ob das, was auf der endgültigen Liste steht, in einen Rucksack hineinpasst. Auf jeden Fall darf Brunos Kuschelkissen nicht vergessen werden, denn das wird in der Geschichte ausdrücklich erwähnt.

Der Theorie folgt die Praxis, indem ein Rucksack, der sich im Haushalt befindet, mit den Dingen, auf die sich die Kinder als notwendig geeinigt haben, gepackt wird. Passt alles in den Rucksack hinein? Falls nicht, stellt sich die Frage, auf welche Dinge verzichtet werden kann. Wenn diese Aktivität außerhalb des Zuhauses durchgeführt wird, dann können die Listen bei einem Treffen geschrieben und besprochen werden. Zum nächsten Treffen bringen die Kinder die Dinge mit, die in den Rucksack gepackt werden sollen, wobei ein Kind einen Rucksack beisteuern muss.

Autistische Kinder haben oft Schwierigkeiten mit lebenspraktischen Dingen wie dem Zusammenstellen dessen, was mitgenommen werden soll oder muss. Das vorausschauende Denken, um zu wissen, was in der Zukunft benötigt wird, gelingt ihnen meist weniger gut als gleichaltrigen Kindern. Das Erstellen einer Packliste ist ein wichtiger Lernschritt. Eine mögliche Unterstützung besteht darin, dass das autistische Kind mithilfe von Fragen durch Brunos Tagesablauf geleitet wird. Das kann bspw. folgendermaßen geschehen: »Bruno steht auf. Was muss er einpacken? Benötigt er einen Schlafanzug? Bruno darf sein Kuschelkissen nicht vergessen. Dann geht Bruno ins Bad. Was benötigt er aus dem Bad? …« Somit erhält das autistische Kind die Chance, alles selbst zu benennen und auf die Liste zu setzen.

Das Packen des Rucksacks wird möglicherweise durch motorische Probleme des autistischen Kindes erschwert. Als Alternative kann ein kleiner Koffer gepackt werden, da ein Koffer leichter zu befüllen ist. Den Kindern fällt sicher eine gute Erklärung ein, warum Bruno oder ein beliebiger Siebenschläfer einen Koffer anstatt eines Rucksacks benutzt.

Bruno folgt in der Geschichte dem Weg tief in den Wald hinein, bis der Weg endet. Wie sieht der Weg vom Brunos Zuhause bis zur Behausung des alten Siebenschläfers aus? Die Kinder werden gebeten, diesen Weg mit den Zwischenstationen der Siebenschläfer-Gruppen, die Bruno aufsucht, zu skizzieren. Was hat Bruno auf seinem Weg durch den Wald alles gesehen, wo ist er vorbeigekommen?

Ist ein Wald in erreichbarer Nähe, besteht die Möglichkeit, mit den Kindern im Wald denkbare Orte für Siebenschläfer-Gruppen auszukundschaften. Wo würden Siebenschläfer gern leben? Es kann auch versucht werden, einen Ort für die Behausung des alten Siebenschläfers zu finden. Dieser Ort sollte sich von den Wohnorten der Siebenschläfer-Gruppen unterscheiden. Welche Merkmale machen den ausgewählten Ort zu etwas Besonderem?

Der weise Siebenschläfer beantwortet eine Nacht lang geduldig die Fragen des wissbegierigen Bruno. Welche Fragen hat Bruno dem weisen Siebenschläfer gestellt? Diese Szene eignet sich gut für ein Rollenspiel. Ein Kind schlüpft in die Rolle von Bruno und stellt Fragen, ein anderes Kind spielt den weisen Siebenschläfer und gibt die Antworten. Danach ist das nächste Paar an der Reihe. Alternativ dazu können alle Kinder zwei Gruppen bilden, die nicht zwingend gleich groß sein müssen. Eine Gruppe verkörpert dann Bruno, die andere den weisen Siebenschläfer. Mit dieser Methode lassen sich Alters- und Wissensunterschiede gut kompensieren.

K Skia und Luna / Ein Freund zum Einschlafen

Welche Erkenntnisse vermag die Geschichte mit Skia und Luna zu vermitteln?

Direkte Botschaften:

- Nicht alle Eichhörnchen-Geschwister sind gleich (nur drei der vier Eichhörnchen kuscheln).
- Es gibt Gemeinsamkeiten, die alle Eichhörnchen verbinden (alle klettern auf Bäume, alle lieben Nüsse).
- Einige Eichhörnchen unterscheiden sich von den anderen (Schwanzspitze darf nicht kitzeln).
- Einige Eichhörnchen haben Probleme, wenn die anderen zu dicht herankommen.
- Manche Eichhörnchen finden schwer in den Schlaf.
- Ein anderer Schlafplatz ist einsam (in einer Astgabel).
- Es gibt Eichhörnchen, die spezielle Berührungen mögen (Wange an Wange).
- Ungewöhnliche Rituale können zu gutem Schlaf führen (Fledermaus kuschelt mit Eichhörnchen).

Indirekte Botschaften:

- Das Eichhörnchen hat Probleme mit bestimmten Berührungen (die Schwanzspitze auf dem Arm, Bauch oder Bein), die ihm bei vielen Tätigkeiten das Leben erschweren.
- Das Eichhörnchen hat motorische Probleme (es benötigt lange, um den Schwanz zurechtzulegen).
- Das Eichhörnchen benötigt Sonderregeln zum Einschlafen. Es hat ein anderes Schlafverhalten als die anderen Eichhörnchen.

In der Geschichte mit Skia und Luna werden Schlafprobleme sowie Schwierigkeiten mit der Motorik und mit Körperkontakt angesprochen.

Viele Kinder mit Autismus haben Schlafprobleme, die sich verschieden äußern können. Häufig treten Ein- und Durchschlafprobleme auf, aber auch eine sehr kurze Gesamtschlafzeit und ein frühes Aufwachen prägen das Schlafverhalten autistischer Kinder.

Schlafprobleme eines autistischen Kindes wirken sich meist auf die gesamte Familie aus. Wenn ein Kind abends nicht zur Ruhe kommt, bekommen auch Eltern und je nach räumlichen Gegebenheiten ebenso Geschwister keinen Schlaf. Lang dauerndes Einschlafen und häufiges nächtliches Aufwachen des autistischen Kindes treten meist proportional zu Unregelmäßigkeiten im Tagesablauf auf, wobei mit Unregelmäßigkeiten nicht nur Veränderungen und andere stressige Begebenheiten gemeint sind, sondern ebenso positive Erlebnisse wie eine Geburtstagsfeier oder ein Besuch, der sich kurzfristig angemeldet hat. Auch sensorische Besonderheiten können dazu führen, dass sich das Einschlafen verzögert.

Ein Abend, der ruhig ausklingt und ritualisiert abläuft, verbessert die Chancen auf baldiges Einschlafen. Ein Schlafprotokoll, das die abendlichen Abläufe festhält, aber auch Dinge, die verändert werden, um Schlafprobleme zu verringern, hilft, den Ursachen für den gestörten Schlaf auf die Spur zu kommen. Ein Vordruck für ein Schlafprotokoll findet sich im *Kompetenzmanual Autismus (KOMMA)* (Maus, 2020, Anhang Blatt 37).

Bestimmte Formen von Körperkontakt beeinflussen ebenfalls das Schlafverhalten. Zum einen können Körperkontakte am Abend das Einschlafen erschweren, weil sie nicht beruhigend, sondern gegenteilig wirken. Zum anderen können sie auch das Einschlafen erleichtern. Mein autistischer Sohn schlief bis zu seiner Schulzeit mit seinem jüngeren Bruder in einem großen Bett, weil beide Kinder auf diese Art besser geschlafen haben als einzeln. Oft berührten sich nur ihre Füße beim Schlafen. In der Geschichte berühren sich die Wangen von Eichhörnchen und Fledermaus.

Die Hauptfigur der Geschichte (das Eichhörnchen) benötigt sehr lange, um den Schwanz zum Schlafen zurechtzulegen. Motorische Schwierigkeiten, die häufig bei autistischen Kindern vorzufinden sind, führen einerseits dazu, dass für die Ausführung bestimmter Handlungen viel Zeit benötigt wird. Es kann lange dauern, bis Kissen, Decke, Plüschtiere in der richtigen Position sind – und wenn das Kind dann auf die Toilette muss, beginnt das Ordnen danach von vorn. Der Versuch, diese Handlungen zu unterbrechen, würde eine Stressreaktion auslösen, die das Einschlafen gänzlich verhindert. Andererseits führen motorische Probleme in Kombination mit einer eingeschränkten Körperwahrnehmung dazu, dass einige autistische Kinder von außen betrachtet unbequeme Schlafpositionen einnehmen. Der Kopf wirkt oft überstreckt, Arme oder Beine verdreht.

Vielleicht hilft die Geschichte des Eichhörnchens, welches nicht einschlafen konnte, einigen autistischen Kindern dabei, etwas schneller in den Schlaf zu finden, wenn sie in die abendliche Routine aufgenommen wird.

Fragen zur Geschichte mit Skia und Luna:

- *Hoch oben im Baum befand sich eine Kugel aus Zweigen und Blättern.*
  - Welche Dinge sind noch kugelförmig? (Beispiele: Fußball, Tennisball, Apfelsine, Seifenblase, Eiskugel, Globus, Planet, Murmel, Blaubeere, Perle, Weihnachtskugel)
  - Ist der Kugelfisch kugelförmig? (Antwort: Kugelfische sind nicht kugelförmig, sondern Fische mit einer rundlichen Gestalt. Sie können sich aber bei Gefahr mit Wasser vollpumpen. Erst dann haben sie eine kugelförmige Gestalt.)
- *Nüsse mochten sie am liebsten.*
  - Welche Nüsse kennst du? (Beispiele: Haselnüsse, Walnüsse, Paranüsse, Erdnüsse)
  - Isst du gern Nüsse?

- *Sie mochte es nicht, wenn die Schwanzspitze beim Schlafen ihr Gesicht, ihren Bauch oder ihre Arme berührte. Dann konnte sie nicht einschlafen.*
  - Gibt es Dinge, die dich am Einschlafen hindern können?
  - Was hilft dir, damit du gut einschlafen kannst?
- *Skia rutschte im Kobel hin und her, um eine gute Lage zum Schlafen zu finden.*
  - Wie sieht es aus, wenn man hin und her rutscht? Kannst du das vorspielen?
- *Sie antwortete nachdenklich ...*
  - Wie hört es sich an, wenn man nachdenklich eine Antwort gibt?
  - Kannst du etwas nachdenklich sagen?
- *Es gelang ihr jedoch nicht einzuschlafen, denn nun fühlte sie sich einsam.*
  - Was bedeutet es, wenn man sich einsam fühlt? (Beispiel: Man fühlt sich einsam, wenn man allein ist, aber nicht allein sein möchte.)
  - Schläfst du allein in deinem Zimmer? Findest du das gut?
  - Hast du schon einmal mit anderen Kindern gemeinsam in einem Zimmer geschlafen? Was hast du dabei erlebt?
- *Skia seufzte.*
  - Was tut man, wenn man seufzt? (Beispiel: Seufzen bedeutet, dass man tief und deutlich hörbar einatmet durch den Mund, weil man Kummer oder Sorgen hat.)
- *»Oh ja!«, jubelte Skia.*
  - Wie hört es sich an, wenn man »Oh, ja!« jubelt? Kannst du es vormachen?
- *»Das würdest du wirklich machen?«, fragte Skia dann vorsichtig nach.*
  - Wie hört es sich an, wenn man vorsichtig etwas nachfragt?
  - Kannst du vorsichtig etwas nachfragen? (Beispiel: »Bist du sicher, dass ich den Hund füttern darf?«)
- *»Wieso hast du denn mitten in der Nacht Hunger?«, fragte Skia.*
  - Hast du schon einmal nachts etwas gegessen? Welchen Grund oder Anlass gab es dafür?
- *Skia wachte wenig später an Lunas Wange auf. Wohlig reckte sie sich.*
  - Was bedeutet wohlig? (Beispiel: Wohlig drückt aus, dass man sich gut fühlt und entspannt ist.)
  - Wie sieht es aus, wenn man sich wohlig reckt? Kannst du das vorspielen?

Skia, ein junges Eichhörnchen, wohnt zusammen mit ihren Geschwistern und ihrer Mama in einem Kobel. Das Wort Skia kommt aus dem Altgriechischen und bedeutet Schatten. Skia hat in der Geschichte diesen Namen bekommen, weil die Menschen in der Antike glaubten, dass Eichhörnchen einen großen Schwanz haben, um sich selbst Schatten zu spenden.

Wozu haben Tiere denn überhaupt Schwänze? Viele Tiere benötigen ihren Schwanz, um ihr Gleichgewicht zu halten. Dies trifft bspw. auf Kängurus beim Springen zu. Einige Tiere wie z. B. Wickelbären und Brüllaffen haben Greifschwänze – das bedeutet, sie können den Schwanz zum Festhalten benutzen, indem sie ihn bspw. um Äste wickeln. Wieder andere Tiere benutzen ihren Schwanz, um Insekten wie Mücken oder Fliegen zu vertreiben. Das tun z. B. Pferde, Kühe, Zebras, Büffel und Antilopen. Hunde und Katzen nutzen den Schwanz zum Kommunizieren. Sicherlich hat jedes Kind schon einmal einen Hund beobachtet, der freudig mit dem Schwanz wedelt. Natürlich gibt es auch Tiere ohne Schwänze wie bspw. Gorillas und Schimpansen.

Skias Geschwister nutzen ihre Schwänze vielleicht zum Zudecken, wenn sie den Kobel zum Schlafen aufgesucht haben. Der Versuch, einen Kobel zu bauen, sensibilisiert die Kinder für Leistungen, die Tiere erbringen. Vorher sollte der Kobel erst einmal gezeichnet werden. Als Material für den Kobel werden Zweige oder dünne Äste vom Boden gesammelt. Die benötigten Blätter können ebenfalls gesammelt werden oder es werden Stoffblätter aus dem Bastelbedarf benutzt. Ein dünner Strick, den Eichhörnchen selbstverständlich nicht zur Verfügung haben, erhöht die Erfolgschancen der experimentierenden Kinder.

Zu Beginn des Kobelbaus wird ein Kreis aus zwei oder mehreren Ästen hergestellt. Eichhörnchenkobel können einen Durchmesser von bis zu einem halben Meter aufweisen. So groß muss das zu bauende Modell eines Kobels nicht unbedingt werden. An den Stellen, an denen die Äste übereinanderliegen, werden sie mit einem Stück Strick fixiert. Ausgehend von diesem Kreis baut man dann auf beiden Seiten immer wieder Aststücke auf die gleiche Art an, bis ein kugelähnliches Gebilde entsteht. Ein oder zwei Schlupflöcher benötigt ein Kobel ebenfalls. Zum Schluss werden die Blätter zwischen die Zweige gesteckt. Für den Bau eines Kobels sind mehrere Kinder und möglichst ein Erwachsener vonnöten, weil das entstehende Gebilde und die anzubauenden Äste festgehalten werden müssen, wenn der Strick herumgewickelt und verknotet wird. Wer mag, kann den fertigen Kobel noch auspolstern. Eichhörnchen tun dies mit Gras und Moos.

Wenn der Kobel fertig ist, ist es Zeit zum Schlafen. Die Kinder werden gebeten, Einschlafpositionen, die sie mögen, auf einer Matratze vorzuspielen. Autistische Kinder nehmen oft Schlafpositionen ein, die verdreht, starr oder ungemütlich wirken. Einerseits sollte darauf geachtet werden, dass niemand sie bei dieser Aktivität verspottet. Andererseits können autistische Kinder dabei lernen, welche Schlafpositionen ihnen vielleicht ein besseres Einschlafen ermöglichen, denn i. d. R. sind sich diese Kinder nicht dessen bewusst, dass sie zum Einschlafen keine entspannte Körperhaltung einnehmen.

Nach dem Vorspielen der eigenen Schlafposition wird ebenfalls auf der Matratze ausprobiert, wie die Eichhörnchen-Kinder nebeneinander im Kobel liegen. Auch Skia wird dabei von einem Kind gespielt. Wenn das autistische Kind Probleme mit Berührungen hat, dann übernimmt es die Rolle von Skia. Wenn dies nicht der Fall ist, kann es sich auch unter Skias Geschwister mischen. Die Anzahl der Geschwister kann in dieser Schlafpositionen-Simulation verringert oder erhöht werden. Ebenso ist es möglich, dass zwei Kinder ein Eichhörnchen wie Skia spielen.

Ein- und Durchschlafprobleme treten sehr häufig bei autistischen Kindern auf. Eine besondere Bedeutung kommt daher Einschlafritualen zu, die durch ihre Vorhersehbarkeit zum Beruhigen am Abend beitragen. Auch nicht-autistische Kinder benötigen – besonders im jüngeren Alter – bestimmte Rituale vor dem Einschlafen. Ein Austausch über Einschlafrituale vermag allen Kindern, aber auch den betreuenden Erwachsenen Inspirationen zu geben. Wie wird der Abend vor dem Zubettgehen gestaltet? Werden Lieder gesungen so wie bei Skia und ihren Geschwistern? Oder hört das Kind lieber Geschichten? Werden die Plüschtiere am Kopfende aufgereiht oder aus dem Bett verbannt? Mag das Kind kuscheln?

Abendliche Routinen sind etwas sehr Privates. Wenn es sich bei den Kindern nicht um Geschwister handelt, sollten die betreuenden Personen die Kinder explizit darauf hinweisen, dass das Erzählen über ihr Zubettgehen freiwillig ist, und sie sollten sehr genau darauf achten, dass kein Kind in Gruppenzwang gerät. Kinder, insbesondere autistische, lernen auf diese Weise, wo ihre Grenzen sind und vor allem, wie sie diese Grenzen setzen.

Skia und ihre Geschwister singen mit ihrer Mama abends ein paar Lieder. Das kann man auch im Rahmen einer Lesenacht tun. Eine Lesenacht bedeutet, dass nachts – solange, wie es die Teilnehmer schaffen, wach zu bleiben – gelesen oder vorgelesen wird. Es ist auch möglich, zwischendurch Lieder zu singen, ein Hörspiel zu hören, ein Kartenspiel zu spielen oder einen Imbiss einzunehmen. Lesenächte können im häuslichen Umfeld durchgeführt werden, aber auch außerhalb des Zuhauses wie bspw. in der Kindertagesstätte oder in der Schule. Aufgrund der Abweichungen vom Tagesablauf sowie der sozialen und sensorischen Herausforderungen, die mit einer Lesenacht einhergehen, kann es notwendig sein, für das autistische Kind eine zusätzliche Betreuungsperson einzuplanen und einen verlässlichen Rückzugsort einzurichten. Der Rückzugsort kann von dem autistischen Kind mit oder ohne Begleitung bei Bedarf aufgesucht werden, sodass dieses Kind bei einer sich anbahnenden Überlastungssituation die Lesenacht nicht verlassen und nach Hause geschickt werden muss, sondern nach einer Auszeit zum Ereignis zurückkehren kann.

Abb. K.1: Mopsfledermaus

III Botschaften, Besonderheiten und Einsatz der Geschichten

Im Mondlicht taucht in der Geschichte eine Fledermaus auf. Die Inspiration für diese Geschichte ging von einer Zeichnung meines Sohnes aus. Diese Zeichnung zeigt eine Mopsfledermaus im Mondlicht (▶ Abb. K.1). Die echte Mopsfledermaus weist allerdings im Gegensatz zur gezeichneten Mopsfledermaus keinen mopsigen Körper auf. Ihren Namen erhielt sie, weil ihre Schnauze so aussieht wie die Schnauze der Hunderasse Mops. Können die Kinder auch eine Fledermaus zeichnen?

Fledermäuse orientieren sich mittels Echoortung. Dabei senden sie Töne aus, die von Objekten und Lebewesen in der Umgebung reflektiert, also zurückgeworfen werden. Die zurückkommenden Töne wertet die Fledermaus aus. Man könnte also auch sagen, dass Fledermäuse mit den Ohren sehen. Fledermäuse können mit ihren Tönen auch untereinander kommunizieren – das lässt sich mit einem Gespräch unter Menschen vergleichen. Dazu benutzen sie aber etwas andere Töne. Die Töne, die die Fledermäuse aussenden, um ihre Umgebung wahrzunehmen, können Menschen nicht hören. Ein gibt jedoch ein Gerät – ein Fledermausdetektor –, welches die Töne der Fledermäuse in Töne umwandelt, die Menschen hören können. Dies macht es möglich, dass Menschen bei Fledermausführungen in der Natur oder in alten Gemäuern die Fledermäuse hören können.

L   Miabella / Die mutige Taube

Welche Erkenntnisse vermag die Geschichte mit Miabella zu vermitteln? (Anmerkung: Die Geschichte mit Miabella nimmt eine Sonderstellung ein. Sie beschäftigt sich mit möglichen Reaktionen außenstehender Personen, wenn diese Verhaltensweisen beobachten, die sie sich nicht erklären können.)

Direkte Botschaften:

- Einige Tauben verhalten sich seltsam.
- Die Kinder haben vor der Schule keine Zeit, das Geheimnis der Taube zu lüften.
- Der Hund interessiert sich für die Taube. Er befragt andere Tiere zu der Taube.
- Manche Tiere äußern Vermutungen.
- Einige Tiere sind desinteressiert.
- Andere Tiere unterstellen der Taube bestimmte Dinge.
- Die Kinder haben nach der Schule keine Zeit, das Geheimnis der Taube zu lüften.
- Kein Tier kommt auf die Idee, die Taube zu fragen, warum sie so handelt (auf dem Fensterbrett sitzen).

Indirekte Botschaften:

- Die Taube hat einen zwingenden Grund für ihr Verhalten (die Prüfung zur Brieftaube).
- Eine Möglichkeit, das Verhalten der Taube zu verstehen, besteht darin, die Taube danach zu fragen.
- Verhalten wird oft falsch eingeschätzt oder bewertet, weil nicht nach den Ursachen des Verhaltens gefragt oder gesucht wird.
- Vorurteilen und Fehleinschätzungen wird damit der Weg geebnet.

Die Geschichte mit Miabella beschäftigt sich mit dem Thema der Fehlinterpretation von auffälligem Verhalten.

Autistische Kinder haben Probleme, die Perspektive anderer Personen einzunehmen. Die eingeschränkte Perspektivübernahme hängt mit der Schwierigkeit, anderen Menschen Gedanken, Wünsche und Gefühle zuzuschreiben (Theory of Mind), zusammen. Nicht-autistische Kinder beginnen ab einem Alter von ungefähr vier Jahren eine Theory of Mind zu entwickeln. Sie sind dann ab einem gewissen Alter auch in der Lage, automatisch die Perspektiven anderer Personen zu übernehmen. Dies bedeutet nicht, dass ihre Einschätzung immer richtig ist, sondern dies bedeutet, dass sie – ohne darüber nachdenken oder den Prozess in Gang setzen zu müssen – wissen, dass andere Personen andere mentale Zustände haben. Direkte Aufforderungen und gezielte Fragestellungen unterstützen autistische Kinder ab einem bestimmten Alter (frühestens ab dem Grundschulalter) dabei, in bestimmten Fällen herauszufinden, was eine andere Person denken, sich wünschen oder fühlen könnte. Eine Automatisierung derartiger Denkmuster findet oft nicht oder in ungenügendem Maße statt. Daher ist es notwendig, das autistische Kind bei Bedarf wiederholt zur Perspektivübernahme anzuleiten.

Die Geschichte beschäftigt sich allerdings nicht mit Problemen von autistischen Kindern bei der Perspektivübernahme, sondern mit Reaktionen der Mitmenschen, die anzutreffen sind, wenn autistische Kinder in der Öffentlichkeit auffallen (vgl. Maus, 2017, S. 36–51).

Autismus ist eine unsichtbare Behinderung. Man sieht einem autistischen Kind i. d. R. nicht an, dass es Einschränkungen und Schwierigkeiten hat. Wenn dieses Kind dann in öffentlichen Räumen auffällt, weil es bspw. nicht die Perspektive anwesender Personen übernehmen kann, weil es unfreundlich wirkt, wenn es soziale Höflichkeitsfloskeln nicht beherrscht, oder weil es in einer Situation, in der es von Reizen überflutet wird, mit auffälligem Verhalten reagiert (reagieren muss), dann wird häufig weder genau hingeschaut noch nachgefragt, sondern das Verhalten des Kindes verurteilt. Eltern und Geschwister dürfen meist ähnliche Erfahrungen machen, denn entweder haben sie als Eltern das autistische Kind nicht richtig erzogen oder sie werden als Geschwister aus verschiedenen Gründen bedauert.

In solchen Situationen haben viele Personen Schwierigkeiten, eine Perspektive einzunehmen, die von ihren üblichen Erfahrungen abweicht. Daher kommt es oft zu vorschnellen Urteilen, zu Mutmaßungen, zu unangemessenen Ratschlägen oder auch zu Beschimpfungen. Wie in der Geschichte geschildert, wird häufig über das autistische Kind und die Angehörigen geredet, aber diejenigen, die das auffällige Verhalten des Kindes erklären könnten, werden nicht gefragt.

Die Hauptfigur der Geschichte (die Taube) sitzt auf dem Fensterbrett wie eine Skulptur. Sie wendet sich weder dem Hund zu, als dieser vorbeikommt, noch schaut sie die anderen Tiere an, die sie neugierig beäugen. Autistische Kinder zeigen in potenziellen Gesprächssituationen oft ein ähnliches Verhalten. Sie haben zum einen eine eingeschränkte Mimik und Gestik, sodass ein zum Gespräch einladendes Lächeln und ähnliche Gesten oft ausbleiben. Zum anderen schützen sie sich in solchen Situationen vor zu vielen Reizen, was sich darin äußern kann, dass sie Blickkontakt vermeiden und dem Gesprächspartner ein Ohr oder sogar den Rücken zudrehen. Diese Reaktionen, die abweisend wirken können, bedeuten keinesfalls, dass das autistische Kind nicht reden oder spielen möchte. Nicht-autistische Kinder sollten über solche Handlungen des autistischen Kindes aufgeklärt sein und ihre Gesprächs- oder Spielbereitschaft nicht an äußerlichen Merkmalen festmachen. Wenn sie unsicher sind, können sie nachfragen, ob das autistische Kind mit ihnen reden oder spielen möchte.

Im heimischen Taubenschlag erzählt die Hauptfigur der Geschichte: »Niemand ist auf die Idee gekommen, mich zu fragen, warum ich dort sitze.« Sie hätte eine Antwort gegeben.

Fragen zur Geschichte mit Miabella:

- *Miabella schaute aus der Luft auf den Bauernhof, der sich unter ihr befand.*
  - Bist du schon einmal auf einem Bauernhof gewesen?
  - Wohnst du auf einem Bauernhof?
  - Wann bist du auf einem Bauernhof gewesen? Warum und mit wem bist du dort gewesen?
- *In der Küche saßen zwei Kinder an einem Tisch und frühstückten.*
  - Was könnten die Kinder frühstücken? (Beispiele: Cornflakes, Müsli, ein Brötchen mit Honig, eine Scheibe Brot mit Wurst oder Käse, Joghurt, Quark mit Früchten)
  - Was frühstückst du?
- *Sie erschraken, als die Taube auf dem Fensterbrett landete, denn sie waren noch nicht richtig munter.*
  - Wie sieht es aus, wenn man nicht richtig munter ist? Kannst du das vorspielen?
- *Die Taube rührte sich nicht.*
  - Was bedeutet es, wenn jemand sich nicht rührt? (Beispiel: Wenn man sich nicht rührt, bedeutet das, dass man sich nicht bewegt.)
  - Was bedeutet es, wenn man etwas rührt? (Beispiel: Wenn man etwas rührt, dann vermischt man flüssige oder breiige Bestandteile in einem Gefäß. Dazu benutzt man ein Hilfsmittel wie bspw. einen Löffel.)
  - Was kann man rühren? (Beispiele: Fruchtstücke in den Quark rühren, einen Brei rühren, ein Ei in den Teig rühren, Gewürze in die Suppe rühren)
- *Sie (die Taube) wirkte beinahe so, als wäre sie eine Skulptur.*
  - Was ist eine Skulptur? (Beispiel: Eine Skulptur ist eine Figur aus Stein oder Holz. Skulpturen werden von Künstlern geschaffen.)
  - Kannst du so tun, als wärst du eine Skulptur? Wie lange schaffst du es, eine Skulptur zu spielen?
- *Schnippisch antwortete die Gans …*
  - Was bedeutet es, eine schnippische Antwort zu geben? (Beispiel: Eine schnippische Antwort ist eine kurze, unfreundliche Antwort. Eine solche Antwort kann respektlos oder ungezogen wirken. Meist beantwortet eine schnippische Antwort nicht die Frage.)
  - Kannst du eine schnippische Antwort geben? (Beispiel: »Weiß ich nicht, geh doch jemanden fragen.«)
- *Das Schaf verkündete …*
  - Wie hört es sich an, wenn man etwas verkündet?
  - Kannst du etwas verkünden? (Beispiele: »Der Sieger ist …!« oder »Der Film beginnt in zehn Minuten!«)
- *»Woher soll ich das denn wissen«, antwortete das Schaf und drehte sich genervt weg.*
  - Wie sieht es aus, wenn man sich genervt wegdreht? Kannst du das vorspielen?
  - Welche Dinge oder Personen nerven dich?
- *Er (der Hund) legte sich neben seine Hütte und döste in der Mittagssonne.*
  - Was tut man, wenn man in der Sonne döst? (Beispiel: Wenn man in der Sonne döst, dann bedeutet das, dass man in der Sonne liegt und nichts tut. Man denkt nicht nach, redet nicht mit anderen Personen und beobachtet nichts. Wenn

man döst, hat man die Augen meist geschlossen, aber schläft nicht. Während man döst, schläft man aber oft ein.)
- Hast du schon einmal in der Sonne gedöst?
- Kennst du Personen, die gern in der Sonne dösen?
• *In diesem Moment kamen die Nachbarskinder zum Spielen vorbei.*
- Welche Spiele könnten die Kinder des Bauernhofes mit den Nachbarskindern spielen?
• *Bei ihrer Ankunft im heimischen Taubenschlag erwarteten sie die anderen Tauben mit Spannung.*
- Was bedeutet es, wenn man etwas mit Spannung erwartet? (Beispiel: Wenn man etwas mit Spannung erwartet, dann bedeutet das, dass man sehr neugierig auf das ist, was sich gleich ereignen wird. In die Neugierde mischt sich meist noch etwas Erregung.)
- Was bedeutet es, wenn es zwischen zwei Personen Spannungen gibt? (Beispiel: Wenn es zwischen zwei Personen Spannungen gibt, dann bedeutet dies, dass diese Personen nicht einer Meinung sind und im Moment keinen Weg finden, um die Unstimmigkeiten zu beseitigen.)

Die Taube Miabella schaut zu Beginn der Geschichte von oben auf den Bauernhof. Aber wie sieht ein Bauernhof in der Draufsicht aus? Können die Kinder zeichnen, wie Miabella den Bauernhof aus der Luft sieht? Damit die Aufgabe nicht zu kompliziert ist, soll hier die Draufsicht und nicht eine Vogelperspektive gezeichnet werden. In der Draufsicht befindet sich der Betrachter genau über dem Objekt, oder er stellt es sich vor. Es entsteht ein maßstäblicher Plan des Bauernhofes. Aus der Vogelperspektive werden Objekte, die sich nicht direkt unter dem Betrachter befinden, mehr oder weniger seitlich von oben betrachtet. Damit entsteht ein ungewohnter dreidimensionaler Anblick. Einige autistische Kinder sind sehr begabt mit dem Erfassen und Wiedergeben von Perspektiven und können sich somit auch an die Darstellung aus der Vogelperspektive heranwagen. Für Kinder, die lieber bauen als zeichnen, besteht die Möglichkeit, den Bauernhof in der Draufsicht mit Bausteinen zu legen oder zu stecken.

Auf dem Bauernhof, den die Taube Miabella sich ausgesucht hat, wird bei Tagesanbruch bereits gearbeitet. Welche Arbeiten müssen auf einem Bauernhof ausgeführt werden? Arbeiten, die auf einem Bauernhof ausgeführt werden müssen, sind bspw. Tiere füttern, Kühe melken, die Ställe ausmisten, die Felder bewirtschaften, Obst und Gemüse ernten, Pferde putzen. Jedes angeführte Beispiel lässt sich mit beliebiger Intensität besprechen. Kinder, die auf einem Bauernhof leben, finden die Frage vielleicht langweilig. Sie sollten in diesem Fall eine Alternativfrage bekommen, indem sie z. B. darüber nachdenken, welche Arbeiten auf einem Flughafen erledigt werden müssen.

Eng verbunden mit der Frage nach den notwendigen Arbeiten auf einem Bauernhof ist die Frage nach den Produkten, die auf einem Bauernhof hergestellt werden. Was kann ein Bauer verkaufen? Nachdem die Kinder dann Milch, Getreide, Obst, Gemüse, Schweine, Gänse und weitere Dinge aufgezählt haben, besteht auch hier die Möglichkeit, dies im Gespräch zu vertiefen. Wozu wird Getreide verarbeitet? Was kann aus der Milch hergestellt werden? Wenn hier die Antwort »Käse« gegeben wird, ergibt sich eine Verbindung zur Geschichte mit Mika (▶ Kap. II-G) und zu der Frage, wie die Löcher in den Käse kommen (▶ Kap. III-G).

In der Geschichte trottet der Hund von der Weide zurück zum Hof. Wie sieht es aus, wenn ein Hund trottet? Können die Kinder einen trottenden Hund vorspielen? Können die Kinder alle Tiere der Geschichte vorspielen? Eine persönliche Beziehung zu dem jeweiligen Tier entsteht, wenn dem darzustellenden Wesen von dem Kind vorher ein Name gegeben wird. Die Person, die mit den Kindern die Aktivität durchführt, oder ein älteres Kind liest sodann die Geschichte absatzweise vor und baut die Namen des jeweiligen Tieres beim Vorlesen ein. Es ergibt sich bspw. Folgendes: »Der Hund entdeckte Pippa, die Katze, die auf einem Holzfass in der Sonne lag.« Das Kind, welches sich die Katze ausgesucht hat, spielt nun vor, wie es aussieht, wenn Pippa in der Sonne liegt. Danach wird der nächste Abschnitt vorgelesen und das Kind, welches das Schaf spielen möchte, kommt an die Reihe.

Neben der Taube agieren ein Hund, eine Kuh, eine Ente, eine Gans, eine Katze, ein Schaf und zwei Mäuse in der Geschichte. Das sind aber noch nicht alle Tiere, die auf einem Bauernhof leben können. Welche Bauernhoftiere kommen in der Geschichte nicht vor? Dem Hund begegnen bspw. kein Schwein, kein Esel, kein Pferd, keine Ziege und auch keine Taube, die auf dem Bauernhof ihr Zuhause hat. Wie könnten ihre Antworten ausfallen? Auch diesen Tieren kann ein Name gegeben werden. Ebenso kann versucht werden, ein typisches Verhalten dieser Tiere nachzuahmen.

Die Tiere, die nicht in der Geschichte vorkommen, wurden nicht vergessen, sondern ganz bewusst weggelassen. Das hat folgenden Grund: Die Tiere der Geschichte sind alle desinteressiert, voreingenommen oder besserwisserisch. Sie beobachten ein Verhalten, welches sie nicht zuordnen können oder welches ihnen komisch vorkommt. Anstatt sich nach den Gründen für dieses Verhalten zu erkundigen, geben sie Mutmaßungen von sich oder verkünden vorschnelle Urteile. Durch die fehlenden Tiere erhalten die Kinder die Chance, über die Antwort, die das jeweilige Tier gibt, Protagonisten mit aufgeschlossenem und interessiertem Verhalten zu kreieren.

M Hoppla /
Der ständig schnuppernde Hase

Welche Erkenntnisse vermag die Geschichte mit Hoppla zu vermitteln?

Direkte Botschaften:

- Nicht alle Hasen sind gleich (junge und alte Hasen, hell- oder dunkelbraunes Fell).
- Es gibt Gemeinsamkeiten, die alle Hasen verbinden (lange Ohren).
- Einige Hasen unterscheiden sich deutlich von den anderen (wenig hoppeln).
- Manche Hasen haben besondere Vorlieben (alles beschnuppern).
- Manchmal sind bestimmte Ereignisse vonnöten (eine verdorbene Frucht), um die Augen für die Fähigkeiten von Außenseitern zu öffnen (verdorbene Früchte am Geruch erkennen).
- Wer Kummer oder Schmerzen hat, möchte getröstet werden.
- Wer Kummer oder Schmerzen hat, die er oder sie selbst verursacht hat, möchte ebenso getröstet werden.
- Ob man Trost spendet, hängt nicht davon ab, warum die oder der andere Kummer oder Schmerzen hat.

Indirekte Botschaften:

- Der Hase fällt durch sein Verhalten unter den anderen Hasen auf, aber er wird nicht ausgegrenzt.
- Seinem Urteil (die Frucht ist verdorben) wird erst geglaubt, nachdem Schaden entstanden ist.
- Der Hase hat soziale Schwierigkeiten (Trost spenden) und wird von einer Häsin unterstützt, damit er auch weiterhin nicht ausgegrenzt wird.

Die Geschichte mit Hoppla thematisiert die olfaktorische Wahrnehmung im Kontext von sozialem Miteinander.

Auffälligkeiten im Umgang mit Sinnesreizen können bei autistischen Kindern in sämtlichen Bereichen der Sinneswahrnehmung vorkommen. Im olfaktorischen Bereich bereiten einerseits vielen autistischen Kindern Gerüche von Putz- und Körperpflegemitteln, Parfümen oder Zigaretten Probleme, ohne dass eine Gewöhnung an den entsprechenden Geruch einsetzt, und der Geruch von gekochtem Essen löst bei diesen Kindern oft Übelkeit aus. Andererseits gibt es autistische Kinder, die sehr gern an bestimmten Dingen riechen und das dementsprechend häufig tun. Dies kann bspw. der Geruch von Heftpflaster, Backhefe oder alten Büchern auslösen.

Der Protagonist der Geschichte nutzt seine gute Wahrnehmung von Gerüchen nicht nur, um verdorbenes Essen aufzuspüren, sondern auch, um den Lieblingsinteressen nachzugehen. Spezialinteressen, die ungewöhnlich viel Raum im Leben eines autistischen Kindes einnehmen können und die den repetitiven Verhaltensweisen zugeordnet werden, sind nicht selten mit Wahrnehmungsbesonderheiten verbunden. Solche Verhaltensweisen mit Wiederholungscharakter sind häufig mit visuellen Stärken verknüpft wie bspw. die Begeisterung für Puzzle-Spiele oder generell das Vergnügen am Lösen visueller Rätsel.

Autistische Kinder formulieren Tatsachen i.d.R. sachlich, bspw. so, wie der Protagonist der Geschichte sachlich auf den verdorbenen Zustand der Frucht hinweist. Damit erreichen sie gelegentlich nicht das, was sie beabsichtigen, weil nicht-autistische Kinder eher mit Emotionen als mit Argumenten überzeugt werden können. Ein simulierter Bauchschmerz hätte den anderen Hasen vielleicht davon abgehalten, die verdorbene Frucht zu essen.

Die eben erwähnte Sachlichkeit wenden autistische Kinder auch an, wenn es darum geht, Handlungen zu bewerten. Für ein autistisches Kind ist oft nur das Ergebnis relevant, unabhängig davon, wie es zustande gekommen ist. Nicht-autistische Kinder wissen intuitiv ab einem gewissen Alter, dass formal gleich aussehende Handlungen nicht zwingend gleich zu bewerten sind. Sie wissen, dass es einen Unterschied in der Beurteilung macht, ob ein Gegenstand zu Bruch ging, weil sie gestolpert sind oder weil sie wütend waren. Autistische Kinder können durch Auswerten entsprechender Situationen – möglichst mit visuellen Hilfsmitteln – auf diesen Gebieten Fortschritte erzielen.

Sachliches Denken kann auch dazu führen, dass autistische Kinder glauben, bei selbst verschuldetem Schaden hat man weder Trost noch Unterstützung zu erwarten. Wenn autistische Kinder solche Überzeugungen oder Annahmen haben, dann besteht für sie kein Zweifel daran, dass diese Regeln auch für sie selbst gelten. Autistische Kinder benötigen für derartige komplizierte zwischenmenschliche Verhaltensweisen die »alte Häsin« aus der Geschichte. Damit ist eine Person gemeint, die solche Dinge immer wieder geduldig mit dem autistischen Kind bespricht und aufarbeitet.

Fragen zur Geschichte mit Hoppla:

- *Die Hasen tummelten sich auf der Wiese.*
  - Welche Pflanzen kann man auf einer Wiese finden? (Beispiele: verschiedene Gräser, Gänseblümchen, Kornblume, Mohnblume, Brennnessel, Brombeere, Klee, Löwenzahn, Kamille, Distel, Sonnenblume, Kresse)
  - Welche Tiere kann man auf einer Wiese entdecken? (Beispiele: Ameisen, Grillen, Käfer, Bienen, Hummeln, Marienkäfer, Schmetterlinge, Libellen, Regenwürmer, Schnecken, Grasfrösche, Eidechsen, verschiedene Vögel, Mäuse, Wildkaninchen, Hasen, Füchse, Rehe, Maulwürfe – meistens sieht man nur die Hügel)
  - Was tut man, wenn sich tummelt? (Beispiel: Wenn man sich tummelt, dann bewegt man sich lebhaft hin und her. Man ist dabei meistens ein bisschen übermütig.)

- Hast du dich schon einmal auf einer Wiese getummelt? Hat es dir Spaß gemacht?
- *Obwohl er Hoppla hieß, hoppelte er nicht gern.*
  - Kannst du vorführen, wie ein Hase hoppelt?
- *Und er schnupperte ständig.*
  - Kannst du vorführen, wie es aussieht, wenn du an deiner Hand schnupperst?
- *»Ich glaube dir nicht«, sagte er zu Hoppla und biss in die Frucht.*
  - Hätte Hoppla Remi vom Essen der Frucht abhalten sollen?
  - Wie hätte er dies machen können?
  - Was wäre deiner Meinung nach dann passiert?
- *Hoppla schüttelte den Kopf und trottete weiter.*
  - Wie sieht es aus, wenn man den Kopf schüttelt? (Beispiel: Wenn man den Kopf schüttelt, dann bewegt man den Kopf ein wenig nach rechts und dann nach links – oder nach links und dann nach rechts. Das tut man einige Male hintereinander.)
  - Was bedeutet es, wenn man den Kopf schüttelt? (Beispiel: Wenn man den Kopf schüttelt, dann drückt man damit aus, dass man sich über etwas wundert.)
  - Was kann es noch bedeuten, wenn man den Kopf schüttelt? (Beispiel: Ein Kopfschütteln kann auch bedeuten, dass man etwas ablehnt oder verbietet.)
- *Sie (die Hasen) wirkten besorgt.*
  - Was bedeutet es, wenn man besorgt wirkt? (Beispiel: Wenn man besorgt wirkt, dann sieht man so aus, als ob man Kummer hat.)
  - Wie sieht es aus, wenn man besorgt wirkt? Kannst du das vorspielen?
- *Remi lag auf dem Boden und wimmerte …*
  - Wie hört es sich an, wenn man wimmert? Kannst du ein bisschen wimmern?
- *»Wenn man Kummer oder Schmerzen hat, möchte man getröstet werden.«*
  - Wie kann man jemanden trösten? (Beispiele: streicheln, in den Arm nehmen, mit der Person reden, einen Lieblingsgegenstand holen, in der Nähe bleiben, nicht kritisieren oder über das vorangegangene Ereignis reden)
  - Wie möchtest du getröstet werden? Was hilft dir, wenn du Kummer oder Schmerzen hast?

Zu Beginn der Geschichte mit Hoppla werden die Unterschiede zwischen Hasen und Kaninchen kurz erklärt. Viele Kinder aus dem nicht ländlichen Raum haben Schwierigkeiten, Hasen und Kaninchen auseinanderzuhalten. Daher können sich an die Erklärung der Unterschiede praktische Übungen anschließen, indem den Kindern Fotos oder kurze Filme von Hasen oder Kaninchen gezeigt werden. Die Kinder sollen sagen, ob sie auf dem jeweiligen Foto oder in einem Film einen Hasen oder ein Kaninchen sehen. Mögliche Irrtümer werden besprochen.

Der Besuch einer Landwirtschaftsausstellung vermag Kindern die Vielfalt von Zuchtkaninchen zu vermitteln. Dort können sie nicht nur unterschiedlich große, sondern auch vielfältig gefärbte Kaninchen betrachten. Wenn Kinder gefragt werden, welches Kaninchen ihnen am besten gefällt, werden sie die Tiere länger und eingehender betrachten und sich so die Körperform besser merken. Sie werden feststellen, dass es neben grauen, braunen und schwarzen Kaninchen auch welche gibt, die wie eine Kuh schwarz-weiß gefleckt sind. Möglicherweise fragt das autistische Kind nach dem Sinn des Züchtens der verschiedenen Rassekaninchen. Bei solchen Fragen können betreuende Personen schnell an ihre Grenzen kommen, wenn die Antwort plausibel sein soll.

Hoppla ist ein Hase, der gern schnuppert. In der Geschichte schnuppert er an Blumen, an der Erde unter Steinen und an Blättern. An welchen Dingen im Wald und auf der Wiese könnte er noch schnuppern? Als Antwort kommen hier z. B. die Rinde von Bäumen, Pilze, Käfer, Früchte und Samen, am Boden liegende Äste oder heruntergefallenes Laub im Herbst infrage. Bei einer Wanderung oder einem Spaziergang besteht für die Kinder die Möglichkeit, an all diesen Dingen ebenfalls zu schnuppern. Die Schnuppertouren können zu verschiedenen Zeiten wiederholt werden, um bspw. herauszufinden, ob es im Wald im Frühling anders riecht als im Herbst.

Riechen nasse Blätter anders als trockene? Hoppla versucht in der Geschichte dies herauszufinden, verrät aber sein Ergebnis nicht. Das bedeutet, dass die Kinder es selbst herausfinden müssen. Hierzu eignen sich Pfefferminzblätter oder andere stark riechende Blätter, sowohl frische als auch getrocknete. An den frischen oder getrockneten Blättern wird so lange gerochen, bis das Kind sich sicher ist, dass es sich den Geruch eingeprägt hat. Dann werden die Blätter für wenige Minuten in eine Schüssel mit Leitungswasser gelegt. Nach dem Herausnehmen wird erneut an den Blättern gerochen. Stellen die Kinder einen Unterschied fest?

Zur Geschichte mit Hoppla passend ist das Spielen eines Geruch-Memorys. Ein Geruch-Memory passt auch zur Geschichte mit Nimimi (▶ Kap. II-I). Bei den Aktivitäten zu dieser Geschichte findet sich daher eine ähnliche Beschreibung des Memorys (▶ Kap. III-I). Dazu benötigt man eine gerade Anzahl an kleinen, undurchsichtigen Dosen mit Schraubdeckel. Jeweils zwei Dosen werden mit Lebensmitteln, die einen prägnanten Geruch haben (bspw. verschiedene Gewürze, Kaffee, Pfefferminzblätter) bestückt und mit einer dünnen Schicht aus Watte abgedeckt, damit der Inhalt nicht mehr sichtbar ist. Die Dosen können auch mit Wattebällchen, auf die ätherische oder Parfümöle getropft wurden, befüllt werden. Auf den Boden der Gefäße wird nach dem Verschließen der Dosen mit einem wasserfesten Stift für jedes Paar eine Nummer geschrieben, damit die Kontrolle der Ergebnisse erleichtert wird. Alle Kinder sollten vor dem Befüllen der Dosen die Gelegenheit erhalten, sich mit den Gerüchen der Dinge vertraut zu machen. Im Spiel wählt das Kind eine Dose aus, öffnet sie, riecht daran, verschließt sie wieder und stellt sie zur Seite. Dann öffnet es nacheinander weitere Dosen, bis es der Meinung ist, die Dose mit dem gleichen Geruch gefunden zu haben. Ein Blick auf den Boden der Dose zeigt, ob dies gelungen ist. In eine Liste wird sodann für dieses Kind ein Plus oder ein Minus eingetragen, je nachdem, wie das Ergebnis ausgefallen ist. Dann kommt das nächste Kind an die Reihe. Nach mehreren Spielrunden wird dasjenige Kind als Sieger ermittelt, welches am häufigsten ein Plus in der Liste zu stehen hat.

N Susa, Rika und Mari / Die Erkundung der Welt

Welche Erkenntnisse vermag die Geschichte mit Susa, Rika und Mari zu vermitteln?

Direkte Botschaften:

- Es gibt Gemeinsamkeiten, die die Mädchen miteinander verbinden (sie sind Geschwister).
- Einige Menschen unterscheiden sich deutlich von den anderen (keine Reisepläne schmieden).
- Manche Menschen haben besondere Vorlieben oder Interessen (Fakten sammeln).
- Manchmal sind bestimmte Ereignisse vonnöten (der Auftrag der Mutter), um die Augen für die Besonderheiten und Fähigkeiten von Außenseitern zu öffnen (Fakten zusammenzutragen).
- Eine Aufgabe kann auf eine völlig andere Art und Weise gelöst werden (Briefe schreiben, anstatt zu reisen).
- Dinge gemeinsam zu tun (ein Buch gestalten), ist möglich.
- Dinge gemeinsam zu tun (ein Buch mit Fakten, Geschichten und Zeichnungen gestalten), beschert allen Erkenntnisse und Erlebnisse.
- Auch in Zukunft ist es möglich, Dinge gemeinsam zu tun (die Bibliothek leiten).

Indirekte Botschaften:

- Das Mädchen hat Schwierigkeiten im Umgang mit anderen Menschen und Angst vor Veränderungen. Es findet eine Möglichkeit, die gestellte Aufgabe zu erledigen.
- Gemeinsames Arbeiten ist möglich, wenn jeder die Chance erhält, Dinge, die er gut kann, einzubringen.

In der Geschichte mit Susa, Rika und Mari spielen Veränderungsängste, damit eng verbunden ein Streben nach Gleicherhaltung der Umwelt und Spezialinteressen eine zentrale Rolle.

Eine der Figuren der Geschichte (Mari) äußert, dass sie nicht gern reist, weil es ihr Angst macht. Eine Reise stellt eine Veränderung dar – eine Veränderung, die für nichtautistische Kinder und Erwachsene eine willkommene Abwechslung zum Alltag darstellt. Eine Reise bedeutet für autistische Kinder, mit einem anderen Ort, mit anderen Menschen, mit anderem Essen, mit anderen Getränken, vielleicht mit einer anderen Sprache, mit einem anderen Tagesablauf ... zurechtkommen zu müssen.

Autistische Kinder verfügen aufgrund ihrer Besonderheiten nicht oder kaum über Strategien zum Bewältigen von Veränderungen. Sie können aufgrund eines eingeschränkten Zeitgefühls den Beginn, die Dauer und das Ende einer Veränderung nicht einschätzen. Sie können keinen Handlungsplan abrufen, um mit der Veränderung umzugehen. Sie sind also bspw. nicht in der Lage, Dinge, die sie gewöhnlich am Vormittag erledigen, plötzlich in die Nachmittagsstunden zu verlegen. Letztendlich sorgen auch sprachliche und soziale Schwierigkeiten dafür, dass sie in erheblichen Stress geraten können. Eine Veränderung im Sinne einer Reise oder eines Ausflugs bringt zudem mannigfaltige andere sensorische Erlebnisse mit sich, die schnell zur Belastung werden können oder in einer Reizüberflutung münden.

Das Bestreben, Veränderungen zu vermeiden, dient somit dem Selbstschutz. Eine Umwelt, die gleich erhalten wird, spart Energie, die dann für Dinge, die als wichtig erachtet werden, zur Verfügung steht. Eine solche Umwelt übt eine beruhigende Wirkung aus, da nicht permanent Informationen über sich schnell ändernde Details verarbeitet werden müssen.

Veränderungsängste von autistischen Kindern bedeuten aber nicht, dass es unmöglich ist, Veränderungen durchzuführen. Mithilfe einer gründlichen Vorbereitung gelingen kleinere und auch große Veränderungen wie bspw. ein Ausflug, eine Reise, das Renovieren der Wohnung, ein Umzug, die Geburt eines Geschwisterkindes. Gründliche Vorbereitung bedeutet, dass dem autistischen Kind die geplante Veränderung erklärt wird – was soll wann, wie und warum geändert werden. Das autistische Kind benötigt ausreichend Zeit, um sich auf die Veränderung einstellen zu können. Dem Alter des Kindes angemessene detaillierte Informationen, besonders in Form von Bildmaterial, können eine anstehende Veränderung weniger bedrohlich wirken lassen.

Eine der Figuren der Geschichte (Mari) interessiert sich sehr für naturwissenschaftliche Fakten. An ihren Ausführungen über den Berg wird deutlich, dass dieses Interesse mehr als ein Hobby ist – es sind Spezialinteressen. Sie hört erst auf, über den Berg zu reden, als sie von ihrer Mutter unterbrochen wird. Ihre Assoziationsketten, bei denen ein Gedanke den nächsten jagt, kann sie selbst nicht unterbrechen.

Spezialinteressen können dazu führen, dass autistische Kinder Aufgaben auf eine ungewöhnliche oder nicht erwartete Art erledigen. Sie verknüpfen bspw. Wissensgebiete miteinander oder beleuchten Teilaspekte, die vorher niemand beachtet hat.

Es gibt zwei Möglichkeiten, wie Mari an die relevanten Informationen gelangt ist. Entweder suchte sie aus allen Briefen, die sie erhalten hatte, die naturwissenschaftlichen Fakten heraus oder sie schrieb den Leuten in Tital, dass sie auf der Suche nach naturwissenschaftlichen Fakten ist. Beide Wege führen sie ans Ziel.

Fragen zur Geschichte mit Susa, Rika und Mari:

- *Es war einmal ein König, der ein kleines Land ... regierte.*
    - Wie könnte das Königreich, in dem Sybilla mit ihren Töchtern lebt, heißen?
    - Warum hast du diesen Namen für das Königreich ausgewählt?
- *Die Bibliothek war ein Gebäude, in dem Bücher gesammelt wurden.*
    - Leihst du Bücher oder Spiele in einer Bibliothek aus?
    - Wie oft gehst du in die Bibliothek?
- *Sybilla hatte drei Töchter – Susa, Rika und Mari.*
    - Susa, Rika und Mari – wer ist nach deiner Meinung die Jüngste, wer ist die Älteste?

- Hast du Geschwister?
- Ist dein/e Bruder/Schwester jünger oder älter als du? Sind deine Geschwister jünger oder älter als du?
- *Susa und Rika schmiedeten sofort Reisepläne.*
  - Was bedeutet es, wenn man Reisepläne schmiedet? (Beispiel: Reisepläne zu schmieden bedeutet, dass man überlegt, wo man hinfahren möchte und was man am Ziel alles erkunden kann.)
  - Was kann man noch schmieden? (Beispiel: Glühendes Metall kann man schmieden. Das bedeutet, dass aus dem stark erhitzten Metall mithilfe von Werkzeugen nützliche Dinge hergestellt werden. Das können bspw. Messer, Ringe, Kerzenständer und Töpfe sein.)
- *Mari verfiel ins Grübeln.*
  - Was bedeutet es, wenn man ins Grübeln verfällt? (Beispiel: Ins Grübeln verfallen bedeutet, dass man über eine Sache nachdenkt. Man denkt dabei sehr lange nach, um eine Lösung für ein bestimmtes Problem zu finden oder um eine Entscheidung zu treffen.)
  - Wie sieht man aus, wenn man grübelt? Kannst du das vorspielen?
- *Einige Monate verstrichen.*
  - Was bedeutet es, wenn einige Monate verstrichen sind? (Beispiel: Wenn einige Monate verstrichen sind, dann sind sie vorbei oder vergangen.)
  - Was kann verstreichen? (Beispiel: Zeit kann verstreichen, also Stunden, Tage, Wochen, Monate, Jahre können verstreichen.)
  - Was kann verstrichen werden? (Beispiel: Flüssige und breiige Dinge können verstrichen werden. Farbe kann bspw. verstrichen werden, ebenso kann Honig auf einer Scheibe Brot verstrichen werden.)
- *Sybilla bat ihre Töchter, über den höchsten Berg im Königreich Tital zu berichten.*
  - Wie könnte der höchste Berg im Königreich Tital heißen?
- *Susa erzählte die Mythen, die sich um den Berg ranken.*
  - Was sind Mythen? (Beispiel: Mythen sind Geschichten über wundersame Lebewesen oder seltsame Begebenheiten. In Mythen können Geister, furchterregende Gestalten, Götter oder Tiere, die es nicht gibt, vorkommen.)
  - Was bedeutet es, wenn sich Mythen um den Berg ranken? Wickeln sie sich als bedruckte Papierschlangen um den Berg herum? (Beispiel: Wenn Mythen sich um den Berg ranken, dann bedeutet das, dass es Mythen gibt, die man sich über den Berg erzählt.)
- *»Mari, stopp!«, unterbrach Sybilla ihre Tochter.*
  - Darf man einen Gesprächspartner unterbrechen? (Beispiel: Einen Gesprächspartner darf man auf jeden Fall unterbrechen, wenn Gefahr droht oder wenn sich jemand in Gefahr befindet.)
  - Was tut man, wenn ein Gesprächspartner zu lange redet? (Beispiel: Wenn ein Gesprächspartner zu lange redet, wartet man auf einen Moment, in dem der Redende eine kurze Pause macht. Dann weist man ihn freundlich darauf hin, dass die anderen auch etwas zu diesem Thema sagen möchten.)
  - Warum unterbricht Sybilla Mari? (Beispiel: Mari und Sybilla kennen sich schon sehr lange. Beide wissen, dass Mari kein Ende findet, wenn sie über ein interessantes Thema spricht. Daher hat sich Sybilla angewöhnt, Mari mit einem

Stopp anzuzeigen, dass sie genug zu diesem Thema gesagt hat. Für Mari ist Stopp ein deutliches Signal. Sie findet es nicht unhöflich. Andere Personen könnten diese Formulierung aber unhöflich finden.)
- *Sybilla wurde nachdenklich.*
  – Wie sieht es aus, wenn man nachdenklich wird? Kannst du das vorspielen?
- *Susa und Rika schauten ihre Mutter erwartungsfroh an.*
  – Was bedeutet erwartungsfroh? (Beispiel: Erwartungsfroh bedeutet, dass man sich auf etwas freut, von dem man glaubt, dass es gleich passieren wird.)
  – Wie sieht es aus, wenn man erwartungsfroh schaut? Kannst du das vorspielen?
- *Mari platzte heraus ...*
  – Was bedeutet es, wenn jemand mit etwas herausplatzt? (Beispiel: Wenn jemand mit etwas herausplatzt, dann sagt diese Person etwas plötzlich und meist recht laut. Das kann eine Frage sein, es kann aber auch eine Neuigkeit sein.)

Sybilla, die klügste Frau des Königreiches, leitet in der Geschichte die Bibliothek. Der Name Sybilla ist meine persönliche kleine Hommage an Maria Sybilla Merian, eine Naturforscherin und Künstlerin, die von 1647 bis 1717 lebte. Sie reiste als Frau nur in Begleitung ihrer Tochter nach Surinam (heute Suriname), um dort zwei Jahre lang vorrangig Insekten zu studieren.

Die Bibliothek in der Geschichte mit Susa, Rika und Mari ist größer als der Palast des Königs. Um sich dies besser vorstellen zu können, werden die Kinder gebeten, die beiden Gebäude nebeneinander zu zeichnen. Als Alternative kann auch die Bibliothek von innen gezeichnet werden, da besonders autistische Kinder vielleicht lieber Bücherregale abbilden.

Nach ihrer Rückkehr berichteten Susa und Rika von seltsamen Tieren, fremden Menschen und stürmischen Gewässern – mehr wird nicht preisgegeben. Dies ist eine gute Gelegenheit für die Kinder, Berichte über die stürmischen Gewässer zu verfassen, die seltsamen Tiere zu zeichnen oder die fremden Menschen zu beschreiben. Vielleicht haben sie Lust, sich ein paar Wörter in einer Sprache auszudenken, die in Tital gesprochen wird.

Um den höchsten Berg in Tital ranken sich Mythen. Hier stellt sich zuerst die Frage, wie dieser Berg aussieht. Dies lässt sich anhand von Zeichnungen gut klären. Wenn der Berg gezeichnet ist, fällt es den Kindern sicher nicht schwer, sich einen passenden Mythos – vielleicht mit Drachen, Feen oder Einhörnern – zu ihrem gezeichneten Berg auszudenken.

Mari hat die Informationen über Tital nicht durch Reisen, sondern durch das Schreiben von Briefen zusammengetragen. Wie hat Mari ihren Brief formuliert? Und welche Fragen könnte Mari den Bewohnern von Tital gestellt haben? Wie viele Fragen können die Kinder zusammentragen? Mari könnte bspw. gefragt haben:

- Wie heißt die Hauptstadt von Tital?
- Wie hoch ist der höchste Berg in Tital?
- Wie viele Seen gibt es in Tital?
- Wie heißt der längste Fluss in Tital?
- Welches Lieblingsessen haben die Bewohner von Tital?

Eine Fülle an Material ist durch die vorangegangenen Aktivitäten zusammengekommen. Dieses Material bietet die Möglichkeit, nun ein Buch über das ferne Königreich Tital anzufertigen. Dies ist ein Gemeinschaftsprojekt und jedes Kind steuert das bei, was ihm von den eigenen Werken am besten gefällt.

Im Buch über Tital ist es umsetzbar, dass sich ein Mythos wirklich um den Berg rankt. Dazu schreiben die Kinder einen Mythos auf einen schmalen Papierstreifen. Dieser Papierstreifen wird dann so auf den gezeichneten Berg geklebt, dass die Illusion des Herumrankens entsteht. Autistische Kinder finden oft Gefallen an solchen Visualisierungen von Redewendungen.

O Rob und Robin / Die ungleichen Burgbewohner

Welche Erkenntnisse vermag die Geschichte mit Rob und Robin zu vermitteln?

Direkte Botschaften:

- Es ist möglich, dass an einem Ort sehr unterschiedliche Wesen gut zusammenleben (Kinder, Erwachsene, Geist, Roboter).
- Niemand ist gern einsam.
- Wenn jemand ernst aussieht, kann es sein, dass er sich trotzdem Gesellschaft wünscht.
- Manchmal sind bestimmte Ereignisse vonnöten (ein verirrter Junge), um die Bedürfnisse von Außenseitern zu erkennen.
- Ungeplante Begegnungen können sehr schöne, überraschende Erlebnisse bewirken (der Roboter erzählt Geschichten).
- Ein Freund muss nicht unbedingt lustig sein, er kann auch Fragen beantworten oder gute Geschichten erzählen.
- Dinge gemeinsam zu tun (Brettspiele spielen), bringt für alle Beteiligten besondere Erlebnisse.

Indirekte Botschaften:

- Der Roboter ist schon seit seiner Erschaffung anders als die anderen Burgbewohner. Er kann seine Gefühle kaum zeigen, weil seine Bauart das erschwert.
- Auch der Geist ist anders als die anderen Burgbewohner. Er ist genau das Gegenteil des Roboters. Er ist sehr aktiv, lustig und ausgelassen.
- Der Roboter kann über seine Gefühle sprechen, wenn ihm die anderen zuhören.

In der Geschichte mit Rob und Robin werden verbale und nonverbale Kommunikation sowie soziale Interaktion angesprochen.

Die Protagonisten der Geschichte sind fiktive Gestalten, denen in der Geschichte nonverbale Kommunikationssignale zugeschrieben werden, die bestimmte soziale Interaktionen zur Folge haben. Der Geist ist beweglich, fröhlich und macht Späße, was zur Folge hat, dass die Kinder des Internats mit ihm befreundet sein möchten. Der Roboter dagegen wirkt eher starr und unbeweglich, er ist aufgrund seiner Konstruktion in Mimik, Gestik und Körperhaltung eingeschränkt. Zu Beginn der Geschichte wird er von den Kindern nicht beachtet.

Kommunikation findet verbal mittels Sprache und nonverbal mittels Mimik, Gestik, Körperhaltung sowie Körperbewegungen und des Erfassens vegetativer Signale wie bspw. Erröten oder Körpergerüche statt. Autistische Kinder haben sowohl mit dem Erfassen als auch mit der Benutzung von nonverbaler Kommunikation Schwierigkeiten. Diese Schwierigkeiten beruhen auf einem *Nicht-Können*. Oft wird autistischen Kindern auf diesem Gebiet ein *Nicht-Wollen* unterstellt, weil das Ausdrücken von Emotionen, das hauptsächlich mittels Mimik erfolgt, bei nicht-autistischen Menschen spontan und automatisch geschieht. Erst die Manipulation des Ausdrückens von Gefühlen bspw. durch Unterdrückung oder Überhöhung der körperlichen Signale liegt auf der Ebene des *Wollens*.

Die Probleme beim Ausdrücken von Gefühlen beschreibt die Asperger-Autistin Gunilla Gerland wie folgt: »Meine Gefühle zu zeigen, wäre eine aktive Tat gewesen, als müsste ich sie mit der Hand aus mir herausholen und sie in etwas umwandeln, das ich mir außen umhängen konnte« (Gerland, 1998, S. 113). Wenn Gefühle nicht mit einer aktiven Tat aus der Person herausgeholt werden, dann kommt es vor, dass das autistische Kind emotionslos scheint, obwohl es gerade große Freude folgendermaßen fühlt: »In mir tobt ein Tsunami« (Maus, 2017, S. 154).

Ähnlich ergeht es dem Roboter in der Geschichte. Er ist einsam und es macht ihn traurig, dass die Kinder ihn nicht beachten. Seinem Äußeren sieht man diese Gefühle aufgrund seiner Konstruktion aber nicht an. Viele autistische Kinder sind ab einem bestimmten Alter in der Lage, ihre Gefühlswelt zumindest ansatzweise in Worte zu fassen, sodass es sich immer lohnt zu fragen, wie sich das Kind in einer bestimmten Situation fühlt, wenn die körperlichen Botschaften dieses Kindes darüber keine Auskunft geben.

Im Austausch über Gefühle leisten visuelle Hilfsmittel für das autistische Kind sowohl beim Ergründen und Beschreiben der eigenen Gefühle als auch beim Erkennen der Emotionen der anderen gute Dienste. Visuelle Hilfsmittel für den Einsatz im Alltag sollten keine Zuschreibungen enthalten, damit ein Zugriff auf die wahren Empfindungen gelingen kann. Derartige Hilfsmittel können von allen Kindern leicht eingesetzt werden. Nicht-autistische Kinder haben i. d. R. nicht nur Spaß am Einsatz von Bildmaterial zum Thema *Gefühle*, sondern verinnerlichen auf diese Art die Schwierigkeiten des autistischen Kindes auf diesem Gebiet. Visuelle Hilfsmittel, die neben Mimik auch Gestik und Körperhaltung transportieren, eignen sich im alltäglichen Gebrauch besser als Emoticons, weil autistische Kinder nonverbale Kommunikation durch die Zusatzinformationen erfolgreicher zu erfassen vermögen.

Auch die verbale Kommunikation autistischer Kinder weist viele Besonderheiten auf, von denen hier nur einige erwähnt werden. Autistische Kinder haben Schwierigkeiten, ein Gespräch altersentsprechend zu führen. Sie transportieren meist Inhalt, ohne das Gespräch einzuleiten oder ausklingen zu lassen, und bemerken nicht, wenn das Interesse des Gesprächspartners am jeweiligen Thema erschöpft ist. Nichtautistische Kinder können davon überfordert sein, sollten aber ihre Gesprächsbereitschaft nicht von einem schwierigen Gesprächsbeginn abhängig machen, sondern sachlich darauf hinweisen, was sie benötigen, um dem Gespräch folgen zu können. Dem autistischen Kind wird das Empfinden der nicht-autistischen Kinder ebenfalls erklärt.

Autistische Kinder reden oft generell zu laut oder sehr leise und setzen sprachliche Möglichkeiten wie Akzent, Intonation, Quantität und Sprechpausen ungenügend ein. Sie haben Schwierigkeiten beim Verständnis und bei der Benutzung von Füllwörtern sowie nicht klar umgrenzten Begriffen und verstehen sowie gebrauchen Sprache meist wortwörtlich. Diese sprachlichen Besonderheiten müssen nicht zu Hindernissen für gute Gespräche werden, wenn Interesse und die generelle Bereitschaft, sich auf die Besonderheiten des Gegenübers einzulassen, vorhanden sind.

Der Roboter in der Geschichte beginnt ohne Vorrede Begebenheiten mit Rittern zu erzählen. Er führt mit dem Jungen eigentlich kein Gespräch, sondern hält eine strukturierte Rede mit vielen Informationen, und er tut dies, weil er seiner Programmierung folgt. Durch ein zufälliges Zusammentreffen findet er einen Freund.

Autistischen Kindern ergeht es häufig ebenso. Sie versuchen, Freunde zu finden, scheitern aber an ihren Besonderheiten bezüglich der Kommunikation und des Sozialverhaltens. Oft entwickeln sich Freundschaften über Zufälle oder über Spezialinteressen. Meist haben autistische Kinder nur wenige Freunde, die von der Ehrlichkeit und der Zuverlässigkeit dieser Kinder profitieren. Um Freundschaften zu pflegen, benötigen viele autistische Kinder die Unterstützung der Eltern oder einer anderen vertrauten Person aus ihrer Umgebung. Wie oft und wie lange treffe ich mich mit einem Freund? Was tun wir bei einem Treffen? In welchen Abständen und wie melde ich mich bei einem Freund? – All das sind Fragen, die autistische Kinder nicht intuitiv zu beantworten vermögen und bei deren Beantwortung sie unterschiedlich intensive Unterstützung benötigen. Unterstützung kann sich auch bei der Umsetzung der Antworten als notwendig erweisen.

Fragen zur Geschichte mit Rob und Robin:

- *Rob und Robin leben … in einer alten Burg. Diese Burg thront auf einem Felsen.*
  - Was bedeutet es, wenn die Burg auf dem Felsen thront? (Beispiel: Eine Burg, die auf einem Felsen thront, befindet sich oben auf dem Felsen. Sie ist von allen Seiten gut zu sehen, aber schwer zu erreichen.)
  - Wie könnte die alte Burg heißen?
  - Wie könnte der Felsen, auf dem die Burg thront, heißen?
- *Die Zugbrücke funktioniert bereits seit vielen Jahren nicht mehr.*
  - Was könnte mit der Zugbrücke passiert sein?
- *Rob, der alte Roboter, fühlte sich meistens sehr einsam.*
  - Was bedeutet es, wenn man sich einsam fühlt? (Beispiel: Man fühlt sich einsam, wenn man allein ist, aber nicht allein sein möchte.)
  - Hast du dich schon einmal einsam gefühlt? Was hat dir gegen die Einsamkeit geholfen?
- *Im Gegensatz zu Robin, dem Geist, wirkt Rob ernst …*
  - Wie sieht es aus, wenn man ernst wirkt? Kannst du das vorspielen?
- *Am Herumspuken und Erschrecken von Burgbewohnern hatte Robin schon lange die Lust verloren.*
  - Welche Personen bewohnten früher eine Burg? (Beispiele: Burgherr und Burgherrin, Ritter und Edelfrauen, Kinder, Mägde und Knechte, Pfarrer, verschiedene Handwerker wie bspw. Schmiede und Zimmerleute, Verwalter, Küchenpersonal)

- *Wenn die Kinder in den Ferien nicht im Haus sind, fliegt er ins Dorf und vergnügt sich dort.*
  - Was bedeutet es, wenn man sich vergnügt? (Beispiel: Wenn man sich vergnügt, dann tut man in seiner Freizeit Dinge, die man angenehm findet. Es können auch Dinge sein, die Spaß bereiten.)
  - Wie kann man sich vergnügen? (Beispiele: ins Kino gehen, ins Schwimmbad gehen, ein Buch lesen, eine Burg aus Bausteinen bauen, den Freizeitpark besuchen, puzzeln, Schach spielen, einen Kletterpark besuchen)
  - Wie vergnügst du dich?
- *Rob jedoch kann das alles nicht – und so schlurft er mit einem scheppernden Geräusch über den Steinfußboden der Burggänge …*
  - Was bedeutet schlurfen? (Beispiel: Wenn man schlurft, dann lässt man beim Gehen die Schuhe über den Boden schleifen. Das wirkt kraftlos und traurig. Dadurch entsteht ein Geräusch.)
  - Kannst du vorspielen, wie es aussieht, wenn man schlurft?
- *Wenige Minuten später umringten die neu aufgenommenen Kinder normalerweise Robin, der sich ohne Scheu auch am Tag zeigte.*
  - Was bedeutet es, keine Scheu zu haben? (Beispiel: Wenn man keine Scheu hat, dann ist man in einer bestimmten Situation weder ängstlich noch zurückhaltend.)
- *Das andere Kind in der Vorhalle antwortete unbeirrt …*
  - Was bedeutet es, wenn man unbeirrt antwortet? (Beispiel: Wenn man unbeirrt antwortet, dann antwortet man ohne Zögern. Dies tut man, obwohl es einen Grund zum Zögern gibt.)
- *Er schlenderte einen Burggang entlang …*
  - Was bedeutet schlendern? (Beispiel: Wenn man schlendert, dann geht man so, als ob man einen Spaziergang macht. Man läuft ohne Hast und genießt die Umgebung.)
  - Wie sieht es aus, wenn man schlendert? Kannst du das vorführen?
- *Einige dieser Geschichten waren so lustig, dass der Junge schallend lachen musste.*
  - Was ist ein schallendes Lachen? (Beispiel: Ein schallendes Lachen ist ein Lachen, das laut ist. Man hört es noch, wenn man nicht in der unmittelbaren Nähe des Lachenden ist.)
  - Wie hört es sich an, wenn jemand schallend lacht? Kannst du das vorspielen? (Anmerkung: Bei dieser Übung sollte unbedingt auf auditive Besonderheiten des autistischen Kindes geachtet werden. Das Lachen muss vorher angekündigt werden, wenn andere Kinder die Übung durchführen.)
- *Sie stellen viele Fragen – nicht nur zu den Rittern, die hier einst wohnten.*
  - Welche Fragen würdest du Rob stellen?
- *Sie spielen Brettspiele mit ihm und einige nennen ihn inzwischen »mein Freund Rob«.*
  - Welche Brettspiele würdest du mit dem Roboter spielen?

Rob und Robin, die Protagonisten der Geschichte, leben in einer Burg. Burgen und Schlösser sind nicht nur Objekte, die viele Kinder in ihren Bann ziehen, sie sind auch Objekte, die von Kindern gern erkundet und künstlerisch gestaltet werden. Die Burg aus der Geschichte kann von allen Seiten, von außen und von innen, in ihrer Gesamtheit oder in Details gezeichnet werden. Autistische Kinder zeichnen oft nur Objekte und vermeiden es, Menschen abzubilden. Dies hängt nicht zwingend mit ihren künstlerischen Begabungen zusammen, sondern eher mit ihren sozialen Schwierigkeiten. Wer bspw. Emotionen nicht gut erkennen kann, vermeidet es oft intuitiv, sie darzustellen, egal in welcher Form. Einige autistische Kinder bevölkern ihre Zeichnungen mit Tieren, mit Fabelwesen oder mit Fantasiefiguren. Bei der Darstellung dieser Wesen gibt es einen Interpretationsspielraum, sodass die Darstellung einer konkreten Emotion nicht zwingend als falsch angesehen werden muss, wenn sie ein außenstehender Betrachter als nicht gelungen empfindet. In ihrem Tun sollten autistische Kinder bestärkt und nicht kritisiert werden, denn nur so entwickeln sie Selbstvertrauen und werden sich früher oder später auch an die künstlerische Wiedergabe von Menschen heranwagen.

Die Burg kann ebenso mithilfe verschiedener Materialien in einer dreidimensionalen Form gestaltet werden. Hierfür eignen sich bspw. Maisbausteine, Sand, Pappe und Tonpapier oder Knete, wenn es eine kleine Burg werden soll. Maisbausteine, die auch für die Entstehung von Hugos Korallenriff verwendet werden (▶ Kap. III-D), sind ein Bastelmaterial in Bausteinform. Diese Bausteine können beliebig geformt, zugeschnitten oder geraspelt werden. Sie enthalten Maisstärke und müssen daher nur angefeuchtet werden, um sowohl die originalen als auch die bearbeiteten Teile miteinander zu verbinden.

Eine Sandburg ist etwas Vergängliches. Spätestens wenn es regnet oder windet, gibt sie ihre Form auf. Autistische Kinder können mit dieser Vergänglichkeit ein Problem haben, da das Verschwinden der Burg eine Veränderung darstellt. Wenn eine Sandburg gebaut wird, hilft es dem autistischen Kind, wenn vorher auf die Vergänglichkeit der Burg hingewiesen wird. Dies kann bei jedem Bau eines Sandkunstwerkes notwendig sein, denn viele autistische Kinder haben Probleme beim Übertragen von Gedanken und Handlungen auf ähnliche oder gleiche Situationen. Ein Blick auf den Wetterbericht erlaubt zudem eine Vorhersage, wie lange das Sandkunstwerk erhalten bleiben wird. Dies funktioniert aber nur, wenn keine öffentlichen Spielplätze genutzt werden. Die beste Methode, der Vergänglichkeit entgegenzuwirken und dem autistischen Kind eine Art inneren Frieden zu verschaffen, besteht darin, die Burg zu fotografieren. Dabei darf das autistische Kind – und selbstverständlich auch jedes andere Kind – sagen, welche Ansichten und welche Details festgehalten werden sollen.

Eine Burg aus Pappe lässt sich in beliebiger Größe bauen und nach Herzenslust dekorieren. Größere Bauwerke entstehen, wenn man Papprollen, die im Haushalt anfallen, verbaut. Dies bedarf einiger Planung, denn die Rollen müssen zuerst einmal gesammelt werden.

Die Burg, egal aus welchen Materialien sie gebaut wurde, hat auf jeden Fall einen Namen verdient. Wie soll also die eigene Burg oder das Gemeinschaftsprojekt heißen?

Der wunderliche Erfinder, der einst die Burg bewohnte, richtete sich eine Werkstatt und mehrere Labore ein. Er erschuf den Roboter, aber mehr verrät die Geschichte über ihn nicht. Dies liefert reichlich Gesprächsstoff für eine gemütliche Runde:

- Wie sah eines der Labore des Erfinders aus? Eine Skizze kann die Gedanken des Kindes verdeutlichen.
- Wie sah die Werkstatt aus? Welche Werkzeuge benötigte der Erfinder?
- Woran könnte der Erfinder noch gearbeitet haben?

Robin, der Burggeist soll natürlich bei der Beschäftigung mit der Geschichte nicht zu kurz kommen. Ein Geist lässt sich aus einer Styroporkugel, einem Holzstab und einem quadratischen Stück weißen Stoff basteln (▶ Abb. O.1). Der Holzstab sollte zur Größe der Styroporkugel passen. Für kleinere Geister eignen sich robuste Schaschlik-Spieße aus Holz. Nachdem die Styroporkugel auf den Holzstab gesteckt wurde, wird das Stoffstück auf die Oberseite der Kugel gelegt, sodass alle Seiten des Tuches herunterhängen. Mit einer Schleife oder einem Strick wird der Stoff genau dort, wo der Holzstab in die Kugel führt, zusammengebunden. Damit ist der Grundkörper des Geistes schon fertiggestellt. Nun kann der Geist nach Belieben dekoriert werden. Dazu eignen sich Filzstifte oder Stoffmalfarben. Pailletten oder andere Deko-Elemente können mithilfe einer Klebepistole angebracht werden. Es besteht ebenso die Möglichkeit, Knöpfe auf den Stoff zu nähen.

Abb. O.1: Beispiele für Geister aus Stoff und Styroporkugeln

Die fertigen Geister eignen sich gut, um die Späße, die der Burggeist Robin vollführt, nachzuspielen. Wenn ein Faschingskostüm eines Geistes vorhanden ist, können sich die Kinder auch nacheinander verkleiden und die Späße vorführen. Die Aktionen der Kinder lassen sich filmen und bieten somit die Gelegenheit, zu einem späteren Zeitpunkt erneut über die Späße zu lachen. (Bitte achten Sie darauf – wenn Sie als

Fachperson mit den Kindern arbeiten –, das Einverständnis der Erziehungsberechtigten einzuholen und die gültige Rechtslage zu beachten, wenn die Kinder bei diesen Aufnahmen zu erkennen sind.)

Am Ende der Geschichte findet der Roboter Kinder, die seinen Erzählungen zuhören. Welche Geschichten über die Ritter, die die im Gang aufgestellten Rüstungen einst trugen, könnte Rob den Kindern in der Burg erzählt haben? Sicherlich werden die Kinder nach dem Hören der Geschichte mit Rob und Robin viele Erlebnisse der Ritter zusammentragen können.

P Fafnir / Erlebnisse in der Schule

Welche Erkenntnisse vermag die Geschichte mit Fafnir zu vermitteln?

Direkte Botschaften:

- Es gibt Gemeinsamkeiten, die alle Drachen verbinden (alle gehen zur Schule).
- Einige Drachen unterscheiden sich deutlich von den anderen (die anderen nicht anblicken können).
- Manchmal sind bestimmte Ereignisse vonnöten (Feuerübungen), um das Wissen und die Haltung von Außenseitern zu erfahren.
- Eine Weigerung (den Feuerstrahl auf Papptafeln richten) muss nichts mit Feigheit zu tun haben.
- Manche Drachen haben besondere Interessen (Geschichte der Drachen).
- Dinge gemeinsam zu tun (den Ausführungen des Drachen lauschen), ist möglich.
- Dinge gemeinsam zu tun (den Ausführungen des Drachen lauschen), bringt für alle Beteiligten besondere Erkenntnisse.
- Besondere Erkenntnisse regen dazu an, Dinge zu ändern (die Feuerübungen abschaffen).

Indirekte Botschaften:

- Der Drache denkt über den Sinn einer Aufgabe (Feuerübungen) nach, anstatt sie gehorsam auszuführen. Er riskiert dabei, sich unbeliebt zu machen.
- Der Drache lässt sich nicht von Gefühlen, sondern von seinem Wissen (die Geschichte von Menschen und Drachen) leiten.
- Es gelingt dem Drachen, die anderen mit seinem Wissen (die Geschichte von Menschen und Drachen) zu überzeugen.

Die Geschichte mit Fafnir beschäftigt sich mit den Themen Blickkontakt, Aufgabenverständnis und soziale Regeln.

Blickkontakt ist notwendig, um nonverbale Informationen wie bspw. Emotionen beim Gegenüber zu erfassen, aber auch um selbst Botschaften wie bspw. Gesprächsbereitschaft zu senden. Blickkontaktstörungen sind ein häufiges, aber kein zwingendes Symptom bei Autismus, wobei sie unterschiedlich stark ausgeprägt sein können. Ein häufiger Grund für mangelnden Blickkontakt besteht darin, dass es dem autistischen Kind nicht gelingt, die vielfältigen Reize einer Gesprächssituation gleichzeitig zu verarbeiten. Mein autistischer Sohn beschreibt das Problem folgendermaßen: »Ich kann dich nicht hören, wenn ich dich sehen muss« (Maus, 2017, S. 147).

Nicht-autistischen Kindern fällt es oft schwer zu verstehen, warum etwas scheinbar so Einfaches wie ein Blick in die Augen des Gegenübers nicht gelingt. Sie sind dadurch verunsichert oder suchen nach Erklärungen, indem sie einen zum Boden gerichteten Blick bspw. für Feigheit halten. Erklärungen wie die, die mein Sohn gegeben hat, können für Verständnis sorgen. Da nahezu alle Informationen, die mittels Blickkontakt gegeben werden, auch in Worte gefasst werden können, muss die Kommunikation ohne Blickkontakt nicht als Einschränkung betrachtet werden.

Das Aufgabenverständnis wird bei autistischen Kindern durch ungenaue Formulierungen und Umgebungsbedingungen erschwert. Wenn die Umgebung Reize liefert, die das autistische Kind nicht oder nur mühsam verarbeiten kann, dann ist dieses Kind in einer solchen Situation nicht in der Lage, eine Aufgabenstellung wahrzunehmen, geschweige denn, die Aufgabe zu lösen.

Sind die Umgebungsbedingungen angepasst und werden die Aufgaben wahrgenommen, folgt die nächste Hürde. Aufgaben, die Wörter wie *einige*, *wenige*, *ein paar* oder *viele* enthalten, können oft nicht in eine Tat umgesetzt werden, weil autistische Kinder nicht wissen, welche Anzahl hier jeweils gemeint ist. Ungenauigkeiten und Ungereimtheiten jeglicher Art verhindern oft das Lösen von Aufgaben, wobei das autistische Kind i. d. R. in der Lage ist, die Aufgabe zu lösen, wenn sie präzise formuliert wäre.

Der Protagonist der Geschichte hat diese Probleme nicht. Er versteht die Aufgabe, aber er hinterfragt deren Sinn. Dies tun auch autistische Kinder sehr häufig. Eine Aufgabe oder eine Handlung muss einen Sinn ergeben, bevor sie gelöst oder durchgeführt wird. Auch nicht-autistische Kinder fragen in bestimmten Situationen nach dem Sinn einer Aufgabe. Für sie kann es allerdings ausreichend sein, dass der Lehrer die Aufgabe gestellt hat und der Sinn der Aufgabe für sie damit darin besteht, die Schulstunde zu absolvieren.

Die Suche nach dem Sinn führt rasch dazu, dass Dinge aufgedeckt werden, die ihren Sinn im Laufe der Zeit verloren haben und die nur noch existieren oder durchgeführt werden, weil bis dahin niemand versucht hat, die alten Muster zu durchbrechen.

Autistische Kinder sprechen Probleme direkt an, ohne dabei auf soziale Regeln zu achten. Das Nichtbeachten von sozialen Regeln ist allerdings keine Frechheit oder Boshaftigkeit, sondern eine mehr oder weniger ausgeprägte Unfähigkeit, die ihre Ursache in ihrer autistischen Persönlichkeitsstruktur hat. So kommt es häufig vor, dass autistische Kinder im Unterricht den Lehrer korrigieren oder die Anweisungen des Lehrers hinterfragen. Da sie Schwierigkeiten haben, anderen Menschen mentale Zustände zuzuschreiben (Theory of Mind), können sie sich die eventuellen Gefühle des Lehrers in dieser Situation nicht vorstellen. Werden autistischen Kindern soziale Regeln und deren Sinn immer wieder geduldig erklärt, anstatt sie pauschal für ihr Verhalten zu kritisieren, dann machen sie im Laufe der Zeit auf diesem Gebiet Fortschritte.

In der Geschichte schafft es der Protagonist, die Mitschüler durch sein Wissen von seiner Erkenntnis zu überzeugen. Das Überzeugen des Lehrers können nun alle Schüler gemeinsam übernehmen.

Fragen zur Geschichte mit Fafnir:

- *Es gibt allerdings einige Schulfächer, die nur in Drachenschulen unterrichtet werden. Dazu gehören Feuerübungen.*
    - Welche Schulfächer könnte es noch geben, die nur in Drachenschulen unterrichtet werden?
    - Was lernen Drachenkinder in dem von dir erwähnten Schulfach?
- *Da Menschen und Tiere kein Feuer speien können ...*
    - Was ist ein Feuersalamander? (Beispiel: Der Feuersalamander ist ein Lurch mit gelben oder orangefarbenen Flecken auf der schwarzen Haut.)
    - Woher hat der Feuersalamander seinen Namen? (Beispiel: Früher glaubte man, dass der Feuersalamander Brände löschen kann. Daher wurden die Feuersalamander gesammelt und ins Feuer geworfen, wenn es brannte. Heute tut das niemand mehr.)
    - Was ist eine Feuerwanze? (Beispiel: Eine Feuerwanze ist eine Wanze, die auf der Rückenseite feuerrot und schwarz gemustert ist.)
    - Was sind Feuerfische? (Beispiel: Feuerfische sind Fische, die rötliche oder braune Streifen auf ihrem Körper haben. Sie haben Stacheln und leben in Korallenriffen – also dort, wo auch der Putzerfisch Hugo aus unserer Geschichte lebt.)
- *Es widerstrebte Fafnir, seinen Feuerstrahl auf das Bild eines Wesens zu richten ...*
    - Was bedeutet es, wenn jemandem etwas widerstrebt? (Beispiel: Wenn einem etwas widerstrebt, dann bedeutet dies, dass man sich gegen etwas sträubt. Man hat eine Abneigung gegen das, was man tun soll.)
- *Seine Mitschüler hielten seine Weigerung für Feigheit.*
    - Was bedeutet Feigheit? (Beispiel: Feigheit bedeutet, dass man übertrieben vorsichtig ist. Man versucht, kein Risiko einzugehen.)
    - Bist du der Meinung, dass Fafnir feige ist?
- *Ein anderer Schüler protestierte ...*
    - Wie hört es sich an, wenn man mit Worten protestiert?
    - Wie kann man noch protestieren? (Beispiele: mit Schildern protestieren, mit Bewegungen protestieren, einen Raum unter Protest verlassen, schriftlich protestieren)
- *Fafnir wartete ab, bis sich seine Mitschüler beruhigt hatten.*
    - Was hilft dir, dich zu beruhigen?
    - Wer kann dir helfen, wenn du unruhig bist?
- *Fafnir holte tief Luft, bevor er seine Erzählung fortsetzte.*
    - Warum holt Fafnir tief Luft? (Beispiel: Fafnir lässt durch das Luftholen eine kurze Pause entstehen. Die kurze Pause sorgt dafür, dass seine Erzählung noch spannender wirkt.)
    - Wie fühlt es sich an, wenn man tief Luft holt? Möchtest du das ausprobieren?
    - Welche Gründe kann es noch geben, wenn man tief Luft holt? (Beispiele: man möchte die Aufmerksamkeit der anderen auf sich lenken, man ist erkältet, man hat gerade Sport getrieben, man tritt aus einem schlecht gelüfteten Gebäude ins Freie, man spürt Erleichterung)
- *Sie taten es vielleicht aus Langeweile ...*

- Sicherlich hast du auch schon einmal Langeweile gehabt. Was tust du dagegen, wenn du Langeweile hast?
- »*Wie geht es weiter?*«, *rief einer der Drachen ungeduldig* ...
  - Wie hört es sich an, wenn man etwas ungeduldig ruft?
  - Kannst du etwas ungeduldig rufen? (Beispiel: »Wann beginnt denn endlich der Film?«)
- »*Was sollen wir nun tun?*«, *fragte einer der Schüler erregt und brach damit das Schweigen.*
  - Was bedeutet es, wenn das Schweigen gebrochen wird? (Beispiel: Wenn ein Schweigen gebrochen wird, bedeutet das, dass einer der Schweigenden etwas sagt.)
  - Was kann man noch brechen? (Beispiele: einen Vertrag, ein Versprechen, ein Brot, Äste)
- *Fafnir schaute hoch und antwortete:* »*Als Erstes könnten wir die sinnlosen Feuerübungen einstellen. Und wir könnten uns überlegen, was wir in dieser Zeit gern tun möchten.*«
  - Was könnten die Drachen in der Zeit tun, in der sie nun keine Feuerübungen mehr machen?
  - Was meinst du: Können sie auch ihren Lehrer davon überzeugen, dass Feuerübungen nicht mehr notwendig sind?
  - Wie könnten sie den Lehrer überzeugen?

Fafnir ist nicht nur in der Geschichte in diesem Buch ein Drache, sondern ebenfalls in der nordischen Mythologie. Mein jüngster Sohn gab seinem Plüschdrachen, der ein kleiner Feuerdrache war, diesen Namen und ich übernahm ihn daraufhin für die Hauptfigur des Feuerdrachen in der Geschichte.

Eine Drachengeschichte verlockt zur Beschäftigung mit Drachen. In einem Drachenbuch können die Kinder Fakten zu verschiedenen Drachen zusammentragen und sammeln. Es gibt bspw. Feuer-, Wasser- und Eisdrachen, aber auch Wüsten- und Erddrachen. Lindwürmer wie der mythologische Fafnir sind schlangenförmige Drachen, die keine oder nur kleine Flügel haben. Ein Drachenbuch bietet auch die Möglichkeit, die Drachen zu zeichnen sowie deren Merkmale aufzuschreiben. Eine weitere Idee besteht darin, den Drachen Charakterzüge zuzuschreiben. Drachen können mutig, angriffslustig, hinterhältig, stolz, neugierig, feige, beschützend, arrogant, lustig oder auch schüchtern sein. Sie kommen aus verschiedenen Gegenden der Welt und manche von ihnen sind heilig oder bringen Glück.

Die Geschichte mit Fafnir erwähnt Übungen zum Verhalten bei Ausbruch eines Feuers in der Schule. Hier besteht die Möglichkeit, dieses Thema zeitnah in einem nicht spielerischen Rahmen zu besprechen und den Kindern die Chance zu geben, alle Fragen zum Thema zu stellen. Gerade autistische Kinder sind bei diesem Thema oft sehr besorgt, weil sie sich aufgrund eines abweichenden Gefahrenbewusstseins und durch Probleme beim Zeitempfinden von der Möglichkeit der Feueralarmproben permanent bedroht fühlen. Meist hilft es ihnen, wenn ihre Fragen auch in vielen Wiederholungen gleichbleibend geduldig und sachlich beantwortet werden.

Die Drachen in der Drachenschule haben die Aufgabe, ihren Feuerstrahl zu Übungszwecken auf Papptafeln zu richten. Wären es Wasserdrachen, würden sie diese Übungen mit einem Wasserstrahl durchführen. Die Kinder können Papptafeln für Wasserübungen zeichnen, ähnlich denen, die in der Geschichte für die Feuerdrachen genutzt werden. Im Garten oder auf einem Außengelände besteht dann die Möglichkeit, mit Wasserpistolen (die es auch in Tierformen gibt) auf die Tafeln zu zielen.

Fafnir erzählt in der Geschichte, dass Menschen und Drachen früher friedlich miteinander lebten. Auf diese Zeit bezieht sich die folgende Adventskalendergeschichte (siehe unten stehender Kasten). Sie soll einen herkömmlichen Adventskalender nicht ersetzen, sondern ergänzen. Für jeden Tag vom 1. bis zum 24. Dezember gibt es ein Segment der Geschichte und eine Aufforderung zum Mitmachen. Der Protagonist der Geschichte, an den sich diese Aufgaben richten, ist ein junger Magier. Diese Rolle übernimmt jedes teilnehmende Kind individuell.

Die Geschichte richtet sich an Kindergruppen im späten Grundschulalter wie bspw. Geschwister, Freunde oder Kinder einer Hortgruppe. Die Teilnahme an den Aktivitäten ist freiwillig. Das Vorlesen bzw. Lesen der Geschichte an dem jeweils folgenden Tag ist nicht an eine Erfüllung der kleinen täglichen Aufgabe gebunden.

Die Aufgaben sind so gestaltet, dass sowohl autistische als auch nicht-autistische Kinder zum Teilnehmen angeregt werden. Einerseits gibt es beschreibende, analysierende und planerische Aufgaben, die autistische Kinder – sofern sie sich auf das Thema generell einlassen – mit Freude erledigen. Andererseits befriedigen Fragen nach Gefühlen und Gedanken oder das gewünschte Einschätzen von Situationen eher die Bedürfnisse der nicht-autistischen Kinder. Die Zeichenaufgaben sprechen alle Kinder je nach Begabung und Vorliebe an.

Die Texte einiger Tage enthalten deutliche Anweisungen wie bspw. »fertige eine Skizze an«, »zeichne«, »begründe« oder »beschreibe«. An anderen Tagen ist die Aufgabe etwas versteckter formuliert wie bspw. »Dann schreibst du deine Gedanken auf, um nicht wieder einzuschlafen.« Solche versteckten Aufforderungen können autistischen Kindern Probleme bereiten. Durch die Struktur des Adventskalenders wissen die Kinder aber, dass es jeden Tag eine Aufgabe gibt. Dadurch gelingt es ihnen oft, die Aufgabe ausfindig zu machen. Dies wiederum beschert ihnen ein Erfolgserlebnis, welches den Lerneffekt verstärkt. Aus diesem Grund wurden die versteckten Aufgaben absichtlich in die Adventskalendergeschichte eingebaut. Wenn autistische Kinder mit dem Finden der versteckten Aufgaben trotz der vorgegebenen Struktur Schwierigkeiten haben, ist es notwendig, ihnen die Aufgabe als deutliche Anweisung zu formulieren.

Die Freiwilligkeit der Aufgaben führt bei allen Kindern einerseits dazu, dass keine Frustration entsteht. Andererseits wirken Kinder, die eine Aufgabe erledigen, sehr motivierend auf die Kinder, die sich an eine Aufgabe nicht sofort heranwagen.

Der Adventskalender ist ein Gemeinschaftsprojekt – jeder bringt seine Stärken und Vorlieben ein. Für autistische Kinder kann es wichtig sein, dass alle Aufgaben erledigt werden, damit keine Unregelmäßigkeiten auftreten. Durch die gemeinschaftliche Erfüllung der Anforderungen können sie sicher sein, dass die Aufgaben, die ihnen schwerfallen, von nicht-autistischen Kindern übernommen werden oder dass sie Unterstützung bei der Bearbeitung der Aufgaben erhalten.

Es empfiehlt sich, die Zeichnungen und Ausführungen der Kinder mit dem Namen zu versehen und in einem Ringordner chronologisch abzuheften. So können alle Beteiligten den Verlauf der Geschichte nachvollziehen.

Fafnirs Adventskalendergeschichte

1. Dezember: An einem kühlen Sommermorgen streifst du durch das taufeuchte Gras einer verträumten Waldlichtung, um Kräuter für einen neuen Zaubertrank zu sammeln. Beschreibe die Kräuter, die du gefunden hast, und erkläre die beabsichtigte Wirkung des Trankes.

2. Dezember: Am Ende der Lichtung entdeckst du ein eiförmiges Gebilde, welches für den Bruchteil einer Sekunde in der Sonne aufblitzte. Fertige eine Skizze deiner Beobachtung an.

3. Dezember: Wieder zu Hause angekommen, ist der geplante Zaubertrank völlig in Vergessenheit geraten, denn das Rätsel um dieses eiförmige Gebilde hat dich völlig in seinen Bann gezogen. Du beginnst, deine teilweise vergilbten Bücher mit dem gesammelten Wissen der Welt zu studieren, um das Geheimnis zu lüften. Beschreibe deine Erkenntnisse.

4. Dezember: Sicherlich hast du herausgefunden, dass es sich hierbei nur um ein Drachenei handeln kann. Aus Farbe, Größe und Fundort lassen sich Schlussfolgerungen auf die Art des Drachen ziehen. Gehe vorsichtig zur Waldlichtung zurück und versuche herauszufinden, welches Wesen in diesem Ei heranwachsen könnte. Zeichne und begründe deine Vermutungen.

5. Dezember: Nun sind schon drei Tage vergangen, ohne dass sich ein Muttertier blicken ließ. Du bist dir jetzt sicher, dass dieses Ei aus irgendeinem Grund verlassen wurde. Wenn sich niemand darum kümmert, wird das Drachenbaby an Unterkühlung sterben, bevor es geschlüpft ist. Aber wie sollst du das Ei nach Hause transportieren? Es ist zu groß, um es einfach zu tragen. Entwirf einen Transportplan! Aber beeile dich, denn du entscheidest jetzt über Leben und Tod des kleinen Wesens.

6. Dezember: Es ist dir gelungen, das Ei unversehrt nach Hause zu transportieren. Aber gelingt es dir auch, es zu wärmen? Zeichne deine Wärmevorrichtung. Wie viel Wärme benötigt so ein Drachenei? Und musst du es immer wenden oder einfach in Ruhe lassen? Solltest du es abdecken oder besser Luft herankommen lassen?

7. Dezember: Du hast deine Sache bis jetzt prima gemacht und deinem Ei scheint es gut zu gehen. Nach der Aufregung der letzten Tage kannst du dir jetzt erstmalig eine kleine Pause gönnen. In deinem Schaukelstuhl ruhend, denkst du darüber nach, wie alt das Ei wohl gewesen war, als du es gefunden hast. Wie lange wird es noch dauern, bis dein Drache ausschlüpft?

8. Dezember: Bis zum Schlüpfen ist nach deiner gestrigen Berechnung noch etwas Zeit. Diese Zeit solltest du unbedingt dafür nutzen, einen Fütterungsplan für die ersten Tage nach dem Schlüpfen aufzustellen. Was wird dein Drache nach dem Schlüpfen fressen? Wie oft musst du ihn füttern?

9. Dezember: Heute willst du das Futter für deinen Drachen besorgen. Erstelle eine Liste über die Herkunftsorte des Futters. Überlege dir, wie schnell die benötigte Futtermenge in den Tagen nach dem Schlüpfen ansteigen wird. Bist du darauf vorbereitet?

10. Dezember: Jetzt kannst du nur noch warten, aber eigentlich bist du schon sehr gespannt auf das große Ereignis und kannst es kaum noch erwarten. Wieder einmal sitzt du vor dem Ei, betrachtest es fasziniert und verspürst den Drang, leise an das Ei anzuklopfen. Gerade als die Sehnsucht nach einem Kontakt zu deinem Schützling besonders groß ist, vernimmst du ein leises Poltern aus dem Ei. Dein Drachenbaby ist mittlerweile so groß geworden, dass es Geräusche verursacht, wenn es sich im Ei bewegt. Beschreibe die Gefühle, die du in diesem Moment verspürt hast.

11. Dezember: Heute Nacht hattest du einen seltsamen Traum: Dein Drache war geschlüpft und dann saß dieses Prachtexemplar eines Drachen vor dir. Aber oh weh! Du wusstest gar nicht, ob es ein Männchen oder ein Weibchen ist. Du nutzt den Tag, um diese Wissenslücke zu schließen und machst dir gleich Notizen dazu.

12. Dezember: Eine ruhige Zeit ist dir einfach nicht vergönnt, denn heute Morgen hast du mit Entsetzen festgestellt, dass die Eischale deines Drachen sehr merkwürdig aussieht. Sie wirkt auf einmal dünn und zerbrechlich und hat seltsame Flecken bekommen. Nachdem du den Schreck überwunden hast, beschließt du, dich schlau zu machen. Wozu hast du schließlich deine gut sortierte Bibliothek. In einem Buch über Dinosaurier wirst du nach stundenlangem Suchen fündig, denn dort ist eine ähnliche Erkrankung beschrieben. Es handelt sich dabei um einen Kalkmangel in der Eischale, der die Stabilität der Hülle mindert und im schlimmsten Fall zu vorzeitigem Schlüpfen führen kann. Es gibt jedoch eine recht einfache Heilmethode, nämlich das Auftragen einer Kalkpaste. Diese musst du aber zuvor erst herstellen. Schreibe auf, wie du die Kalkpaste herstellst.

13. Dezember: Alle zwei Stunden bist du nun mit dem Auftragen der Kalkpaste beschäftigt. Dich quält dabei die Frage, ob man ein Dinosaurierei einfach mit einem Drachenei vergleichen kann. Du hast auch Angst, die furchtbar dünne Schale beim Bestreichen zu beschädigen. Zeigt deine Behandlung Erfolge? Wie lange wirst du die Behandlung noch fortsetzen müssen? Notiere deine Ergebnisse und Gedanken.

14. Dezember: Deinem Ei geht es wieder besser und damit hast auch du die Gelegenheit, wieder über andere Dinge nachzudenken. Noch immer hast du dich nicht entschieden, welchen Edelstein dein Drache als Schlupfgeschenk bekommen soll. Um dir die Entscheidung zu erleichtern, fertigst du eine Liste mit deinen Favoriten an. Du notierst dir auch die Wünsche für das Leben deines Drachen, die mit den einzelnen Edelsteinen verbunden werden. Es ist zum Beispiel allgemein bekannt, dass ein Rubin sagenhafte Schönheit verspricht.

15. Dezember: Mitten in der Nacht bist du entsetzt aus dem Bett hochgefahren. Nach deinen Berechnungen ist der Schlupftermin sehr nahe und du hast dir noch keinen Namen überlegt. Den ganzen Tag schreibst du Listen mit Namensvorschlägen, Begründungen und verwirfst sie dann wieder. Jetzt ist es mittlerweile wieder Nacht, und – bist du endlich zu einem Entschluss gekommen?

16. Dezember: Du hast dir ein leckeres Mahl zubereitet und genießt dein wohlverdientes Mittagessen. Während deine Gedanken beim Essen in die Zukunft schweifen, hörst du einen leisen Knacks. Du springst auf und stürzt zu deinem Ei. Wahrhaftig! Es hat einen kleinen Sprung. Voller Begeisterung holst du deinen Skizzenblock und zeichnest die Lage des Sprunges genau auf.

17. Dezember: Nun kannst du nur noch warten, denn du weißt, dass man das Ei nicht öffnen darf. Die ganze Nacht hast du vor Aufregung nicht geschlafen.

Inzwischen ist ein winziges Loch zu sehen. Gegen Mittag schläfst du ein, obwohl du dir fest vorgenommen hattest, wach zu bleiben, bis das Drachenbaby geschlüpft ist. Als du nach zwei Stunden mit schlechtem Gewissen aufwachst, stellst du zu deiner Verwunderung fest, dass dein Ei nun zwei Löcher an den entgegengesetzten Enden hat. In keinem deiner Bücher ist so etwas jemals beschrieben worden. Du grübelst, was das wohl zu bedeuten hat. Dann schreibst du deine Gedanken auf, um nicht wieder einzuschlafen.

18. Dezember: Bereits die zweite schlaflose Nacht liegt hinter dir und du kannst dich kaum noch wach halten. In den frühen Morgenstunden wird dein Warten belohnt: Ein größeres Stück der Eischale wird von innen herausgestoßen und ein kleiner Kopf schiebt sich durch die Öffnung. Zwei große Augen schauen dich müde und zugleich neugierig an. Du bist überwältigt und kannst dein Glück kaum fassen. Während du völlig fasziniert diesen Vorgang beobachtest, passiert das eigentliche Wunder des Tages: Aus dem zweiten Loch, welches du gestern entdeckt hattest, schiebt sich ein weiterer kleiner Kopf heraus. Zwei Drachen aus einem Ei?! Das gab es noch nie. Das ist eine Sensation! Mühsam quälen sich dann im Laufe des Vormittags die kleinen Körper aus der harten Eischale. Nachdem deine Babys versorgt sind und sie endlich ein wenig schlafen, versuchst du eine Erklärung für dieses Phänomen zu finden und notierst deine Gedanken.

19. Dezember: Heute hast du schon ein wenig Routine im Umgang mit deinen Babys. Da bleibt auch für dich Zeit, um dir so wichtige Dinge wie Namen, Geschlecht, Aussehen, Unterscheidungsmerkmale und Schlupfgewicht deiner Drachen aufzuschreiben.

20. Dezember: Du planst, einen Artikel über Aufzucht und Pflege von Drachenbabys zu schreiben. Dafür hast du dir heute vorgenommen, deinen Tagesablauf genau zu dokumentieren.

21. Dezember: Du scheinst keine Probleme im Umgang mit deinen Drachenbabys zu haben und so bleibt dir mittags Zeit, um ein Bild deiner Drachen zu zeichnen, die gerade ihren Mittagsschlaf machen.

22. Dezember: Ein befreundeter Magier kommt zu Besuch. Er macht sich Sorgen, weil er lange nichts von dir gehört hat. Du entschuldigst dich und erzählst ihm die aufregende Geschichte, die du in den vergangenen Wochen erlebt hast. Du musst dich kurzfassen, da er nicht lange bleiben kann. Er ist der Herausgeber des Drakologischen Wochenblattes und es wartet noch viel Arbeit auf ihn. Nachdem er gegangen ist, notierst du dir, was du ihm erzählt hast.

23. Dezember: Deine Drachen haben heute zum ersten Mal ihr Nest verlassen. Obwohl ihr Ausflug in deine Wohnstube nicht ohne Schäden abgelaufen ist, kannst du ihnen natürlich nicht böse sein. Nachdem du aufgeräumt hast, schreibst du eine Liste der Dinge, die zu Bruch gegangen sind, damit du weißt, was du ersetzen musst.

24. Dezember: Ein Kurier bringt dir einen Brief des befreundeten Magiers. Er bittet dich, einen Artikel über deine Erlebnisse und Erfahrungen mit den Drachenbabys zu schreiben. Du machst dich gleich voller Begeisterung ans Werk. Eine Überschrift und die ersten Zeilen fallen dir sofort ein. Du weißt auch schon, welches Bild du für deinen Artikel nehmen wirst.

IV Spiele und Aktivitäten für Kinder mit und ohne Autismus

»An Benjamins achtem Geburtstag erschien ich zur vereinbarten Stunde in seiner Schule mit einer Fülle hoffentlich guter Ideen, mit Preisen, mit herzhaftem sowie süßem Essen und mit Pascal. Mein jüngster Sohn besuchte zwar seit wenigen Wochen die Vorschule, aber da ich nicht rechtzeitig fertig sein würde, um ihn pünktlich abzuholen, hatte ich ihn für diesen Tag entschuldigt« (Maus, 2014, S. 36 f.).

Diverse Feiern mit autistischen und nicht-autistischen Kindern hatte ich zu diesem Zeitpunkt bereits ausgerichtet, aber die Geburtstagsfeier in Benjamins damaliger Schule stellte mich vor besondere Herausforderungen. Es handelte sich um eine Förderschule mit dem Schwerpunkt körperlich-motorische Entwicklung.

Neben meinem autistischen Schulkind und meinem Vorschulkind ohne Beeinträchtigung nahmen sechs Kinder mit unterschiedlichen Behinderungen an dieser Feier teil. Es war eine in mehreren Hinsichten inklusive Feier: Das autistische Kind wurde in die Gruppe der Kinder mit anderweitigen Behinderungen inkludiert, wobei jedes Kind mit Behinderung wiederum in die jeweils anders zusammengesetzte Gruppe der restlichen Kinder mit Behinderungen inkludiert wurde, denn jede Behinderung fordert, dass ganz spezifische Barrieren beseitigt werden müssen. Das Vorschulkind wurde in dieser speziellen Situation in die Gruppe der Kinder mit Behinderung inkludiert.

Diese Betrachtungsweise versteht Inklusion als gleichberechtigte Teilnahme bzw. Teilhabe an Aktivitäten bzw. am gesellschaftlichen Leben, wobei alle einen Gewinn daraus ziehen können. Dazu gehört auch, dass ein nicht behindertes Kind nicht zum Außenseiter in der Gruppe der Kinder mit Behinderung wird.

Der vierte Buchteil umfasst eine kleine Sammlung von vielfach erprobten Aktivitäten und Spielen, welche Kinder mit und ohne Autismus einander näherbringen können, da sie so konzipiert sind, dass einerseits autistische Kinder ihre Stärken einbringen können und andererseits nicht-autistische Kinder durch die Spielkonzepte und Themen angesprochen oder sogar positiv herausgefordert werden. Einige der hier vorgestellten Beschäftigungen sind ebenso für Kinder mit anderen Einschränkungen geeignet. Neben der Erklärung der Regeln für die Aktivitäten und

Spiele werden auch die spezifischen Hintergründe der jeweiligen Konzepte beleuchtet und die erreichbaren Ziele vorgestellt.

Wie bereits im dritten Buchteil (▸ Kap. III-10.2) ausgeführt, ist es auch bei den hier vorgestellten Spielen und Aktivitäten notwendig, alle benötigten Dinge vorher zu besorgen, um das autistische Kind nicht durch fehlende Dinge oder durch Verzögerungen im Ablauf in Überforderungssituationen zu bringen. Einer Überforderung durch sensorische Reize muss ebenfalls vorgebeugt werden.

Hinweise zur Planung, Vorbereitung und Durchführung von Kindergeburtstagen und Familienfeiern mit einem autistischen Kind bietet mein Buch *Geschwister von Kindern mit Autismus* (Maus, 2017, S. 46–48, S. 93–98).

11 Drinnen und Draußen

Im Zusammensein mit Menschen mit Autismus nehmen Umstehende häufig vordringlich Unterschiede wahr. Dazu zählen bspw.

- Dinge, die anders erledigt werden,
- andere Kommunikationsformen,
- Besonderheiten der Wahrnehmung.

Dies gilt für Kinder, Jugendliche und Erwachsene gleichermaßen. Gerade Kindern fällt es oft schwer, Gemeinsamkeiten zu finden, wenn das autistische Kind aufgrund seiner sozialen Schwierigkeiten nicht oder auf ungewöhnliche Weise auf das nichtautistische Kind zugeht.

Oft ist es notwendig, Kinder beim Finden von Gemeinsamkeiten zu unterstützen. Gemeinsamkeiten schaffen etwas Verbindendes und lassen somit ein Zusammengehörigkeitsgefühl entstehen oder stärken es, wenn es bereits ansatzweise vorhanden ist.

Die folgende Aktivität dient dazu, besonders einprägsam Gemeinsamkeiten aufzuzeigen. Die Begriffe *Drinnen* und *Draußen* stehen für Gruppenbildungen, die im täglichen Leben ständig stattfinden oder vorgenommen werden. Es kann vorkommen, dass man von einer Gruppe ausgeschlossen wird, ohne zu wissen, warum dies geschieht. Ebenso findet man sich gelegentlich als ein Teil einer Gruppe wieder, ohne aktiv daran gearbeitet zu haben, in diese Gruppe aufgenommen zu werden.

Gruppenzugehörigkeiten wechseln bei Kindern ähnlich wie Freundschaften recht häufig. Wenn Kinder im Alter von ungefähr vier Jahren eine Theory of Mind entwickeln, also in der Lage sind, anderen Menschen mentale Zustände wie Gedanken, Wünsche oder Gefühle zuzuschreiben, dann beginnen sie, Erfahrungen mit Freundschaften und Gruppenbildungen zu sammeln. Aufgrund der häufig verzögerten Entwicklung einer Theory of Mind benötigen autistische Kinder bei diesen Prozessen Anleitung und Unterstützung.

Die folgende Aktivität bringt mithilfe von Fragen Kinder zusammen, die eine Gemeinsamkeit haben, und visualisiert das Entstehen und Vergehen von Gruppen. Die entsprechenden Fragen werden auf jeweils ein DIN-A4-Blatt Papier geschrieben und bei Bedarf visualisiert. Dazu sollten wertfreie, leicht zu beantwortende Fragen wie die folgenden formuliert werden:

- Wer hat einen Hund oder eine Katze?
- Wer liebt es zu puzzeln? (NICHT fragen: Wer ist gut im Puzzeln?)
- Wer interessiert sich für Fußball? (NICHT fragen: Wer ist gut im Fußballspielen?)
- Wer liest gern Sachbücher?

Zur Vorbereitung der Aktivität wird je ein DIN-A3-Blatt Papier mit *Draußen* und *Drinnen* beschriftet (oder mit entsprechenden Symbolen). Die Aktivität zum Finden von Gemeinsamkeiten läuft folgendermaßen ab (▶ Abb. 11.1, Teilabb. (1) bis (4)):

- Die Blätter mit den Aufschriften *Drinnen* und *Draußen* werden an entgegengesetzten Punkten des Raumes ausgelegt (1). Die Aktivität kann auch im Freien durchgeführt werden, wobei ein entsprechend großer Abstand gewählt werden sollte.
- Alle Kinder bilden eine Gruppe (1). Dann wird ein Kind aus der Gruppe der nicht-autistischen Kinder aufgrund eines belanglosen Merkmals ausgewählt. Dies kann z. B. ein gestreifter Pullover sein, wenn kein anderes Kind an diesem Tag einen gestreiften Pullover trägt.
- Die Ausgangsposition der symbolischen Gruppenbildung wird folgendermaßen aufgebaut:
  - Das ausgewählte Kind bildet das *Draußen* und begibt sich zum Blatt mit der Aufschrift *Draußen* (2).
  - Alle anderen Kinder (einschließlich des autistischen Kindes) bilden das *Drinnen* und begeben sich zu diesem Blatt (2).
- Die erste Frage wird gestellt und das Blatt mit der Frage neben das *Drinnen*-Schild gelegt.
- Alle Kinder, die die Frage mit *Ja* beantworten, verbleiben bei dem *Drinnen*-Schild oder gehen dorthin. Alle Kinder, die die Frage mit *Nein* beantworten, verbleiben bei dem *Draußen*-Schild oder gehen dorthin (3).
- Die Kinder erhalten nun etwas Zeit, um sich über die Frage auszutauschen. Oft beginnen sie unaufgefordert ein Gespräch zu der gestellten Frage. Ist dies nicht der Fall oder gelingt dem autistischen Kind der Gesprächseinstieg nicht, kann der Spielleiter moderierend aktiv werden.
- Dann wird die nächste Frage gestellt (4). Das Blatt mit der ersten Frage wird entfernt und das Blatt mit der zweiten Frage wird neben dem *Drinnen*-Schild abgelegt.
- Die Aktivität wird wie eben beschrieben fortgesetzt.

Wird bspw. die Frage nach dem Hund oder der Katze gestellt, redet der *Drinnen*-Teil der Kinder über seine Haustiere, der *Draußen*-Teil vielleicht darüber, dass ein Kind gern eine Katze hätte, ein weiteres erzählt von seiner Tierhaarallergie und ein drittes berichtet über den Hund des Großvaters. Autistischen Kindern bietet diese Aktivität eine Struktur, um über ihre Interessen oder Vorlieben zu reden, aber auch über Dinge, die sie nicht mögen.

Die Bewegung der Kinder im Raum visualisiert einprägsam die Ergebnisse der Antworten. Nicht nur autistische Kinder vermögen sich dadurch Fakten über andere Kinder besser zu merken. In einer fortgeschrittenen Variante des Spiels können die Kinder versuchen, passende Fragen zu formulieren.

Diese Aktivität führt dazu, dass

- Hemmschwellen überwunden werden,
- Gespräche angeregt werden,
- gemeinsame Interessen gefunden werden können,
- das Anbahnen von Interaktionen ermöglicht wird.

11 Drinnen und Draußen

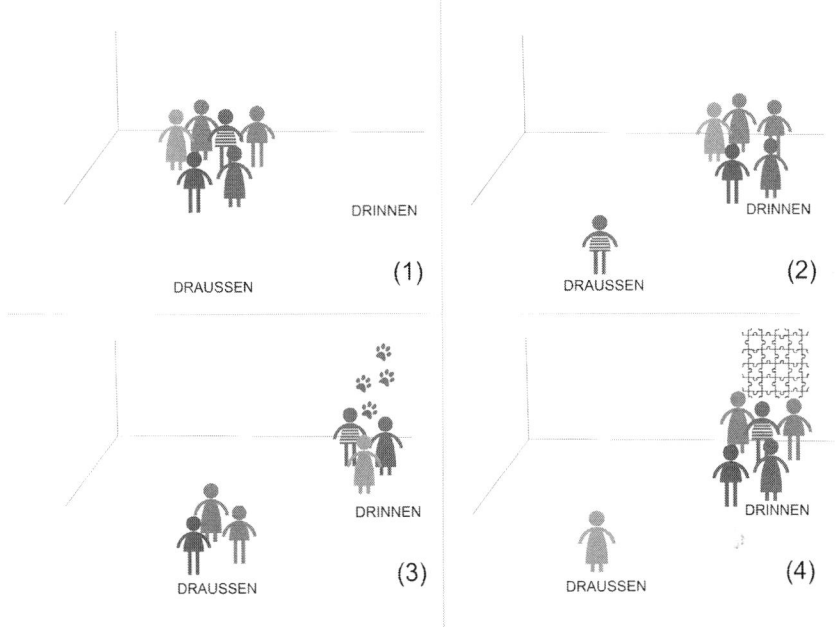

Abb. 11.1: Ablauf der Aktivität Drinnen und Draußen

Fragen für die Aktivität *Drinnen und Draußen* lassen sich auch passend zu den Geschichten im Buch zusammenstellen. So könnte bspw. zur Geschichte mit Skia und Luna (▸ Kap. II-K) gefragt werden: Wer hat schon einmal eine Fledermaus gesehen? Wer mag Eichhörnchen? Wer singt gern Lieder?

12   Bauwettbewerb

Das Bauen mit Bausteinen ist eine Tätigkeit, die nicht nur von nicht-autistischen Kindern, sondern oft auch von autistischen Kindern gern ausgeführt wird. Besonders beliebt sind dabei Bausteine, die sich zusammenstecken lassen. Nicht-autistische Kinder bauen häufig gemeinsam bestimmte Dinge. Ein autistisches Kind baut meist für sich allein, obwohl es zumindest zeitweise gern an den Aktivitäten der anderen teilnehmen würde. Die Ursachen für diese nicht gelingenden Situationen liegen zum einen in Wahrnehmungsbesonderheiten und zum anderen in den sozialen Schwierigkeiten des autistischen Kindes. Es weiß nicht, wie es auf die nicht-autistischen Kinder erfolgreich zugeht und wie es sich in das Spiel der anderen einbringen kann. Zudem ist es von schnellen Handlungswechseln rasch überfordert.

Eine reizreduzierte und strukturierte Spielumgebung vermag alle Kinder zusammenzubringen. Dazu wird in Form eines Bauwettbewerbes miteinander agiert. Jedes Kind erhält vor Spielbeginn eine Schachtel mit der gleichen, genau abgezählten Menge an unterschiedlichen Bausteinen, wobei die Bausteine sowohl in der Größe als auch in der Art variieren. Somit startet jedes Kind mit den gleichen Voraussetzungen in den Wettbewerb.

Als Nächstes wird eine Liste geschrieben mit den Dingen, die gebaut werden sollen. Jedes Kind nennt eine vorher festgelegte Anzahl an Bauwünschen – je nachdem, wie lange die Aktivität dauern soll. Als Ideengeber für Bauwünsche eignet sich auch eine beliebige Geschichte aus diesem Buch. Zur Geschichte mit Miabella (▶ Kap. II-L) könnte bspw. ein Traktor, eine Kuh, ein Schwein, ein Zaun, eine Mistgabel oder ein Stall auf der Liste der Bauwünsche stehen.

Die Bauwünsche werden einzeln auf kleine Karten geschrieben oder gezeichnet, gemischt und dann verdeckt ausgelegt. Ein Kind nimmt eine Karte, dreht sie um und legt sie offen ab, sodass alle Kinder sie sehen können. Das, was auf der Karte geschrieben steht oder gezeichnet ist, wird von allen Kindern mit den Bausteinen aus ihrer jeweiligen Schachtel gebaut. Eine Bauzeit kann – wenn gewünscht – festgelegt werden. Autistische Kinder bauen gelegentlich sehr schnell oder sehr langsam. Die Bauzeit sollte dies berücksichtigen.

Nachdem alle Kinder mit dem Bauen fertig sind bzw. die Bauzeit abgelaufen ist, werden alle Bauwerke auf einen Tisch gestellt. Eine unbeteiligte Person wie bspw. ein weiteres Familienmitglied oder ein Kollege wird hinzugebeten. Diese unbeteiligte Person wählt die drei besten Bauwerke aus, ohne zu wissen, welches Kind welches Objekt gebaut hat. Es werden Punkte vergeben (1. Platz – 3 Punkte, 2. Platz – 2 Punkte, 3. Platz – 1 Punkt) und in einer Liste notiert.

Alle Kinder nehmen dann ihr Bauwerk vom Tisch, zerlegen es in Einzelteile, die sie wieder in ihre Schachtel packen, und die nächste Runde kann beginnen, indem das nächste Kind eine Karte umdreht. Wenn es den Kindern schwerfällt, ihre Bauwerke für die nächste Runde zu zerlegen, können die Bauwerke vorher fotografiert werden. Das Fotografieren kommt autistischen Kindern entgegen, da sie oft dazu neigen, Dinge festzuhalten, damit die Welt ein wenig übersichtlicher für sie wird.

Wenn alle Kinder in dieser strukturierten Spielumgebung des Bauwettbewerbes gut miteinander zurechtkommen, können die Spielregeln schrittweise gelockert werden. So ist es bspw. möglich, dass das Tauschen einer bestimmten Anzahl von Steinen untereinander erlaubt wird, sodass die Kinder miteinander in Verhandlungen treten. Möglich ist auch die Bildung von Zweiergruppen, die dann die Bausteine aus ihren Schachteln zusammenlegen und gemeinsam ein Bauwerk schaffen. Gelingt solch einer Zweiergruppe eine Platzierung, erhalten beide Kinder den/die Siegpunkt/e.

Der Bauwettbewerb ermöglicht dem autistischen Kind einen Zugang zum gemeinsamen Spiel mit den anderen Kindern und die nicht-autistischen Kinder lernen schrittweise, wie gemeinsames Spielen gut funktionieren kann.

13 Geschichten mit Fehlern

Veränderungen, Abweichungen oder Regelverletzungen werden von autistischen Kindern meist rasch erkannt und häufig auch benannt. Dieses Erkennen von Unterschieden kann nicht nur die visuelle Wahrnehmung, sondern auch gesprochene Sprache, Schriftsprache, bestimmte Töne oder Musik betreffen. Die entsprechenden Fähigkeiten variieren stark bei autistischen Kindern und können zu Überforderungssituationen führen, wenn ein bestimmtes Maß an Veränderungen oder Reizen überschritten wird.

Wird das individuelle Maß an Veränderungen oder Reizen nicht überschritten, haben autistische Kinder oft Spaß daran, Fehler oder Ungereimtheiten zu suchen. Eine solche Suche lässt sich bspw. mit einer Fehlergeschichte gestalten. Dazu wird eine Geschichte, die sowohl dem autistischen Kind als auch den nicht-autistischen Kindern gut bekannt ist, an einigen Stellen geändert. Es ist zu empfehlen, die Änderungen an der Geschichte vorher schriftlich vorzunehmen, damit sich bei Bedarf die Kinder von den Änderungen überzeugen können, wenn sie der Meinung sind, der Vorlesende hätte sich geirrt.

Jede Geschichte dieses Buches kann für eine Fehlersuche entsprechend modifiziert werden. Einige Beispiele aus der Geschichte mit Nimimi (▶ Kap. II-I) sollen dies verdeutlichen:

- Original: Vorsichtig blickte sich Ansi um. Hinter ihr hockte zwar ein Streifenhörnchen, aber es war *keiner der Brüder* und auch *nicht die Schwester*.
  - Modifizierter Text: Vorsichtig blickte sich Ansi um. Hinter ihr hockte zwar ein Streifenhörnchen, aber es war *keine der Schwestern* und auch *nicht der Bruder*.
- Original: Das Streifenhörnchen, welches sich hier unter dem *Busch* versteckt hatte, wirkte verängstigt. Es war zwar ein Streifenhörnchen, aber seine Streifen waren anders gefärbt als die der *spielenden* Geschwister.
  - Modifizierter Text: Das Streifenhörnchen, welches sich hier unter dem *großen Pilz* versteckt hatte, wirkte verängstigt. Es war zwar ein Streifenhörnchen, aber seine Streifen waren anders gefärbt als die der *schlafenden* Geschwister.
- Original: Vorsichtshalber rief Ansi die Mama, die *rasch herbeieilte*. Die Mama betrachtete das fremde Streifenhörnchen. Es war ungefähr so jung wie ihre eigenen Kinder. In diesem Alter sollte es nicht allein auf *der Wiese* sein.
  - Modifizierter Text: Vorsichtshalber rief Ansi die Mama, die *nach einer Weile vorbeikam*. Die Mama betrachtete das fremde Streifenhörnchen. Es war ungefähr so jung wie ihre eigenen Kinder. In diesem Alter sollte es nicht allein auf *dem Feld* sein.

Beim Modifizieren eines Textes können Orte oder Tätigkeiten verändert, Personen getauscht, Gegenstände umgefärbt und auch Merkmale von Figuren abgewandelt werden. Die Aktivität lässt sich an das Alter der Kinder anpassen. Es empfiehlt sich allerdings, nicht mehrere Dinge in einem Satz zu ändern, um die Kinder nicht zu überfordern. Je jünger die Kinder sind, desto weniger Änderungen sollte der Text enthalten.

Zu Beginn des Spiels nehmen alle Kinder eine bequeme Position zum Zuhören ein. Der Spielleiter fragt: »Sind alle bereit?« Autistische Kinder reagieren oft nicht auf allgemeine Ansprachen, weil sie nicht realisieren, dass auch sie damit gemeint sind. Ist dies der Fall, benötigt entweder das autistische Kind eine Wiederholung der Frage mit einer direkten Anrede oder alle Kinder werden nacheinander nach ihrer Bereitschaft gefragt.

Wenn alle Kinder ihre Bereitschaft signalisiert haben, wird die abgewandelte Geschichte satzweise vorgelesen. Die Aufgabe der Kinder besteht darin, den Vorlesenden zu unterbrechen, wenn sie der Meinung sind, dass es eine Änderung in der Geschichte gab. Dazu ruft das jeweilige Kind »Halt« oder »Stopp«. Viele autistische Kinder haben eine auditive Überempfindlichkeit, sodass Ausrufe Stress produzieren oder in eine Reizüberflutung führen. Wenn dies der Fall ist, gibt es folgende Alternativen, um sich bei einem entdeckten Fehler leise bemerkbar zu machen:

- Das Kind hebt einen Arm.
- Das Kind schaltet eine Taschenlampe ein. Jedes Kind benötigt hierfür eine eigene Taschenlampe.
- Das Kind hält ein Schild mit der Aufschrift *Halt* oder *Stopp* oder mit einem entsprechenden Symbol hoch. Jedes Kind benötigt ein entsprechendes Schild.
- Das Kind steht auf.

Wird das Spiel mit entsprechenden Schildern gespielt, dann können diese vor dem Spiel von und mit den Kindern in einer gemeinsamen Aktion gebastelt werden.

Wenn sich ein Kind im Spiel entsprechend der gewählten Methode bemerkbar gemacht hat, dann erhält es einen Siegpunkt, wenn es eine geänderte Stelle gefunden hat. Bei einem Irrtum gibt es einen Punktabzug. Den Siegpunkt bekommt immer nur das Kind, welches sich als Erstes bemerkbar gemacht hatte. Für Ausrufe bzw. Zwischenrufe gibt es ebenfalls einen Punktabzug.

Dieses Spiel schult die Aufmerksamkeit aller Kinder. Es ist ein reizarmes Spiel, da ein Herumlaufen oder ein Anfassen zum Spielen nicht notwendig ist. Autistische Kinder profitieren von der positiven Gruppenerfahrung und nicht-autistische Kinder erproben Wege, um sich reizarm erfolgreich bemerkbar zu machen. Wenn das Spiel häufiger gespielt wird, verinnerlichen alle Kinder, wie gemeinsame Aktivitäten gelingen können und wie viel Spaß diese gemeinsamen Aktivitäten auch dann bereiten, wenn die üblichen Handlungsweisen abgewandelt werden.

Das Spiel mit den Fehlergeschichten eignet sich nicht nur für besondere Ereignisse wie bspw. Geburtstagfeiern, sondern auch für den Alltag. Neben den Geschichten des Buches kann nahezu jede beliebige Geschichte dafür verwendet werden.

14 Schatzsuche

Einen Schatz zu suchen, ist eine Aktivität, die die meisten Kinder sehr gern ausführen. Daher ist eine Schatzsuche eine beliebte Aktivität zu Kindergeburtstagen und anderen Festen für Kinder. Auch vielen autistischen Kindern bereitet es Spaß, einen Schatz zu suchen, wenn das Objekt, das es zu finden gilt, ihren Interessen oder Vorlieben nahekommt. Es macht bspw. einen Unterschied, ob das zu suchende Objekt Sammelkarten mit Fußballspielern oder Sammelkarten mit Tieren sind.

Für das autistische Kind ist Vorhersehbarkeit wichtig. Daher sollte zu Beginn des Spiels erklärt werden, dass die Suche immer erfolgreich sein wird und dass der gefundene Schatz behalten werden darf. Das Kind wird zuerst allein suchen. Wenn es das gesuchte Objekt nicht findet oder wenn eine vorher festgesetzte Zeit abgelaufen ist, bekommt es so lange Hinweise, bis es Erfolg hat. Wenn es für das autistische Kind eine beruhigende Wirkung hat, kann auch festgelegt werden, dass das Kind jederzeit um Hilfe bitten kann. Diese Vorgehensweise kommt nicht nur autistischen Kindern, sondern ebenfalls solchen, die schnell von anderen Dingen abgelenkt werden, oder Kindern, die Angst vor dem Verlieren haben, entgegen.

Das Spiel beginnt, indem das Kind, welches den Schatz suchen soll, aus dem Raum geschickt wird. Die im Raum verbliebenen Kinder überlegen sich ein Versteck und platzieren dort das zu suchende Objekt. Eine andere Möglichkeit besteht darin, dass ein Kind den Schatz versteckt. In diesem Fall ist dieses Kind das nächste, welches den Schatz sucht. So wird sichergestellt, dass jedes Kind einmal verstecken und einmal suchen darf. Ist der Schatz versteckt, wird das sich vor der Tür befindende Kind in den Raum zurückgeholt.

Eine wichtige Rolle bei Aktivitäten jeder Art spielen sensorische Probleme des autistischen Kindes. In den meisten Fällen sind spielende Kinder für ein autistisches Kind zu laut, zu nah oder zu schnell, besonders wenn es sich um außergewöhnliche Ereignisse im Alltag der Kinder handelt, bei denen sie aufgeregt oder ausgelassener als gewöhnlich sind. Das, was üblicherweise mit einem *lustigen Durcheinander*, mit *herumwirbelnden Kindern*, mit *quietschvergnügten Kindern* oder mit Ähnlichem beschrieben wird, bedeutet für autistische Kinder eine potenzielle Reizüberflutung.

Eine reizminimierte, aber nicht spaßreduzierte Suche kann dadurch gestaltet werden, dass alle Kinder an einem (beliebigen) Platz sitzen und dass sich nur das suchende Kind im Raum bewegen darf. Spielen Kinder mit, die in ihrer Bewegungsfreiheit aufgrund körperlicher Beeinträchtigungen eingeschränkt sind, kann die Suche – anstatt wie üblich durch Herumlaufen und Kriechen – durch gezielte Fragen erfolgen, welche die Mitspieler mit »heiß«, »warm« oder »kalt« beantworten. Das autistische Kind profitiert ebenso von dieser reizreduzierten Variante.

Eine weitere reizreduzierte Variante des Spiels besteht darin, dass bei dem Spiel nicht geredet werden darf. Die Schatzsuche wird hierbei mit dem Zeigen entsprechender Schilder gespielt, wobei Ausrufe mit Punktabzug bestraft werden. Das Kind mit den wenigsten Strafpunkten erhält am Ende des Spiels ein Bonusgeschenk. Weiterhin können die unlogischen Formulierungen »heiß«, »warm« oder »kalt« durch logische wie »dicht davor«, »in der Nähe« oder »weit weg« ersetzt werden.

Viele autistische Kinder meistern eine Schatzsuche gut, weil sie aufgrund ihrer ausgeprägten Detailwahrnehmung rasch bemerken, wenn beim Verstecken des zu suchenden Objektes im Zimmer etwas geändert wurde – wenn bspw. ein Buch verrückt wurde oder wenn die Gardine andere Falten wirft. Sie verbessern beim Spielen solcher Spiele ihre sozialen Kompetenzen. Nicht-autistische Kinder werden bei den reizminimierten Varianten der Schatzsuche ihre Konzentration trainieren, da sie entgegen der gewohnten Abläufe agieren müssen, wenn sie erfolgreich sein möchten.

Es kann vorkommen, dass das autistische Kind nach dem Sinn des Spiels fragt. Eine befriedigende Antwort besteht für das autistische Kind nicht darin, dass auf den Spaßfaktor hingewiesen wird. Eine plausible Antwort kann bspw. lauten, dass man bei der Schatzsuche lernt, wie man Dinge suchen kann, und dass man Dinge, die man verlegt hat, später vielleicht besser wiederfindet. Eine Antwort auf der Gefühlsebene ist ebenso möglich. Beim spielerischen Suchen von Objekten kann man lernen, nicht frustriert zu sein, wenn man einen Gegenstand, den man sucht, nicht sofort findet. Mit jeder Schatzsuche wird man dabei besser.

Nicht-autistische Kinder können die eben genannten Dinge ebenso während des Spielens erlernen oder verbessern, aber sie werden nicht nach dem Sinn solcher Spiele fragen. Für sie ist der in Aussicht gestellte Spaß ein ausreichender Motivator.

15 Instrumentalgeschichten

Geräusche spielen im Leben eines autistischen Kindes oft eine ambivalente Rolle. Einerseits können bestimmte Geräusche – wie bspw. der Staubsauger oder ein Sturm – körperliches Missempfinden oder Angst auslösen. Andererseits vermögen Geräusche – wie bspw. das Rieseln von Sand oder das Geräusch von fließendem Wasser bzw. Regen – zu beruhigen oder Wohlbefinden zu befördern. Aus letztgenanntem Grund bietet es sich an, beim Vorlesen der Geschichten bestimmte Ereignisse mit Tönen zu untermalen.

Gut geeignet für diese Aktivität sind Orff-Instrumente, die u. a. verschiedene Cymbeln, Rasseln, Glockenspiele, Becken, Trommeln, Triangeln und Xylophone umfassen. Das Spielen dieser Instrumente erfordert nicht nur Konzentration, sondern trainiert vor allem den auditiven Sinn. Auch die Feinmotorik wird dabei verbessert und mannigfaltige taktile Eindrücke müssen verarbeitet werden. Aus den verfügbaren Instrumenten sollten diejenigen, die dem autistischen Kind akustischen Stress bereiten, aussortiert werden.

Für diese Aktivität wird eine beliebige Geschichte vorgelesen. Die Aufgabe der Kinder besteht darin, sich zu melden, wenn sie der Meinung sind, dass sie eine Szene der Geschichte vertonen möchten. Der Vorlesende macht eine Pause. Das Kind wählt ein Instrument und bringt es zum Einsatz. Bei Bedarf oder Unklarheit aufseiten der anderen Kinder kann es erklären, warum es das entsprechende Instrument für diese Szene gewählt hat. Bei dieser Aktivität dürfen die Kinder auch Töne zu Geräuschen produzieren, die zur Geschichte passen könnten, aber in der Geschichte nicht erwähnt werden. So kann bspw. bei der Geschichte mit Rob und Robin (▶ Kap. II-O) überlegt werden, mit welchem Instrument das scheppernde Geräusch des durch die Gänge der Burg schlurfenden Roboters simuliert werden könnte, aber es kann auch ein Hubschrauber, der gerade die Burg überfliegt, in die Aktivität eingebaut werden.

Wenn die Kinder verschiedene Instrumente zum Vertonen ein und desselben Ereignisses einer Geschichte verwenden, dann werden Unterschiede in der Wahrnehmung zwischen autistischen und nicht-autistischen Kindern plausibel. Diese lassen sich auch protokollieren, wodurch anschließende Vergleiche und Gespräche leichter möglich sind.

Musikinstrumente zum Unterlegen von Geschichten mit passenden Tönen lassen sich auch selbst basteln. Ein Regenmacher ist bei vielen Kindern – insbesondere auch autistischen – beliebt. Folgende Dinge werden benötigt, um einen Regenmacher (▶ Abb. 15.1) zu basteln: eine leere Chips-Rolle mit dem dazugehörigen Deckel, Nägel (ein wenig kürzer als der Durchmesser der Chips-Rolle), ein Handbohrer, verschiedene Acrylfarben und Pinsel, eine Klebepistole und Kleinteile nach Wahl (siehe unten).

Chips-Rollen haben i. d. R. eine spiralförmige Naht. Entlang dieser Naht werden mit einem Handbohrer in regelmäßigen Abständen von ungefähr einem Zentimeter kleine Löcher für die Nägel vorgebohrt. Es empfiehlt sich, mit einem Probeloch zu beginnen und den Sitz eines Nagels zu testen. Die Löcher müssen eine Größe aufweisen, die dafür sorgt, dass die Nägel straff im Loch stecken und nicht verrutschen können. Dann werden alle Löcher gebohrt und die Nägel in die Löcher gesteckt. Für diese beiden Tätigkeiten benötigen die Kinder die Hilfe eines Erwachsenen.

Zum Erzeugen des typischen Geräusches eines Regenmachers eignen sich kleine Nägel, kleine Plastikringe, Reiskörner, Plastikkügelchen, Büroklammern aus unterschiedlichen Materialien und ähnliche Dinge. Um dem persönlichen Lieblingsgeräusch möglichst nahezukommen, sollte jedes Kind austesten dürfen, welche Dinge es in welcher Menge in seinen Regenmacher füllen möchte. Dazu werden die kleinen Dinge nacheinander in die mit Nägeln gespickte Dose eingefüllt. Der Deckel wird aufgesetzt und eine Rasselprobe durchgeführt.

Hat das Kind eine Entscheidung über die Art der Füllung und die Füllmenge seines Regenmachers getroffen, dann wird nach dem Einfüllen der entsprechenden Dinge der obere Rand der Dose mit einer dünnen Schicht Heißkleber bestrichen und rasch der Plastikdeckel aufgesetzt. Dies verhindert, dass sich die Dose beim Benutzen ungewollt öffnet. Anschließend folgt eine Grundierung des Regenmachers mit einer Acrylfarbe. Danach wird der Regenmacher in mehreren Arbeitsschritten mit weiteren Acrylfarben beliebig gestaltet.

Abb. 15.1: Beispiele für selbst gebaute Regenmacher

Der fertige Regenmacher eignet sich zum Einsatz beim Vorlesen einer Geschichte. Die Kinder werden gebeten, an den Stellen der Geschichte, an denen Wasser eine

Rolle spielen könnte, ihren Regenmacher zu benutzen. Wo rauscht Wasser? Wo könnte Wasser rauschen? Der Vorlesende unterbricht seine Tätigkeit und das Kind, welches das Regengeräusch produziert hat, erzählt, welche Ursache das Geräusch haben könnte. Die Geschichten bieten hier vielfältige Möglichkeiten. In der Geschichte mit Mika (▶ Kap. II-G) können bspw. die Springbrunnen im Garten des Schlosses ein solches Geräusch produzieren. Regen oder ein Fluss lässt sich in viele Geschichten einbauen. Hört Hugo (▶ Kap. II-D), der Putzerfisch, eigentlich ständig das Rauschen des Meeres? Das ist eine spannende Frage, die die Kinder diskutieren können.

Diese Aktivität schult den Umgang mit Veränderungen oder unvorhergesehenen Ereignissen und regt die Fantasie aller Kinder an. Die Veränderungen werden in einem überschaubaren Rahmen angeboten und sind mit einer Tätigkeit, die auf viele autistische Kinder beruhigend wirkt, verknüpft.

16 Trio-Memory

Visuelle Informationen werden von autistischen Kindern bevorzugt und schnell verarbeitet. Außerdem verfügen sie über eine sehr gute Detailwahrnehmung (▶ Kap. III-G). Daher beschäftigen sich viele autistische Kinder gern mit Puzzle-Spielen, mit Labyrinthen, mit Suchbildern, mit Memory-Spielen und mit Spielen, bei denen ein sukzessive aufgedecktes Bild erraten werden muss, wobei ihnen bei all diesen Aktivitäten ein effizientes Gedächtnis für visuelle Informationen zugutekommt. Memory-Spiele werden von autistischen Kindern häufig nicht nur mit Paaren, sondern auch mit Dreiergruppen leicht und mit Freude gemeistert.

Autistische Kinder haben oft Schwierigkeiten, sich die Gesichter von Freunden oder Mitschülern zu merken. Sie fokussieren sich mehr auf Kleidungsstücke, Details an Rucksäcken, eine Haarspange oder einen Armreif. Das führt einerseits dazu, dass sie Kinder nicht wiedererkennen, wenn diese bei einem Wiedersehen andere Kleidung tragen oder andere Dinge mitführen. Andererseits mögen es nicht-autistische Kinder verständlicherweise nicht, wenn sie bspw. mit »Hey, du da im grünen Pullover« angesprochen werden.

An dieser Stelle kann ein spezielles Trio-Memory hilfreiche Dienste leisten. Dieses Trio-Memory wird selbst gebastelt und besteht aus der folgenden Kombination an Karten für jedes Kind der entsprechenden Gruppe (z. B. die Kinder einer Freizeit- oder Hortgruppe, einer Schulklasse oder die Freunde der Geschwister):

- Karte 1 erhält ein Foto des Kindes (bitte achten Sie darauf – wenn Sie als Fachperson mit den Kindern arbeiten oder wenn Sie als Elternteil Ihrem autistischen Kind die Freunde Ihrer Kinder nahebringen möchten –, das Einverständnis der Erziehungsberechtigten einzuholen und die gültige Rechtslage zu beachten),
- Karte 2 erhält ein Foto oder die Zeichnung eines Gegenstandes aus dem Leben des Kindes (z. B. Lieblings-T-Shirt, Haustier, Rucksack oder ein besonderes Detail des Rucksacks),
- Karte 3 erhält den Vornamen oder den Vor- und Zunamen des Kindes.

Gespielt wird das Memory nach den üblichen Regeln. Autistische Kinder werden sich auf dieses Spiel einlassen, weil es ihren visuellen Präferenzen und Spielvorlieben entgegenkommt. Sie lernen dabei, sich die Gesichter der anderen Kinder in Verbindung mit einem Namen und einem markanten Detail einzuprägen. Ihre Fähigkeit, Gesichter zu erkennen, verbessert sich auf jeden Fall, auch wenn sie wohl nie an die der nicht-autistischen Kinder heranreichen wird.

Nicht-autistische Kinder, die keine Probleme mit dem Erkennen von Gesichtern haben, werden durch die erweiterte Memory-Variante im positiven Sinn herausgefordert. Sie erleben bei diesem Spiel gleichzeitig die Stärke des autistischen Kindes im visuellen Bereich und die Probleme dieses Kindes im sozialen Bereich. Außerhalb der Spielsituation werden sie das autistische Kind dann unterstützen, wenn es Schwierigkeiten beim Wiedererkennen von Personen hat, anstatt sich gekränkt abzuwenden, weil sie nicht auf den grünen Pullover reduziert werden wollten.

Wenn das Trio-Memory zu schwierig erscheint, kann man mit jeweils zwei Karten beginnen. Die Kombinationen Gegenstand – Vorname, Gegenstand – Foto, Vorname – Foto werden nacheinander beliebig oft gespielt, bevor alle drei Karten im Spiel verwendet werden.

Das Trio-Memory lässt sich beliebig variieren. Es besteht die Möglichkeit, dass alle Kinder mehrere Gegenstände für sich oder für ein anderes Kind benennen und entsprechende Karten anfertigen. Die Karten mit den Gegenständen werden dann in einer Box gesammelt und im Laufe der Zeit nacheinander ausgetauscht. Auf diese Art lernen alle Kinder etwas über die anderen.

Schlussbemerkung und Ausblick

Mit diesem Kapitel endet das Buch. Es ist kein dickes Ende. Es ist auch nicht das Dicke Ende, welches mich – wie im Vorwort beschrieben – als Kind in seinen Bann gezogen hatte, sondern es ist ein schönes, hoffnungsfrohes Ende.

Die Redewendung *das dicke Ende (kommt noch)* bedeutet, dass ein gerade erlebter oder beschriebener Zustand noch nicht die schlimmste Variante der jeweiligen Situation darstellt, dass es noch unangenehme Überraschungen geben kann oder wird.

Eine mögliche Erklärung der Herkunft der Redewendung bieten Szenarien, in denen Mann gegen Mann gekämpft wurde. Das betraf genau die Situation, »wenn im Nahkampf die Gewehre nur noch gebraucht werden konnten, um den Gegner mit dem schweren Kolben niederzuschlagen« (Röhrich, 2001, S. 383). Eine andere Erklärung liefern unethische Erziehungsmethoden, ganz konkret die Prügelstrafe. Die »Rute oder Peitsche, die man, in immer größere Wut geratend, umdreht, weil das dicke Ende mehr zieht« (ebd.), ist dann die schlimmste Variante dieser konkreten Situation.

Im Buch *Die Silberne Brücke*, welches im Vorwort erwähnt wurde, präsentiert sich das Dicke Ende in Form eines Riesen, der wie ein auf zwei Säulen stehender Schneemann aus zwei Kugeln aussieht. Sein Gesicht wirkt beinahe freundlich oder ein wenig kindlich. Das einzig Gruselige an dieser Figur sind die scheinbar meterlangen Stacheln, die aus dem Rumpf der Figur ragen. Im Text wird der Riese folgendermaßen beschrieben: »Aus den Flammen stieg ein grausiges Ungeheuer. Sein Kopf war so groß wie ein Mühlstein, sein Leib so mächtig wie eine Dampfwalze. Seine Füße waren dicke, kurze Säulen« (Vogel-Voll, 1951, S. 16). Mühlstein und Dampfwalze haben keine Kugelform und stehende Säulen können in dem beschriebenen Szenario keine Füße bilden. Auch in diesem Buch wimmelt es von Ungereimtheiten, Ungenauigkeiten und Unappetitlichkeiten.

Gemeinsam mit Benjamin, meinem autistischen Sohn, habe ich die in diesem Buch versammelten Geschichten erneut auf die Abwesenheit von Ungereimtheiten, Ungenauigkeiten und Unappetitlichkeiten geprüft. Ebenso die Illustrationen zu den Geschichten, bei denen Frau Reichert-Scarborough dann mit viel Geduld und Einfühlungsvermögen bspw. die Fackel in der Burg von Rob und Robin gelöscht hat, weil es in einem Internat für Kinder kein offenes Feuer geben darf.

Die Helden meiner Kinder machen sich nun auf den Weg, um andere Kinder ein Stück auf ihrem Weg durch die Kindheit zu begleiten. Diejenigen, die zu Hause bleiben – wie z. B. Larix, der Zwillingsregenwurm von Quercus – werden mit Spannung darauf warten, was die anderen aus der Ferne berichten.

Wie eben erwähnt hat Benjamin als Erwachsener alle Geschichten noch einmal gelesen. Nach dem Lesen der Geschichten sagte er zu mir: »Es war schwer für mich, die Geschichten jetzt zu lesen. Sie erinnern mich an die Seiten, die ich an mir nicht mag.« Diese Äußerung verwunderte mich zuerst. Als Kind haben die Protagonisten der Geschichten ihm Mut gemacht, ihm die Welt erklärt, ihn getröstet und vieles mehr. In einem anschließenden Gespräch fanden wir heraus, dass die Geschichten einen Beitrag zu seiner Selbsterkenntnis und Selbstakzeptanz geliefert haben – und dazu gehört auch, sich einzugestehen, dass man gewisse Dinge nicht ändern kann und dass diese Dinge untrennbar mit der eigenen Persönlichkeit verbunden sind.

Benjamins Lieblingsgeschichte als Kind war *Das Wettkriechen*, gefolgt von *Ein Feenmärchen*. Seine Lieblingsgeschichte als Erwachsener ist *Die faule Biene*.

Ich schließe mit einer Frage an meine jungen Leserinnen und Leser: Welche Geschichte gefällt dir am besten?

Literatur

Aarons, M. & Gittens, T. (2007). *Das Handbuch des Autismus. Ein Ratgeber für Eltern und Fachleute.* Weinheim und Basel: Beltz.
Bettelheim, B. (1977). *Kinder brauchen Märchen.* Stuttgart: Deutsche Verlags-Anstalt.
Dickerhoff, H. & Fiebig, J. (2016). Märchen für die Seele. Zum Geleit. In H. Dickerhoff & H. Lox (Hrsg.), *Märchen für die Seele. Märchen zum Erzählen und Vorlesen.* Krummwisch: Königsfurt-Urania.
Ekman, P. (2010). *Gefühle lesen* (2. Auflage). Heidelberg: Spektrum Akademischer Verlag.
Gerland, G. (1998). *Ein richtiger Mensch sein.* Stuttgart: Freies Geistesleben.
germanistik-kommprojekt.uni-oldenburg.de (o. D.). Wer hat Recht? Gewinner und Verlierer. Zugriff am 01.04.2021 unter http://www.germanistik-kommprojekt.uni-oldenburg.de/sites/4/4_1.html.
Grandin, T. (1997). *»Ich bin die Anthropologin auf dem Mars«. Mein Leben als Autistin.* München: Droemer Knaur.
Hüttner, H. (1994). *Kater Willi hebt ab.* Berlin: Der KinderbuchVerlag.
Marzo, C. & Yehling, R. (2015). *Just add water. A surfing savant's journey with Asperger's.* New York: Houghton Mifflin Harcourt.
Maus, I. (2013). *Mami, ich habe eine Anguckallergie. Licht und Schatten im Leben mit Autismus.* Leipzig: Engelsdorfer Verlag.
Maus, I. (2014). *Anguckallergie und Assoziationskettenrasseln. Mit Autismus durch die Schulzeit.* Leipzig: Engelsdorfer Verlag.
Maus, I. (2017). *Geschwister von Kindern mit Autismus. Ein Praxisbuch für Familienangehörige, Therapeuten und Pädagogen.* Stuttgart: Kohlhammer.
Maus, I. (2018). Blutmond im Wacken der Grillen. Zugriff am 11.03.2021 unter www.inez-maus.de/blog-20180729blutmond.htm.
Maus, I. (2020). *Kompetenzmanual Autismus (KOMMA). Praxisleitfaden für den Bildungs-, Wohn- und Arbeitsbereich.* Stuttgart: Kohlhammer.
Perrault, C. (1985). *Der gestiefelte Kater.* Erlangen: Karl Müller Verlag.
Politi, S. (2019). Was ist Mobbing und wie kann man es erkennen? In M. Böhmer & G. Steffgen (Hrsg.), *Mobbing an Schulen: Maßnahmen zur Prävention, Intervention und Nachsorge* (S. 1–18). Wiesbaden: Springer.
Prince-Hughes, D. (2005). *Heute singe ich mein Leben. Eine Autistin begreift sich und ihre Welt.* Berlin: Ullstein.
Roberts, T. P. L., Khan, S. Y., Rey, M., Monroe, J. F., Cannon, K., Blaskey, L., Woldoff, S., Qasmieh, S., Gandal, M., Schmidt, G. L., Zarnow, D. M., Levy, S. E. & Edgar, J. C. (2010). MEG detection of delayed auditory evoked responses in autism spectrum disorders: towards an imaging biomarker for autism. *Autism Research 3 (1)*, 8–18.
Röhrich, L. (2001). *Lexikon der sprichwörtlichen Redensarten. Band 2.* Freiburg: Herder.
Rollett, B. & Kastner-Koller, U. (2001). *Autismus. Ein Leitfaden für Eltern, Erzieher, Lehrer und Therapeuten* (2. Auflage). München & Jena: Urban & Fischer.
Sacks, O. (2002). *Eine Anthropologin auf dem Mars. Sieben paradoxe Geschichten* (5. Auflage). Reinbek bei Hamburg: Rowohlt.
Sheffer, E. (2018). *Aspergers Kinder: Die Geburt des Autismus im »Dritten Reich«.* Frankfurt/New York: Campus.

Vogel-Voll, H. (1951). *Die Silberne Brücke.* Feldberg: Peter-Paul-Verlag.
Wohlleben, B. (2020). Entwicklungspsychologische Aspekte in der Frühtherapie bei Kindern im Autismus-Spektrum. In I. Döringer & B. Rittmann (Hrsg.), *Autismus. Frühe Diagnose, Beratung und Therapie. Das Praxisbuch* (S. 53–62). Stuttgart: Kohlhammer.

Anhang

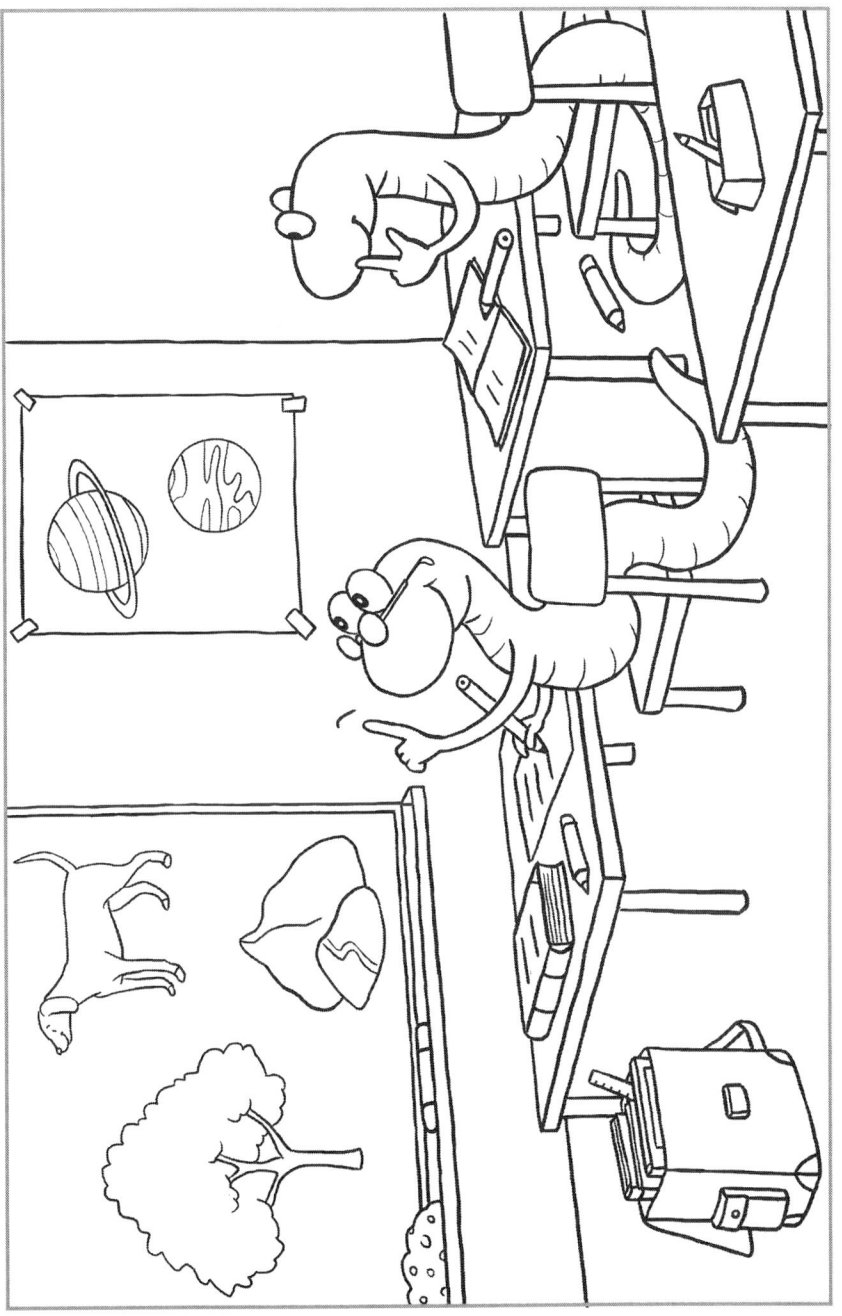

Anhang

225

Anhang

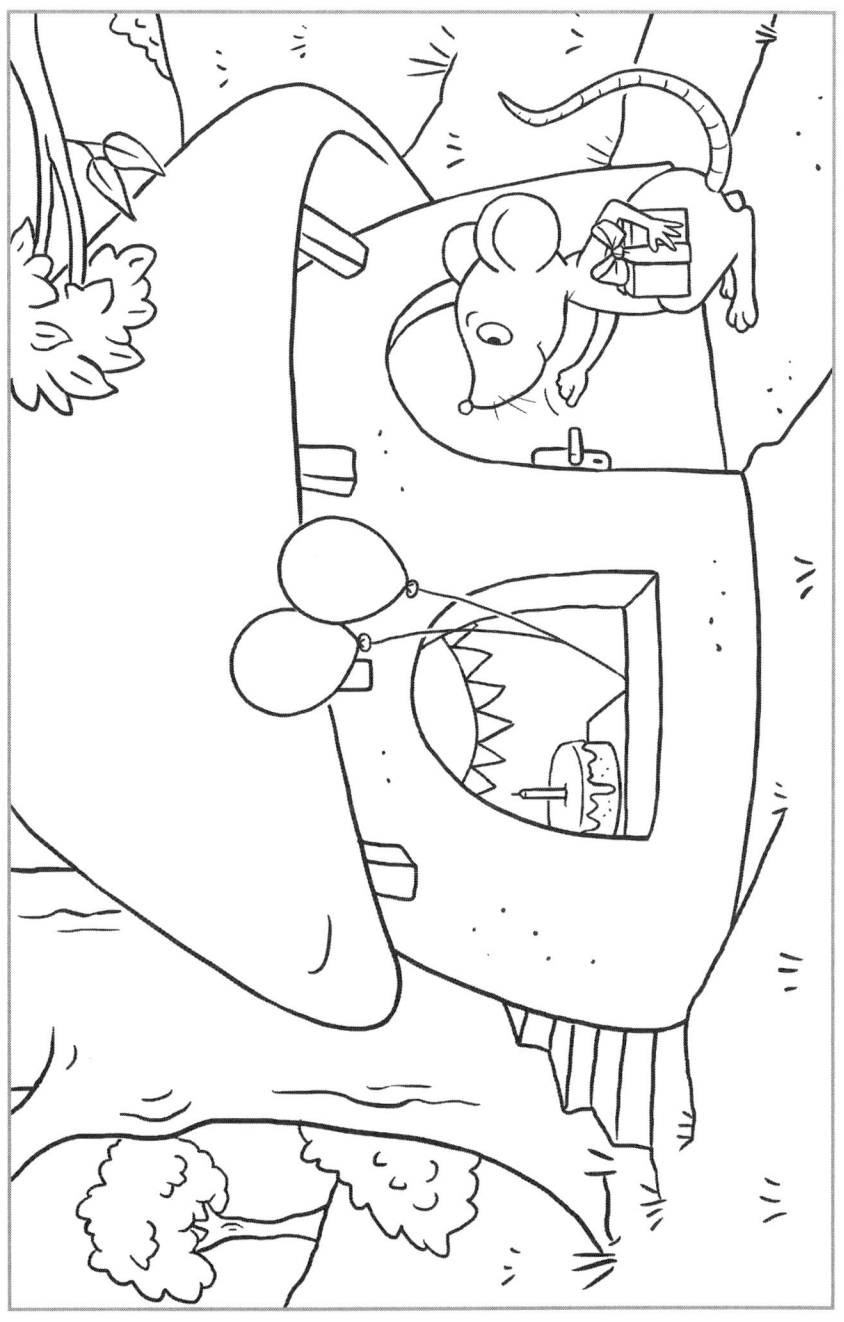

Anhang

Anhang

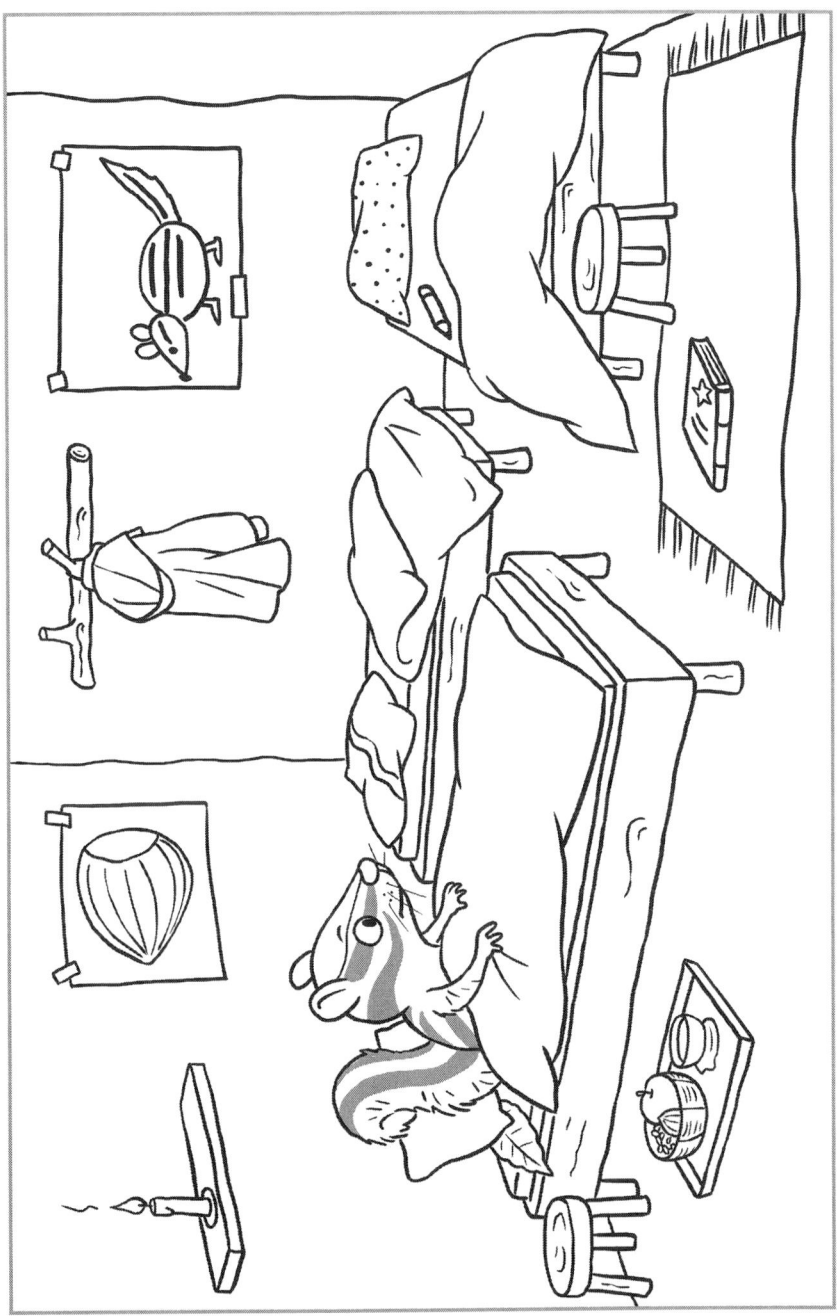

Anhang

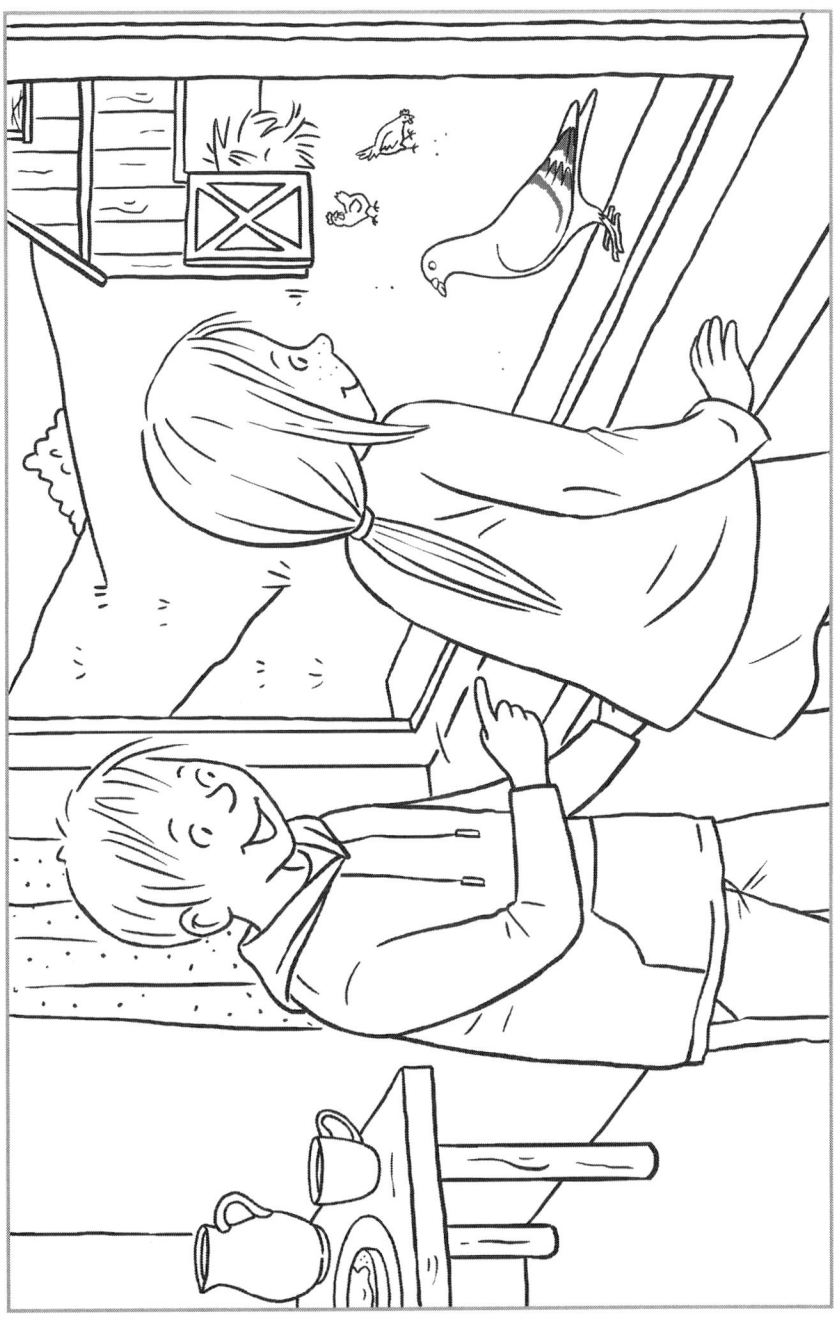

Anhang

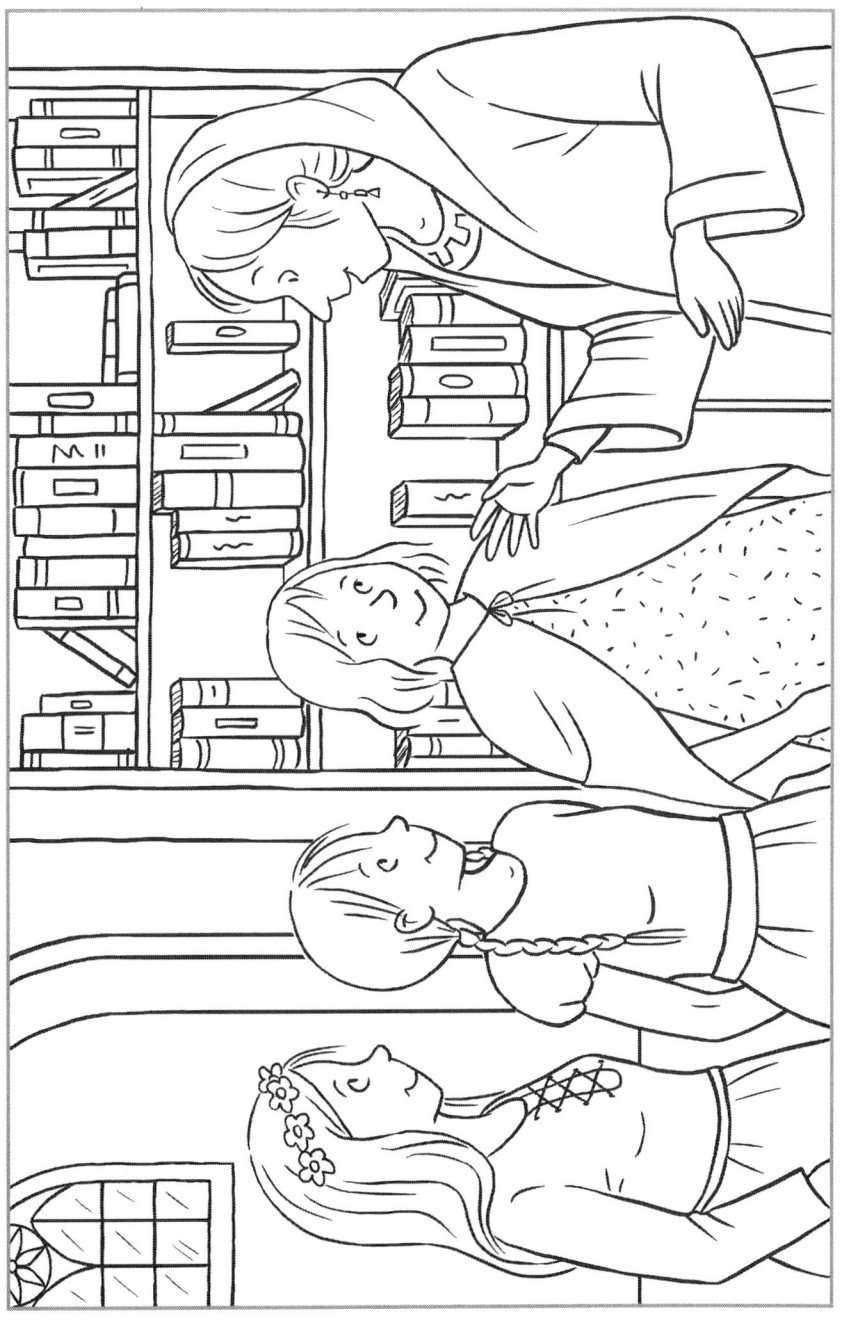

Anhang

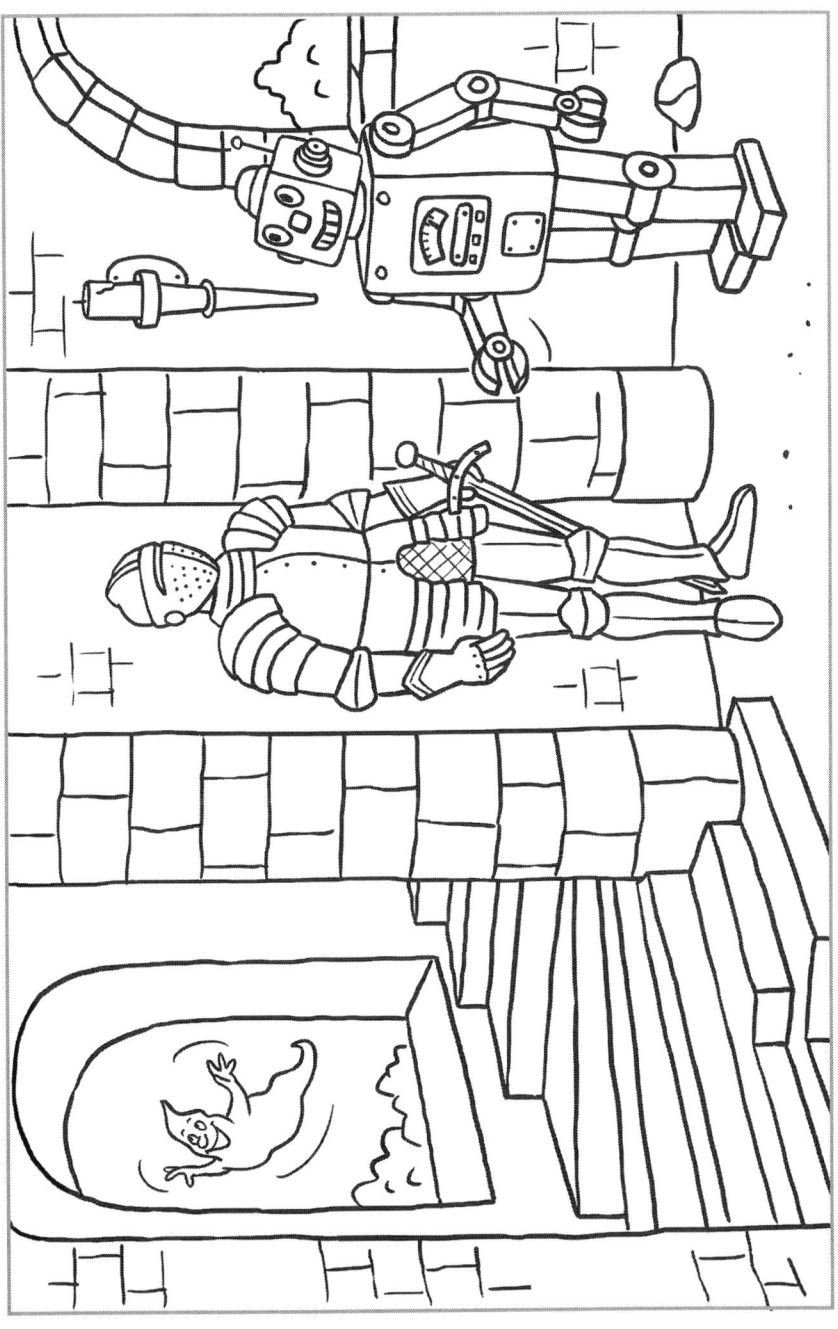

Anhang